妈妈的舌头

一位对外汉语教师的语言探究习得之旅

我学习语言的心得

齐一民 著

作家出版社

谨以此书献给所有尊重母语的人

目　录

自 序

一

原本想请个名人给本书作序来着，后来发现除了自己并不认识别的名人（别笑）；还发现但凡请名人作了序的书皮上，名人的名字一般比原作者的都大，也就干脆自序了。别笑啊！

二

生过孩子，却没受过孩子出生时切肤般的疼痛——那本是女人的事，但写完此书后就慢慢都清楚了。

写书、出书、卖书原来比女人生孩子还疼还累，而且十个月根本不够。

三

本书的上半部写于加拿大，写于亚洲经济危机之前，写于汉字长城的城外。那时北美人挺看好亚洲也挺怕亚洲，都说下个世纪该是亚洲的世纪，该是作为亚裔之一的本人的世纪了。我就起了写此书的念头，想从文字上佐证下个世纪非本人的世纪莫属。

那时本想以汉字长城的易守难攻给书做个辉煌的结尾，然后坐等亚洲人世纪的到来。

后来危机就开始了。那场危机证明，汉字砖墙并没能挡住危机，文字并不能用做阻挡一切外来危胁的屏障。于是本人便失了望，便彷了徨，便中途搁笔了。

本书的后半部写于回国之后，写于全是汉字的王国，写于汉字长城的城里。写后一半的时候亚洲既令人失望过，也令人激动过，但后来本人就不再将文明的危机与文字的因素联系起来并随意地为之失望或激动了。因为毕竟文字是文字，文化是文化，文明是文明；文明并不完全等同于文化，文化也并不完全等同于文字。

因为语言毕竟还是语言。

四

不记得有多少人写过学习外文心得的书。在中国，一个人的外文水准是只可意会不可品头论足的，如同意念中别人的老婆。

中国人总爱埋着头私下苦学外文，如同练气功那样，暗中与自己较劲。中国人不愿公开谈论学习外文的心得恐怕是怕招致同仁的不服和挑战，好比蟋蟀不敢轻易露出大牙，担心别的蟋蟀闻讯前来蜂拥寻衅。因此外文学习的心得也如同国人的隐私，如同木匠的手艺，是不便随意袒露给人看的。如此说来本人此书算是犯了大忌，算是得罪了语言高手，何况书中卖弄的是二十几种文字和方言呢！

我真有些担心。

本人在此郑重声明：写完此书的最后一章之后，本人便自觉地将所有一知半解的外国文字全部从记忆中删除，把没练成的半生不熟的功给废掉了——除了舌苔上母语的印记。

请不要来考我。

千万。

五

我是此书的生父，责编唐晓渡先生是它的教父，是他为它做的洗礼。如果问此书在受洗前和受洗后有何特别超越性的不同的话，那么（除了众多的错别字和错用的标点之外），就是晓渡用镊子将原文中许多“他妈的”都小心谨慎地挑出去了，不仅使本人意外中显得文明了许多，也使整个书的感觉从非常“他妈的”转变为不那么“他妈的”，或一点儿也不“他妈的”了，本书也就能名正言顺地招摇过市了。

感谢晓渡的苦心！

用与他同有的“妈妈的舌头”——母语，以及与他共有的对中文的痴情。

齐一民

一九九九年八月十二日

写在《妈妈的舌头》再版时

今年是公元二〇一九年，距离《妈妈的舌头》的出版，一算，二十个年头了。

二十年人老了不用说，连地球都老了、老化了。

但“妈妈的舌头”——我们的母语却不太显老，岂止？是返老还童风姿再现，君不见，眼下地球上有那么多“苦读”汉语的人们！

“苦读汉语”是个啥滋味，我是有切身体会的——不是作为学生，而是老师：就在《妈妈的舌头》出版后不久的二〇〇四年，我就索性关掉了开的不温不火的小公司去北京语言大学当客座的教师，那么一“客座”，就坐到了今年——整整十六个年头了。

北语是“小联合国”，是留学生学习汉语的大本营，用英文教，更用中文教，既教经济贸易，也教时事和文学，多年下来，我的学生遍布五大洲，他们都无疑地——携带着对中华文化的热情和对汉语汉字的痴迷。

由此说来，我将“妈妈的舌头”——母语的推广事业，还真的从书本上强行“落地”，做到理论结合实际，一路下来，竟近二十个年头之久，所说的“汉语初心未改”，也就是说我这种人吧！

还值得一提的是，二〇〇八年至二〇一三年我在北大中文系读博时所做的博士论文《日本语言文字脱亚入欧之路——日本近代言文一致问题初探》，也是沿着母语研究道路的继续前进，论文可以说是《妈妈的舌头》的续篇，前者是感性随意的，后者是理性学术的，两部书在追求上基本一致，就是用一种或多种手法将汉语的定位——给进一步精准。

在《妈妈的舌头》中我“声称”学过不少语言，当然，那不只是虚言，接着，在北语和北大的十几年间，我利用两校多元文化的独特环境——“偷学”和进一步巩固了几门语言，比如韩语和俄语，还有世界语、葡萄牙语、古希腊语、古拉丁语、波斯语等，通过之，我进一步加厚了自己“爸爸的舌头”（《妈妈的舌头》姊妹篇的书名）上的舌苔，同时，还练就了一对捕捉语言信号的“雷达耳”，就是说，在地球大语种中除了阿拉伯语，我的耳朵只要随便一竖起，便能够在瞬时，分辨出你说的那类语言——不仅外语，连中国的方言都算在内。

有一个小例子：我在北语培训学院小语种部工作的时候，有一天，学院急需一个讲意大利语的老师，我走到校园中，仅用了三分钟，就“认领”回了一个意大利学生——我在一大堆从身边走过的外国学生中一耳朵便探听出谁说的意大利语，然后，将其请回了我们学院。

拥有这种人类语言“顺风耳”，即使我感到乐趣无穷，也平添不少忧愁——当人类各种隐埋于“悄悄话”中的秘密在世间为数不多的你这种“语言隐私偷听者”的耳中不再是什么机密的时候，这时，你就有些惶恐，因为你是个潜伏的“听风者”，你属于“稀有动物”。

能想象出吗？有人在公共场合用他们的母语旁若无人地“大放厥词”——他们以为没人听懂——比如说俄语西班牙语德语的，但恰巧，身边站着的是齐老师我。

关于我当“经贸汉语教师”的心得体会，已被详细写进《梅花三“录”》一书了，有兴趣的读者可以去那本书里去“探宝”。哦，忘了说了，《妈妈的舌头》是我出版的第一部书，到二十年后的今天我已经出版了二十五部书，每年不止一本，当然，有这么大的“产能”，优点是包罗万象，缺点是题材不专一，涉及文学、语言学、日本研究、商务管理、绘画音乐等太多领域，这兴许也会令读者迷惑，但是，生命这么短暂，为何要那么专一呢？

至于，为什么将曾经那么得意的笔名“齐天大”变更为本名，要怪互联网“搜索”功能精确度的不到位，不信，你搜一下“齐天大”，肯定出来的，是带着个“圣”字尾巴的家伙，因此，俺老齐的风头和热度，被“老孙”给“蹭”走掉了，因此，哪怕是忍痛，再版时也必须使用本名，免得让“猴哥”白占了便宜。

《妈妈的舌头》再读时，哪怕是过了那么多年了，还能令作者本人心潮澎湃，因为书中所用的是“青春笔法”，其中有“大无畏”的狂放不羁和傻大胆，在此，请读者们原谅本人“少年得志”时的“口无遮拦”——谁没年轻过哩？不过，对比一下今昔的中国和世界，我在上世纪末所说的那些“大话”和“预言”，竟然被悄然兑现了许多：比如汉语和汉字文化圈在全球舞台的强势复苏以及连带的对外汉语事业的蓬勃发展，比如以俄罗斯为代表的斯拉夫文明仍旧不停地“东西摇摆”，还有，就是我在书中用“恶言恶语”讽刺挖苦过的美国在二十一世纪的相对衰落……至于最终哪家兴旺哪家沦落，见分晓恐怕要等到这个世纪结束之时，不过无论结局如何，人类在共同命运的泰坦尼克号上，尽管语种不同，使命是一致的，那就是鲁迅所言：“先生存，后发展”——先和大自然和平共处，再从彼此间取长补短共谋生路，然后达到共同繁荣。

关于这一点，十多年来作为一个教诲过来自世界各个角落国家学生的一线汉语任课教师，我是有实际体会的，那么多不同种族不同宗教不同肤色学生可爱的面庞，此时，就在我眼前晃动。

最后，再次衷心感谢作家出版社的唐晓渡老师和徐乐老师，他们的辛勤劳动，两次成就了此书。

齐一民

二〇一九年五月二十七日

听话听声

一

《沙家浜》里的阿庆嫂曾说：

“听话听声、锣鼓听音。”

这本书中关于语言的故事就是我借着阿庆嫂的耳朵，按照听锣鼓的拍子一拍一拍地听来的。我在二十几年中总共听过不下几十种各个国家的语言和中国各个地方的方言。开始都是被动地听，是被强行灌到耳朵里听的。我曾在加拿大魁北克蒙市的一家工厂里工作，据我和同事的一次不完全统计，那里共有来自三十多个国家的移民，三十多个种族的人总共会四十多种不同的语言，又因魁北克本来就有英、法两种官方语言，几百号职工平均每人至少会三种语言，即英语、法语，外加自己的母语。

当我第一天走进那家公司的办公室时，一位印度籍的女同事说她会五种语言。除了会英、法语之外，由于出生并生长在非洲，她会斯瓦西里语；而由于她是印度人，她会印度的Gujarati 语；又由于她是穆斯林，她可以用阿拉伯语念《古兰经》。会四五种语言在魁北克不算稀奇，稀奇的是高中程度的她所会的五种语言之间竟有那么大的语系的跨度，从斯瓦西里到阿拉伯，再到 Gujarati！

我还有一位年过六旬的美籍同事，他是法国人和阿拉伯人的混血，又曾随父亲到巴拿马做生意，被巴拿马人在监狱里囚禁过两年，他在囚禁期间学会了西班牙语。他还能十分熟练地运用德文和意大利文。他的语言区域的跨度也令我叹为观止，从阿语到西、德、意，那是几种完全不同的文化体系和价值体系。

刚刚走进那家公司的我，也可使用中、英、法、日等四种文字，而且还为之沾沾自喜。但那两位同事的语言能力之强，使我顿感语言境界的深奥及其广阔无穷。我为人类对语言潜在的驾驭能力而叹服。因为能够同时记忆四五种完全不同的文字和文化体系并随时脱口运用那些语言，绝非是一件易事。它意味着几万个不同种类的文字符号和语法结构的随机调换，外加那些字符和语法后面繁杂丰富的文化、宗教习俗和概念。那绝对是必须经由人，也只有人才能完成的体系的调换，是人脑独有的功能，是电脑及其他一切非人脑的运算工具所望尘莫及的。电脑能够机械地将一种语言转换成另一种，但电脑无法准确地转译那些语言之外的人文概念，无法准确地传达语言所要终极表现的情感以及人的本愿。

语言是上苍赠与人类的恩惠，而能够同时驾驭多种语言更是人类独有的天赋，是一种对人脑的超常规的运用，是将人脑功能推向极限的试验，是一种奢侈、一种恣意发挥的奢侈；是一种享受，享受的是智慧，也是智慧的享受。

我是在遇到那两位同事后才又抱着极大的好奇心进行另几种语言的学习的，是他们告诉了我语言的学习永无止境，学习语言的乐趣和回报是不可估量的。

二

我学语言的方法是学习驴子——支起长长的耳朵听，正所谓“听话听声”。

记得二十世纪八十年代我第一次到上海时还十分年轻，年轻得胆大心粗。有天晚上在与几个同事一同漫步在狭窄的弄堂里时，忽闻一串悦耳动听却听不懂的沪音，从一户的门窗中传来，而且还带着急促的喘息声。我好奇心顿起，支起了“驴耳朵”；为了能听得更清楚，我还纵身跃起，试图看一看究竟何人能发出如此动听的声音。谁知正当本人刚刚起跳，还未达到半空之时，后衣襟就被猛地一拽，一下从半空中跌了下来。

那是同行的一位经验丰富的中年女同志之手，她说：“小伙子，你怎么这么冒失，这简直是小流氓的行为！”

“……？”

“你没听出他们正在做爱吗？”

“……？”我还是没听懂。

中老年同志们都笑趴了下去。

回京以后那段佳话便很快在单位中不胫而走。

可见那时本人是多么的单纯无知，可见本人为了听懂一门方言，在名誉上曾付出了多么大的代价。

另一次为倾听人言而付出代价是在巴黎郊外的一列火车上。

那次我等一行三人在一位法国车站工作人员的指导下，买了一张写有“3”字的车票。我们原以为那是一张三人的车票，但中途路警上来查票时，偏说那是一张第三站台的车票——他当然是用法语。我辩解说由于我们不懂法语所以请了火车站的人帮助买票。他说你怎么不懂法语，你不正与我讲法语吗？我说，不是我不会说法语，而是看不太懂卖票机器上的法语。警察说，那根本就不可能。你怎么能说法语却看不懂法语呢？你在撒谎！

这时我的同伴赶紧拉住我，让我改用英文向警察解释，以证明我的法语的确是半吊子的。我哪里肯？我说难得有一次与法国警察练口语的机会，而且这位警察的巴黎音如此标准，这种机会我绝不能错过。

于是在我一再坚持下那位警察始终用法语与我争吵，并最终送给了我一个“混票嫌疑犯”的罪名，不仅让我们补了两张票，还追罚了两百法郎。

可见学习语言是要付出代价的，“驴耳朵”练听力是要交学费的！

还有几次在加国魁省本人也面对拉着警笛、开着警车追上来的警察脸不变色心不跳，坚持用刚学了几个月的法语练习会话，并因双方言语上的误解吃了好几张罚单。

其实在写完本书中那篇《我为何毅然放弃学习德文》后，本人又去大学的成人夜校学习了半年的德文，并且同样为之付出了代价。

第一次期中考试时，老师竟然“发现”本人作弊！

本人也在他的提醒下惊愕地“发现”了自己在“作弊”！

——因为考前的几分钟太紧张，我把笔记本打开着压在考卷下了。

于是德国老师便板着德国式的严肃面孔，在全班昭示了本人的“舞弊”行为。

毕生从未作过弊的本人（真的！）顿感受到了千古奇冤！

我站起来大声辩驳道：“第一，本人都有孩子了还会作弊吗？搞假能生孩子吗？第二，本人在其他方面作弊还值得，如出生年月日、如已婚未婚、如是否离异、如有无党派什么的，可值得在自己学习的第八门语言的第一次考试中作弊吗？何况考完这次试后本人根本就无意再报下一级的课，何况你可能会因学生都不及格，或招不满学生而失去这份工作，何况本人很可能毕生再也没有机会使用德文了。本人之所以下班后学习德文是因为在家待着没劲，是因为移民的生活太无聊，是因为与上司最近感情……”

由于班里的同学也都是有工作有上司的人，听后便一致对本人的辩辞表示赞同。于是有关本人“作弊”并被当场擒获的冤案，十分钟内就在群众中平反昭雪了。

最后只有那位年轻的德籍老师死不改口。德意志人生来意志如钢。

更可气的是在那次考试之后，我和三个加拿大人一同到德国出差时的遭遇。飞机到港后，我们转乘了一辆公共汽车，车上就只有我们四个外来乘客。本人先将自己会德文的事向三个同伴大吹特吹了一番，然后就热情地与那位德国司机攀谈了起来。我问天气问路程，问家庭背景，总之，把德文考试卷子上出的题目全都用上了。那位司机听我滔滔不绝地说了近五分钟的德语，一句话也没回，一直面色铁青、毫无表情地驾驶着汽车。这下我急了！同事们也在一旁看得莫名其妙。其中一个大笑不止，说肯定是我的德语搞错了调，说成科索沃语了，要不怎么忙了半天，德国人一句话都听不懂，这趟德国算是白来了，带错了翻译！

我听后简直无地自容！这时我突然看见了那位司机头顶上的一行德文大字，禁不住开心地大笑起来。原来那上面写的是"司机不许与乘客说话"！

就这样，在三小时的路程中那个德国司机一直未搭理谈笑风生的我们，始终保持着冷漠的表情，始终纹丝不动、腰板挺直地开着车。那次去德国后我真的彻底放弃学习德文了，因为反正学会了也没有德国人理你！

在我运用语言的过程中还闹过不少笑话。

最早的一次是在日本管日本年轻妇女叫"おばさん"（阿姨）。

那是在二十世纪八十年代初，当时国内还没有流行"先生""小姐""老板""打工仔"之类的称呼，除了"同志"以外，就只有"叔叔""阿姨"好叫了，还有"师傅"。

然而日本不是中国。日本妇女最最怕人称呼的就是"おばさん"，因为日本人在听到这一称呼后往往会联想到"大妈"，联想到再也嫁不出去的婆娘。

我刚到日本，哪会知道这么多啊？

我只知道见了年长的，哪怕只长一岁半岁的女人，都一律尊称"おばさん"。

我那时才二十出头，所以谁都比我大。

我一叫就是半年。

记得第一次叫的是东京帝国饭店附近一家花店的老板娘，

当时我和一位日本同事一起去买花。

那位老板娘站在门口迎客特别热情开朗，但听我叫她一声“おばさん”之后，就再也不热情、不开朗了。

我本来是为了报答她的热情开朗，才打内心深处想到这一称呼的，万没想到她听到后马上做出一副“小姐们要昏过去了”的姿态，紧捂双颊跑回了花店。

同去的日本同事的脸也顿时通红，想说什么又好像碍于中日友谊不好直说，便扔下我跟进了花店，一边连连鞠躬一边连声赔罪，说:“他不知道，他不知道！”

我当然什么都不知道，我还以为那位“阿姨”真的身体不好要昏过去了呢。

记得后来又叫了许多日本妇女“阿姨”，每次那么叫都能看到一张惊慌的、突变的脸，每叫一次都能听到从背后传来的关于我—— 一个万人公司中唯一的中国青年的议论，说我说话太不注意场合，等等。我听后一直是丈二和尚摸不着头脑：我怎么了？我不就是叫人“おばさん”——“阿姨”了吗？

那年代中国人谁不想混个“叔叔”“阿姨”的称呼听听，谁管我叫“爷爷”“祖宗”我才高兴呢！

二十世纪九十年代回国后才知道中国也进入“小姐”的时代了，对六十多岁的老妇人也不得不以“小姐”相称了。八十多岁的人还愿听人叫“大姐”呢！中国的“阿姨”们虽未全部消逝，但“阿姨”的时代已经消逝了。商业时代的女人是不愿听人叫“大妈”的，因为“大妈”已无商品的流通价值；“小姐”还是有价值的，还是没被订出的存货，至于保鲜不保鲜倒在其次要的。

我这才悔悟不该在八十年代管日本女人叫“大妈”，尤其是叫那位花店的老板娘。那女人当时还不到三十，而且婚配与否并不清楚，很可能那花店本身就是她的“丈夫”，要不她受委屈后为何一头往花店的怀里扑呢？

在这里本人由衷地向那位被本人“大妈”过一次的日本妇女道歉。

我在古巴也曾闹过西班牙语的笑话。

我那次为了去古巴休假，提前突击听了二十多盘西班牙语磁带，并发誓在古巴将所有磁带上听来的都应用一遍。

在一周时间内。

那个旅游团里有一对波兰籍的夫妇，会讲英文；丈夫酷爱艺术，却根本不懂艺术。

一次他去哈瓦那游城，在一家店里看上了一件“珍奇”的艺术品，但由于当时不会讲西班牙文，只好垂头丧气地跟着旅游车回到了旅馆。

这时他在众人中发现了号称会讲西班牙文的我。于是我在他一再的请求下跟他徒步回到哈瓦那，去再次议购那件“珍奇”的艺术品。

但当我们来到那家商店时，那件艺术品已不翼而飞了。

这下急坏了那位波兰籍丈夫。他一再向女售货员询问那件艺术品的下落——通过本人的西班牙语磁带的嘴。

我也不知道他到底指的是哪一件艺术品，但我必须帮他解释清楚，好让“小姐同志”（古巴仍是社会主义国家）去查寻。

波兰丈夫左比画不通，右比画也不通，最后他急得满头大汗，对着那位年轻的女同志做了一个十分下流的动作。

我原以为那位女同志看到他那个动作后会恼羞成怒，会叫古巴警察，万没想到她看了以后一下恍然大悟，迅速跑到店内的贮藏室，将那件“珍品”抱了出来。

我一看就傻了，原来那是一件几乎与女性生殖器官完全雷同的“艺术”造型。

那的确是一件“珍奇”的艺术品。

波兰朋友兴奋地指着那件艺术品，让我用西班牙语与“女同志”讨价还价。

我说那还讨什么，这件东西根本“无价”。其实我是羞于用本是磁带里听来的西班牙文，在大庭广众之下，面对着那样一件“艺术品”，指手画脚地大谈特谈它的价格。

那纯属丢人现眼。

那是二十盘磁带够用的吗？而且冒着三十八摄氏度的高温。

那天日头西落的时辰我终于完成了艰巨的翻译工作，踏着徐徐海风吹拂下椰树的影子，陪着我的波兰朋友步履艰难地走回了下榻的酒店。

只见他穿着裤衩和汗衫，脸面通红，汗流浃背，怀中抱着那件没经包装的（古巴缺纸）瓷制“艺术珍品”。

旅馆门前站着他那眼巴巴等着他回归的波兰太太，当他太太的目光落到那件抱在他怀中的“艺术品”时……

以上是一件真实的故事，是我当多种语言翻译的有趣的经历之一。

三

任何人最初学习语言时，都会感到枯燥被动，其乐趣最早始于能够应用的那一天。那一天使以往付出的全部劳动都得以回报。

学习语言的最初目的都是功利性的。是语言后面的文化，以及文字中显露出的文明的诱惑力，使我由为找工作糊口而学习语言，一变而为去拥抱语言、去追求涉猎语言的乐趣。学习语言的超极快感来自于用语言去触摸潜藏其下某一文明核心的那一瞬间！若不懂得某一民族的语言，想去理解与之相应的文明的本质是根本不可能的事。多年来我已养成了一种习惯，就是在去往异地出差、旅游之前，都要了解一下那个地方的语言。哪怕是听几盒磁带，或上一两门课，或是买一本字典，或是学几句问候的话……那样，在你身临其境的时候，一定会对那种文化和文明有一番原汁原味的理解，一番切肤的感觉，一分景仰，一分谦虚。因为从你企图学习某一民族语言的那一刻起，你已甘拜讲那种语言的民族为师了，你已经准备侧耳恭听了，你已经成了牙牙学语的幼儿了。你不得不谦虚。而人一旦谦虚了还愁学不到东西吗，人学到了东西之后还愁不能自强吗？一个人如此，一个国家亦如此。愿学别国语言的民族总是更谦逊的，但谦逊不等于无知，更不等于弱小；恰恰相反，只有谦逊才能强大。

中国人在美国人面前总是比较谦逊，因为中国人想学English，想学美国人说话。只要中国人想练abcd，美国人便自然成了老师；但中国人并不因此而无知弱小，中国人用abcd将美国人会的东西全都拷贝了过来。

美国人大多无心去学习其他民族的语言，相反总是乐于在与别人讲话时站在口语教师的地位指手画脚，但殊不知，正因如此，才反衬出美国人的无知。美国人的无知表现为人家知道他们在想什么说什么，而他们却无法探知对手肚子里的弯弯绕。

总而言之，在没有搞懂一个民族的语言之前，任何人都无权也不可能对一个国家的文化和文明做出合理的、正确的评价，即使评价了，也是盲目的和主观的；要想了解一个国家，必须先去学习她的语言。

四

我听任何一种语言都如听音乐。

当一个人已经能将语言当做音乐来听的时候，学习语言已经进入享受的境界了。

我听上海话如听越剧；

我听北京话如听评书；

我听德文如听贝多芬；

我听俄文如听《伏尔加船夫曲》……

天津话如海味；四川话如川菜；河北话如梆子；广东话如狂舞的银蛇，还有仿佛对着你的耳朵天天轻轻地说“爱你”的法语……

语言中有韵律，有拍节，有节奏，有文化，有喜怒哀乐，有丰富的生活底蕴；有风有雨，有雷鸣电闪，有歌有舞，有上苍的启示，有人类的叹息，有生命……

语言绝不仅仅是abcd，绝不仅仅是一笔一画，绝不仅仅是枯燥的语法，绝不仅仅是争风吃醋、是谁讲得好坏、讲得标准不标准；语言是用来倾听人类心脏跳动的听诊器，是探子，是探知人的心声的探子。

人心有了杂音，讲话的发音也就不动听了；人心衰弱了，讲话的底气也就不足了；国家衰亡了，民族的语言就无底气无生机无生命力了。国家将灭语言将灭，国运盛语言昌，语言是一个民族和一个国家的喉舌，是国家和民族的发言人。

中国的国运衰了，汉字和汉语也就危了；中国转衰为盛，汉字和汉语也就起死回升。

这就是国道，也是天道；是语意，也是天意。

正是“道可道，非常道”，语言之道乃民族之道也。

五

我学的第一种语言是中文；

我学的最后一种语言也是中文。

这本书就是为中文写的，是我学习中文的长卷心得。

用的是长年的劳作。

中国人生于中文死于中文，中国人生下来听到的是父母用中文的呼唤，中国人死时听的是子女用中文的惜别。

中国人有义务写一本赞美中文的书，那也是中国人的使命。

这就是本书所做的尝试。

我是在了解过七种外国文字——尽管都是肤浅的了解——之后，才萌发写一本关于中文的书的意愿的。

我是最终通过学习外文而认知中文的。学习外文的过程是一条不归路，是一条无止境的路，但那条路的终点又是它的起点——是中文。

在学过七种外文之后我猛地回头观看与我生命结为一体的中文，顿觉“蓦然回首——那人却在灯火阑珊处”：原来世界上最美的文字竟然是我最熟知的中文！

我试读俄文报刊时，根本就找不出读汉译《静静的顿河》时的那种流动中的沉静，因为从斯拉夫字母中根本读不出美感来；我读德文时也体味不出来阅读汉译黑格尔《美学》时的诗意，因为德文的语法结构看起来虽然严谨，却无法表现出文字直观的浪漫。以上两种文字的外观都不美，都无法使人直觉地赏心悦目。

这使我对中文的美有了反观的认识，在比较中我“比”出来了中文的美。

中文之美“水落”而“石出”了。

从那以后我便用反省的目光反复推敲起中文的美感来了。

我迷上了中文——我最熟知的文字。

我是在大英博物馆看到古埃及文字后才真正体味出文字本身那无与伦比的美的。

在那以前我对埃及文字没有任何感性的认识，只从书本上知道那是一种象形文字。

当我走进一个古文化展厅时，厅中四壁上书写的那些千奇百怪却美得异样、美得光彩夺目的符号们一下扑入了我的眼帘，令我目不暇接，无所适从。那些线条们实在是太美，美得实在太出乎想象了。我从未在任何地方看到过曲线以那种方式组合。那些曲线完全打破了我对曲线组合的原有概念。那简直是不可思议，简直是神灵的再现！

我被告知那些并不是图画，而是埃及人的文字，是古埃及的象形文字。

它们竟是文字！

它们竟是文字！

它们竟是文字！

是文字，是已经消失了的文字，而且是象形的。

文字竟然能有那般的美！

我的目光从已经消失了的古埃及象形文字中缓缓地、痴呆地转向我心中的方块字们——我的母语、我的“妈妈的舌头”——中文。

噫！原来它们竟也脱胎于象形文字，而且是目前世间仅存的一种……

好了，这篇文章就写到此，就让中文在沉静的美中慢慢地自我陶醉吧！

本人是老寿星？

学习语言的乐趣何在？意义何在？

在回答这个问题之前先要说明，“语言”既包括英语、日语、法语等所谓的“外国语言”，也包括上海话、天津话、闽南话等所有一切可以用“方言”命名的同一种语言的各种亚体。

学习语言在这里狭义地指学习所有与自己的母语在形式和风格上均不相同的语言。

如果这样定义学习语言的话，那么本人就可以拍着胸脯、跳着脚、大言不惭地自称为“语言大师”“语言大家”或者“语言权威”了。

——倘若“权威”的“权”不是“拳头”的“拳”的话；

——倘若被以“家”命名的人士在中国已多到了与当年“阶级敌人”的总数差不多的话；

——倘若能用英文说一声“Good morning”就可以算作精通英文的话；

倘若……

那么本人绝对算是语言“大师”“大家”或是什么“权威”了。

仅凭本人能用日文、英文、法文、西班牙文、德文、俄文、意大利文、韩文、越南文、广东话、上海话和中文普通话等等数个语种说一声“你好”，就应足以成为语言学家了！

就应有足够的资格吹牛皮了！

难道不是吗？

请好好想想，请反复研究！

——习惯给人戴“家”帽子的大报评论“家”和小报批评“家”们，我看你们不妨也慷慨地甩给本人一顶“家”的帽子得了。

如果“语言学家”的帽子太大，“牛皮学家”也未尝不可，只要是帽子，好歹戴上一顶就足以令本人没帽子戴的空虚感满足了。

其实本人玩着命地向社会要帽子往头上戴并非只是要满足一下对帽子的渴望，我的本意还是在于研究和提倡语言的学习，并戴着一顶语言学家的帽子来谈论语言。

否则会有人愿意听吗？

好，从现在起就假定本人的头上戴着一顶尖尖的、高高的“语言学家”的帽子，继续与读者们讨论学习语言的意义吧！

为何要学习语言？

学习语言的乐趣何在？

列宁说外国语是革命斗争的武器；

马克思说外国语是丰富知识和增加智慧的工具。

他们都是伟人，自然都从伟大事业和伟人的角度发表论述，所阐述的也是伟大的论点。

而本人是小人，是平民，是布衣百姓，只能用小人、小民、小老百姓的立场和观点来谈论语言。

依本人来看，依小老百姓和普通人的观点来看，学习语言的意义又是什么呢？

是“多活一辈子！”——这是本人从某篇文章中读到的另一位普通人在学习外语后发出的感慨。他说：“多学一门外语就等于多活一辈子！”

记得当时本人在读到这句话时，不禁也发出了“英雄所见略同”的感慨，还着实兴奋了好一阵子！

因为按照那位老兄的高见，本人在不知不觉中不就成为老寿星了吗？

——能运用两三门外语的本人！

——会用七八种外语说“你好，我好，大家好”的本人！

——会用三四种中国方言骂人的本人！

用手指头算，按那位老兄的算法，本人算是活了几辈子呢？

替本人好好算算吧，亲爱的——读者们！

语言与世界大同

说“多学一门语言等于多活一辈子”虽然在医学上解释不通，却能从逻辑上得到论证。

世界上生活着五十多亿人，分居二百多个国家和地区，几千年来一直被两堵高墙所隔离。

一道是国界；另一道就是语言。

地球上许许多多的灾难都与这两道高墙有关。

国界的高墙所隔绝出来的是意识形态的差别，是民族主义，是意识形态和民族主义被激化后国与国之间、民族与民族之间发生的战争，是国与国之间的贫富差别，是憎恨，是歧视，是由于憎恨加歧视而派生出来的一切一切的人与人之间的冷漠和分离。

这里不是在倡导取消国界，国界是无法取消的；这里只想指出，地球上本来是无所谓国家，无所谓国界的。在很长一段时间内，正如恐龙与大象可以在地球上任何可以生存的地方随心所欲地奔跑一样，人也可以到任何他想去的地方去旅行，既不需要签证，也不需要介绍信，不需要邀请函。

国界是国家形成后的产物，国界一旦被确定，国家意识也就产生了。虽然国家之间、民族之间在行政上、军事上的划分促进了国家、民族之间的竞争，那种竞争对人类的发展是一个不可缺少的因素，但国家在某些历史时期对人类和平和进步所起的破坏作用也是不容忽视的。

因为国家主义的膨胀是战争的直接诱因。

有什么比战争对人类文明造成的破坏更大呢？

战争是人与人之间最残酷的争斗。

如果仍然将人类归于动物的话，那么人类之间的争斗则是世界所有动物的争斗中最残酷的一种。

诚然，大鱼也吃小鱼，但似乎同类的鱼之间不相互吞食；

诚然，老虎之间也相互厮杀，但老虎间的厮杀远比人类与人类之间的争斗文明。

因为老虎不用机枪相互扫射；

因为老虎不用 B52 轰炸机地毯式地将整个村落摧毁；

因为老虎不会用原子弹将整个城市夷平；

因为老虎不会用氢弹布下毁灭整个地球的阴影。

以上种种行径只有人类——自称为最高级动物的人类才干得出来，才干得心安理得，问心无愧！

——在国家、民族的旗帜的激励下。

由此可见，国界的确是分化和隔绝人类的一堵墙，一堵可怕而残酷的——墙。

另一堵墙就是语言了。

语言是人与人之间交流的工具。当一个人与另一个人因讲不同的语言而无法相互交流时，语言便不再是工具，而是一堵墙了。

语言在人与人之间所起的隔阂作用远大于国界，因为语言的种类比国家的数量更多。

地球上总共才有二百多个国家和地区，却有数以万计以至更多的语言种类，其中包括可以诉诸相同字形却无法诉诸口语直接交流的方言们，如广东话和北京话。

语言的不通在人与人之间造成的隔阂虽不同于国界，却远大于国界。国界隔绝人类时所采取的形式是宏观的，是可以在地图上一目了然并铭记于心的，它所激起的反应也是宏观的；中国人和美国人一旦明白属于不同的国度，就会分别在心中燃起一股油然的爱国激情，在特定情况下，这种激情就会形成一道相互提防的——墙。

而语言呢？语言隔绝人类时采取的方式远比前者微观，却更加残忍。语言不仅能在国与国的人群之间，还可以在同一个国家中的操不同方言的人群之间造成隔阂，竖起使他们相对立的高墙。

如早年北京人听了外地口音就愤然而起的歧视；

如外地人在上海因不懂沪语而产生的“出国”的感觉；

如从前福建村落与村落之间因方言不同所产生的“鸡犬之声相闻，老死不相往来”……

都是因为语言的墙的分割。

语言能使两个同种同族、同一个国家的人相对无语，——因方言不通；

语言能使两个夫妻之间长期厮守却无法交流——因为他们最初是借翻译之口表达爱慕的；

语言能使没看清彼此面目的人相互开枪；

语言能使国与国人民之间相互谩骂却都不知对方所云为何；

语言能使地球蒙难——在彼此言语不通的敌对国家所进行

的毁灭性的战争中；

语言能使人的爱心泯灭——在无法沟通的人与人、国与国之间是很难产生对彼此的喜爱的。

如果说世间仍有博爱的话，那么语言的不通会使博爱大打折扣，因为不能相互用语言交流的人之间是难以无条件去“爱”的，否则人类早就与狮子、老虎或其他动物去“博爱”了。人与动物之间的相互厮杀、人在这种厮杀中表现得冷酷无情而无恻隐之心是因为什么？不就是因为人与动物没有相通的共同语言吗？

人类之间的厮杀虽然并不会因拥有共同语言而终止，却可以因不能拥有共同语言而引发或者加剧。

两次世界大战不都是在操用不同语言的不同民族之间爆发的吗？

没有共同的语言，不能用同种语言交流，就不能彼此了解，就会产生感觉上的相异，就会因无法用共同的方式调解感觉上的差异而产生人与人、国与国之间的误解和误会，而人与人、国与国之间误会的最终解决方式很可能就是战争，是屠杀，是战争与屠杀所引发的彼此的憎恨。

语言就是这样一道道高高的、血淋淋的墙。

是世间许多悲剧的制造者，是许多罪恶的根源，

——如果不妥善地跨越它、利用它的话。

而学习语言呢？学习语言的意义何在呢？

除了学说话以外，更深远的意义就是用人类独有的智慧去主动地跨越、超越自己的母语，跨越自己种族语言的天障，去接近其他语言、其他种族、其他文化、其他文明的彼岸。

只有人类才能做到这一点。

只有人类才有条件去实现这种超越。

因为只有人类才会学习其他种族的语言。

只有人类才有这种能力和技艺。

狮子会吗?

老虎会吗?

语言自古以来既是人类群体之间相互仇视的天然屏障，又是人类不同群体之间彼此融合的媒体。

学习语言、掌握与母语不同的其他语言是通向不同文化的桥梁，是打通语言天然屏障的通道。

是减轻误解的努力。

是消灭仇恨的福音。

这是上苍的福音:语言的“墙”最终会成为和平的使者，成为人类原有的动物野性向文明进化的天桥。

人类大同如果真有可能的话，那么是以语言的沟通为前提的。

共同的语言将是新世界的起点。

学语言与撑杆跳

语言如墙，却看不见摸不着。它不是用水泥砖块，而是由舌头制造的。

——用富于弹性的舌头们。

所以说学习语言的过程并不十分确切地等同于翻墙。

本人于是想到了撑杆跳。

这种联想是在看奥运会撑杆跳比赛时产生的。

那横杆虽细，却高悬于空。

语言亦然，虽形同虚设，却能挡住人的通过。

那是一道既隐隐约约又实实在在的墙，是将杆的两侧划分得泾渭分明的屏障。

人群就是由它们隔开的；

世界就是由它们划分的。

杆的另一方就是另一个世界，另一种生活，另一套文化，另一个国家，另一个种族，另一种宗教，另一种爱，另一种喜好，另一种价值，另一类生命，另一个境界，另一个天地，另——一辈子！

跨过去就等同于看到另一个世界，体验另一种生活，了解另一套文化，走进另一个国家，结识另一个人种，了解另一种宗教，增加另一种喜好，丰富另一种价值，获得另一种生命，走向另一种境界，闯进另一个天地。

就等于多活——另一辈子！

学习语言的人就是那撑杆跳运动员。

他们的目标是飞跃那语言的横杆。他们跳过那横杆的手段也就是去学习和掌握那种语言，令其成为手中把握的细长而富于弹性的撑杆。

撑杆也是杆子。

他们用杆子去越过杆子。

他们用语言去攻破语言。

撑杆是手段，横杆是阻碍。

要想飞跃那阻碍就要能娴熟地运用它。

就要掌握它、驾驭它，使它成为自己的手段、工具，成为足以腾空的弹力、冲力和原始驱动力。

撑杆跳时撑杆的落点一定要准。

学习语言时的发音、语感和用词也一定要精确。

撑杆跳腾空时的冲力一定要强大；

学习语言时所需的功力也一定要持久。

越过杆后撑杆跳者会扑通一下躺进那松软的高垫，陶醉于成功的喜悦；

掌握一门语言后，学语言者的眼前也会猛地现出一片光明，展现在他（她）面前的就是那：另一个世界；

另一种生活；

另一套文化；

另一个国家；

一个种族；

一种宗教；
一种爱；
一种新的价值；
一个新的生命；
一片新天地，和——
另一辈子。
除此之外他们眼前看到的还有什么呢？
是另一道横杆，一道标志更新高度的横杆。
那就是另一种语言。

世界上最好学的语言

英文是世界上最好学的语言。

本人知道以上这种说法一定会引起以下两种人的愤怒：

第一种人是英文特别好的人。

这一类人中的绝大多数不仅会看英文，听英文，说英文，还可以用英文唱歌，用英文思考，用英文与外国人交流，用英文进行思想斗争，用英文给自己命名，用英文直呼外国总统，总之，是能够熟练或非常熟练、自然或非常自然地对着天空高喊 Yes 或 No 的那一部分人。他们听本人说英文是世界上最好学的语言后会表现出怒不可遏，是因为他们会英文。

英文在亚洲人中可称得上是“精英的语言”。是一种象征人的教育程度、开放程度、文明程度的语言，一种超出了语言本身的贵族语言。这就如同一直到十九世纪末期，俄国人都以是否会讲法文来划分、识别贵族；也如同一直到二十世纪末期，台湾的某些政要还情不自禁地坚持用日文表达苦衷。所以说会讲英文的读者一听本人在此大放厥词，说英文好学，准会暴跳如雷地指着本人的鼻子大喊一声：No！

因为说英文好学就等于说贵族的语言并不高雅，说天之骄子遍地都是，说里通外国什么人都会，说精英不再是精英了，说聪明人是个笨蛋了。

反正后果够严重的。

以上这一部分人虽然不好得罪，但还是得罪得起的，因为精英在中国乃至亚洲毕竟是极小一部分先受教育的人，能用 English 不假思考地胡说八道的人士，即使在受过高等教育的亚洲人中也为数不多，除非是在新加坡、香港、菲律宾一类被英美两国轮番殖民过的国家和地区。但新加坡、香港、菲律宾全部加起来总共才有多少人口？亚洲有二十好几亿呢！

当然，还有一个被英国殖过民的国家——印度。以后有机会本人一定要去印度考察一下，听听那里英文是否已经普及到非贵族了。

不过在此之前，我敢肯定绝大部分懂英文的人都会因本人说英文易学而愤愤不平。

其实本人的反击也是挺难抵挡的。

——如果您不承认英文好学，您怎么能学得那么好？

——您英文讲得越好，越证明英文好学。

以上是一个小小的逻辑游戏，暂作抵挡第一类反驳者的盾牌。

接着说第二种人。

这种人看了本人的标题后一定会群起而攻之，因为他们就是那些听不太懂英文、看不太懂英文，或半听得懂半看不懂英文的人，这些人包括所有受过初中以上教育的广大知识分子和小知识分子们，约占亚洲总人口的百分之六十以上。

他们不能随心所欲地驾驭 English，是缘于一条十分令人庆幸的理由，那就是好歹英国人和美国人都未能如愿以偿地全部、长期地殖民整个亚洲，半数以上的亚洲人长期以来并没必要也没机会生长在讲英文的语言环境中。

然而百分之六十的亚洲人毕竟学习过英文，而且十分努力，十分用心，十分迫不得已。因为English虽然没彻底地殖民亚洲，却将美洲、澳洲等都给“殖”了，当然，还要加上英伦三岛中的其他两个岛。

于是百分之六十的亚洲人都想冲出本洲，想与美洲、澳洲和英伦三岛上的人对话，于是他们学起了A、B、C……一直到Z。

但是他们并没能达到第一类人的英文程度。

因为他们学的不是英文专业；

因为毕竟英国人未殖民过整个亚洲。

他们先埋怨时间不够，埋怨语言环境不佳，埋怨自己鼻子不尖（发不好鼻音）或舌头不长（发不好卷舌音），然后就从English本身找原因了。他们大骂英文与中文大相径庭：不如广东话生猛、不如上海话动听、不如天津话可口。他们问苍天，问自己，问English：

“你他妈的怎么这么难学啊！”

那意思是：“连我这么聪明的人都学不好，那还算得上人类的语言吗？”

他们就是在这气头上看到了本人的谬论——

“英文是世界上最好学的语言！”

百分之六十的亚洲人！

众怒难犯！

本人在此先向广大群众澄清一下，本人那句话的意思并非是“你连这么简单的语言都学不会，还能自称是聪明人吗？”然后再接着为自己的狂言申辩：

“没错！英文的的确确是世界上最简单的文字！”

如果您不信的话，就请接着往下看吧。

人类语言中的“人妖”

人妖是什么？

是泰国出产的一种搞不清性别的以跳舞为职业的人。

不能说是舞男；

也不能说是舞女；

因为它（也不能用‘他’或‘她’）们是无性别的，用“他们”或“她们”都无法准确地称呼“它们”。

英语也一样。

英语也是一种无法表现阴阳的，或者说没有表现阴阳功能的无性的语言。

它是语言中的“人妖”。

请注意，本人在此并无诋毁或贬低人妖的任何动机，本人只是想说人妖是无性的，是最能用来象征英文在语言中地位的人类。

其实人妖有人妖的魅力，人妖的魅力在于能够分头吸引“阴”“阳”两极，因为它们是无性的。鲁迅所说的唱旦角的男子，也如同英文。

英文被世界上广大男女所喜爱、所操用，因为它是一种男女、阴阳不分的语言，而且是世界上目前通用的几大语种中唯一无性的语言。

先从欧洲的几大语种说起。

法语有性，有阳性（Masculin）、阴性（Féminin）之分。

法语在表示阳性的名词前面加冠词 Le，在表示阴性的名词前加冠词 La。

在法语中一切词汇和语句都是以阴阳两大系列来划分的，阴阳是一道严格的分水岭。

当你用法语表现一个阴性名词的时候，形容词要跟着变，动词要跟着变，连讲话的口型也要跟着变。

口型要紧缩，才能表现出阴性的阴霾。

如谈论女人——La Femme。

阳性词汇和词句则不同了，在发阳性名词的音时口型一定要比阴性略微开放，才能表现出阳性之刚强。

如男子汉（L' homme）；

如阳光（Le soleil）。

西班牙语有性。

当年在巴塞罗那召开奥运会时，人们意识到过那个 Bacelona 是个女性化（阴性）的城市吗?

因为她的最后一个字母"a"就是一个表示阴性的字母，在西语中所有以"a"结尾的词都是阴性的。

当美国女歌星麦当娜（Madonna）在一九九七年轰动北美的影片中以动人的歌声唱：

Don' t cry for me，Argentina！（别为我哭泣，阿根廷！）的

时候，她是否意识到从她的名字到她的歌词都是以 a 结尾，都是阴性的呢？

Madonna，Evita，Argentina！

否则那首歌会风靡全球，会那么美妙动听吗？

意大利文是阴阳分明的！

当帕瓦罗蒂向全球高唱“我的太阳！”的时候，那 Sole mio 是阳性的，否则能唱得那么理直气壮吗？

学过俄语的人一定会更有同感。

在俄语中除了阴阳之外，还多了一个中性（Neuter）。俄国人将那些说不准阴阳的乱七八糟的外来语们统统装进“中性”那个破筐里了，如地铁（МеТрó），如纽约（Нъю－Йóрк）。

俄语是一种将性别区分到令人忍无可忍地步的超级性别语言，它不仅将所有的词汇分为阴、阳、中三大性别，还使三种词汇的结尾迥异，使形容它们的形容词跟着阴差阳错，甚至还牵连了副词！

究竟相差到了什么程度呢？打个比方吧。

如果您用俄文说“多么美丽的姑娘”时将阴阳搞错了，那后果将是十分不堪的。

因为“姑娘”（ДéВОЧКа）是阴性的：

所以“美丽”（КрасńВЪIЙ）的词尾也要变为阴性的。

连“多么”（КаКóЙ）也要跟着变成阴性。

名词、形容词、副词的词尾都要统统地变。

否则你就会将姑娘形容成了“猛男”（阳性）或者“人妖”（中性）了。

知道问题的严重性了吧！

连德语都阴阳分明！

不可思议吧？这可是无论从意志还是从外观上都阳刚得一塌糊涂的德意志民族的语言啊！

同西语、俄语一样，在德语中除了阴阳两极之外，还多一个中性（Neuter）。

希特勒的名字就是典型阳性的。

听！ Hitler！带着十足的血腥气。

有人说如果他将名字改成阴性的，如 Hitla，第二次世界大战就有可能避免；

也有人说希特勒在讲演时从未用过阴性的温柔词句，否则听起来就不会那么令鸡犬不宁。

以上所举的法、意、德、西、俄等几种语言都是拉丁、斯拉夫两大语系中具有代表性的语言，它们都具有表现事物阴、阳两性的能力。相反，如果在运用这些语言时分不清楚阴阳就无法准确地使用它们，就如同在分不清男女的情况下乱叫“叔叔”“阿姨”，是要犯原则性错误的！

下一步就要走出欧洲了。

阿拉伯语也分阴阳。

据说在阿语中不仅阴阳分明，而且标记阴阳的方法也极为简单实用。

所以讲阿语的人在学西语、意语时不会将阴阳倒错。

再到非洲看一看。

非洲的通行语言斯瓦西里语（Swahili）也是有阴阳之分的。

然后走回亚洲。

印度的两大语种 Gujarati 和 Hindi 均有区分阴阳两性词汇的方法。

以上所有文字都是拼音文字。所以说在目前世界上主要通用的、为全球总人口百分之五十以上的人使用的十几种拼音文字中，只有一种语言不涉及事物阴阳的属性，它就是英文。

与以上种种文字全然不同的是中文。

中文是表意文字。

在中文中有区别阴阳的标记吗?

当然有，没有阴阳之分就没有中国文化。

阴阳是《易经》之纲领。“乾”代表“男”,“坤”代表“女”。“乾”是阳的，“坤”是阴的。正所谓:“乾道成男，坤道成女”(《系辞 · 上传》)。《易经》的八八六十四卦就是以阴阳为两极的记录万物变化的最精简的符号，它在几千年以前就确立了中国人的阴阳以及阴阳变易的宇宙观。

中国人在文字中以阴性偏旁部首表示“阴”性的事物。

如“女”; 如“氵”。

以阳性的偏旁部首表示“阳”性的事物。

如“火”，如“日”。

如果从汉字中将以“女”字旁和“氵”字旁组成的文字全部删除并以“火”“日”字旁代替的话，中文将会面临毁灭性的灾难。中文将失去性别的标记。中国人读白居易的“长恨歌”时将再也感觉不出杨贵妃的美丽，再也体会不出“阿里山的姑娘美如水”的意味了(“妃”“姑娘”“水”都是阴性的)。

尽管对以上几个例子的正确性可以争论，但本人的结论不应是突兀的，那就是在中国人的理念中阴阳十分分明，作为表意文字的汉字是能够标记出阴阳以及中性事物的。

唯有英文（English）不能表达阴阳——在我所知道的包括十几种文字的表意、表音两大文字系列中。

能说英文不是语言文字中的无性者吗？

能说它不是人妖吗？

能说它不易学吗？

本人无意对英国人美国人进行人格攻击，也不想说英国人无男女的性别差别，因为那样说是不道德的。

但有一个事实本人却目击过，那就是当Euro-star子弹头列车从巴黎穿过英吉利海峡缓缓驶进伦敦时，你会发现英国妇女的确比法国女人粗壮！

为上海话“平反”！

一

上海人讲上海方言，又叫“上海话”，而上海人却偏偏不把它叫上海“话”，将之称为上海“wǔ”（发“舞”的音），“wǔ”是“话”字的上海式的发音。

一个“话”（huà）、一个“话”（wǔ），语言的差别就反映出来了，文化的差异也就表现出来了。

上过大学的北京人第一次感到外地文化的冲击，也许就是在他们走进大学的第一天、走进学生宿舍的第一天吧。

尤其是祖籍原本为北方的第二代北京人。

因为他们听到了许多南方方言。

他们好像突然一下被推进了一个百鸟争鸣的原始森林。

那个林子的确特大，什么鸟都有，而且都是从国内五湖四海、天南海北飞来投宿的鸟类中的佼佼者。

唱着不同的歌。

那就是方言。

其中颇为动听的一种就是上海“舞”。

很少有北方学生对宿舍里的上海“舞”未曾耿耿于怀过的。

因为它太动听，太稀软，也太难懂了。

而且还太顽固。

一般从别的城市飞进北京这个大林子里的鸟儿们都十分羞怯、十分谦虚。胡乱叫了一番后就自觉不自觉地跟着本地的鸟唱起了当地流行的主旋律，都争先恐后地放弃了方言，随大流讲普通话了。

当然不仅仅指在讲堂上，也指两个本来讲方言的外地人之间。

如天津人之间在北京的学校中是不大讲天津话的。

两个四川人当着别的同学的面，也不常用辛辣的四川话“接头”。

有的甚至拒绝承认他们会讲自己的方言。

比如当你问一个来自长沙的学生，他的家乡话如何讲时，他可能会用打着不规则弯儿的“京片子”矢口否认道：

“就这么说啊！”

这就更反衬出上海人的顽固了。

上海人之间在校园中是无论何时何地、在何种场合、就何种话题都要讲上海“舞”的。

绝对旁若无人。

绝对肆无忌惮。

绝对畅所欲言。

两个上海籍的学生只要一见面，准会立即像两挺早已压满了子弹上了膛、瞄准好了的机枪一样，对着对方：开火！

以上是指两个人之间，人多了就更热闹了。上海人一多，上海话就更多了，听起来像是亲临银蛇乱舞的淮海战役火线上一样：

只听：“哒哒哒……”

只听：“啪啪啪……”

虽有打冷枪的，但绝无臭子儿！

这就急坏了、气坏了他们身旁的北京人和其他北方人，以及不会开枪（腔）的其他林子里飞来的鸟儿们了。

因为他们听不懂！

人不怕别人讲他们的脏话、坏话，不怕诽谤、谩骂，因为他们也长着嘴，也可以反过去诽谤、谩骂，而且可以更加蛮不讲理。

但人最怕的是听不懂！

因为当对方讲话你听不懂时，那其中的变数就更大了，远远大过于诽谤和谩骂，更有甚于蛮不讲理。那也许是夸赞也许是贬低，也许是讽刺也许是表彰，

也许谈的根本就不是你！

也许谈的是你的后事！

反正你听不懂！

那是一种令旁听的人十分不自在、十分难为情、十分尴尬的局面。

那是一种进退两难的误区。当你听到身旁两个上海人用轻机枪“对火”时，你是坐也不是走也不是，不听不是听下去同样不是！跟着笑不是跟着不笑更不是！

因为走了算你失礼，坐下去又浪费时间；不听怕提到自己，听了又听不懂；不跟着笑不礼貌，跟着笑就可能是个大傻冒！

你能肯定他们说的不是你吗？

你能肯定他们不是在嘲笑你吗？

嘲笑还是轻的，也许是要杀你呢！

几千年以前人类不就已学会了笑里藏刀吗？

大部分北方人在跟着傻笑一番后就逃之夭夭了，尤其是北京人——北京生北京长的、带着政治文化中心优越感的北京人！

他们受到了史无前例的冲击和震憾：

——竟然有外地人不讲普通话！

——竟然有外地人胆敢当着北京人的面不讲北京话！

——不服是不是？

本人上大学的八十年代初的北京还是一个市民从里到外都颇为“中心”的年代，是一个公共汽车售票员听了外地口音（注意：只是口音）就气不打一处来并立即关车门查车票的年代！专查讲不好北京话的外地人的车票！

何况是根本就不讲北京话的上海人呢？

北京籍的学生是受不了在自己的“地面”上被冷落、被排斥的！

于是他们就将这种感受表现了出来。当然，作为天之骄子的他们既不可能像售票员那样以查票表示愤慨，又不能像小流氓那样用“操你妈”直接谩骂，他们是以读书人特有的方式将之表示出来的。

——他们使用了间接的方式。

他们不是直接去攻击上海人和上海“舞”，而是相反，将“上海人”和“上海话”贴到了他们不喜欢的事情上去。

这就更损了。

——有人吃柿子时觉得太软，就说那柿子像“上海话”；

——有人炒鱿鱼时见锅里的水分太多，也说那鱼像“上海话”；

——有人滑冰时摔了个大马趴，便大骂冰面太滑，说像“上海话”；

——有人买了样子货便说是上海产的；

——有人说唱沪剧是里通外国；

——有人不吃“大白兔”糖；

——有人不骑“凤凰”自行车。

而说那些话的人中有人甚至从没去过上海。

总之说什么的都有，尽管是极少数人。

但有一点是众所周知的，那就是：

北京人绝大多数是听不懂上海话的；

上海人绝大多数彼此之间是不讲北京话的；

——即使在北京人面前。

这曾经使北京人讨厌上海人说上海“舞”，

——包括本人在内！

二

后来本人也变成了一只鸟，飞到了另一个林子里。

一个更大的林子，一个停满唱着变了调的歌的鸟儿们的林子，一个陌生的林子。

那就是外国。

初到国外发生的一件事使我终生难忘。

那是在学校召开的欢迎新生的晚会上。

出席晚会的人很多，一眼望去都是清一色的白种人；一耳听去，都是拐着弯的“英国历史”（English）。

蓦然，在人群中我发现了一张黄面孔，一对黑色的眼睛，一个东方男子。

他正在与另一个白人学生攀谈，用的是英文。

“Are you Chinese？（你是中国人吗？）”——我问。

“Yes”，他迟疑了一下后答道。

“Do you speak Chinese？（你讲中文吗？）”——我又问。

“Yes”，他又答道，仍然很平静。

“Mandarin？（普通话）”我接着急切地问，心跳到了嗓子眼。

“Yes”，他更平静了。

“你是从哪里来的？北京？”我终于如释重负地、放心大胆地将 Chinese 吐出来了。如同背着重负在空气稀薄的高山上爬行的旅行者猛地吸上了一口新鲜的氧气一样，我顿感内心无比舒畅。对于一个中国人来说，整个半天吐不出一句中文，真比被用臭袜子捂住嘴半天不让喘气还憋得慌。

见他点头后我便索性放出了几口“京片子”，亲切地说：

“真想不到在这儿还有中国人，哥们儿，就他妈你一个？”

只见他听完后先是点了点标准的北京寸头，然后也带出了几分北京人的痞劲，痛痛快快地答应了一声：“Yes！”

“Y——e——s？”我听了顿觉一阵耳背。

“你不是也刚从国内来的吗？”

——“Yes。”

“你……是……北京……人？哥儿们？”

——“Yes”，他虽然连连点头，就是不讲中国话。

这下我真的急了！我将憋了一下午没讲中文的瘾全都一股脑儿地发了出来。我说：“你小子是坐哪班飞机来的？那飞机正点了吗？没在空中发生意外？真的没有吗？你现在住哪里？马路上还是人家的车库里？有没有老鼠？你捡的那个床垫儿有几成新？晚上睡觉破弹簧顶不顶后尾巴骨？你屋里的蟑螂大不大？咬得痛不痛？你的自行车有几个轮子？轮子里打得进气吗……”

他听到这些留学生共同关心的话题后顿时来了情绪，也改用一种老乡见老乡，两眼泪汪汪的激动表情，眉飞色舞地与我“鸟儿问答”了起来。他是这样说的：

“When I……Oh！……You are right！Ya！……Gee！……Sorry！……Shit！……Shoot！……”于是我们就这样你一言我

一语、你一句英文我一句中文地在大庭广众面前用两种语言畅谈了起来，直到将共同关心的话题全部侃完，直到将出席晚会的其他学生的注意力全都吸引了过来。人们用十分好奇的目光一起注视着我们二人，好像都在纳闷地说：“原来 Chinese 之间也可以用两种不同的语言交流，而且用的是一种外人只能听得懂一半的方式。”

过了一会儿，我终于与我的北京同胞结束了长达好似几个世纪之久的“中英双边会谈”。当我挣扎着用最后一口气问他明天是否一同去上课时，他一如既往用不置可否的口气说：“Y——e——s！”

那话音听起来极端的慢，颇像中文的“爷死”。

“你爷才死了呢！”我不由得在心里骂了一句。

当然，脸上仍露着老乡的笑意。

那天晚上回到宿舍后，躺在被弹簧顶着后腰的床垫上，我又对着夜空将那位同学使劲地骂了一通，用的是北京话，如“假洋鬼子”，如“装孙子”，如“给北京人丢份儿”。那时我有一种极为难以名状的感觉，好像是一种诗的意境。什么意境？就是辛弃疾那首名作的意境：“众里寻她千百度，蓦然回首，那人却在灯火阑珊处”——死活不理你！

那是一种伸出去热情的手却被猛击一掌的、

一种在荒野中扑向唯一的一个人类的怀抱却被断然推出的、

一种在浩瀚的大海中被仅存的一只木舟无情抛弃的

——失落和悲哀。

那天夜里不知为什么，我在怅然中想到了上海话，想到了执着地讲上海“舞”的人，尽管，那只是短短的一瞬间。

三

再后来在大林子里住长了，才知道“死活不用中文理你”的同胞只是一小撮人，并不具备代表性；而绝大多数同胞即使在国外，也还是会用中文相互交流的。

他们不仅会讲，而且讲得很多，甚至只讲中文。

我发现两个中国人一碰面就会出现一种十分有趣的景观。

他们先会像《水浒传》中的李逵一样，用斧子朝对方扑天盖地乱砍三下，而且一斧子都不少，一斧子都不含糊。这是两个中国人一见面谁都躲不过的“三下子”。

哪三下子？那就是：

“Are you Chinese（你是中国人吗）？”

“Do you speak Chinese（你讲中文吗）？”

“Mandarin？ Cantonese（国语还是广东话）？”

跟接头对暗号似的。

由于是搞“地下活动”，由于摸不清对方的底细，由于心里犯着嘀咕，两个黄种人在“接头”时总是小心翼翼、鬼鬼祟祟、颤颤巍巍的，十足地表现出东方人的不好意思、东方人的含蓄和东方人的知趣。

至少到此为止围观在一旁的“外国人”（指一切不讲中文的人）应该是这么认为的，因为至少他们能听懂两个中国人在嘀咕着什么。

然而在“三招”过后，在通过了“三关”之后，在证实了彼此 Chinese 的身份之后，中国人的表现却往往令四周的“外国人”们大惊失色。

他们讲起了中文！他们讲起了普通话、广东话、四川话、天津话、潮州话、闽南话……当然更有——上海话。

总之，都是令“老外”们听起来如雷贯耳似的、排山倒海般的、听不懂看不明白的 Chinese——中文！

在外国的土地上！

在 English speaking——讲英文的本地人面前！

如此亲亲热热，如此表情丰富，如此口若悬河；

那般旁若无人，那般肆无忌惮，那般畅所欲言。

他们令“老外”们感到反主为客；

他们令“老外”们在旁观一番，并跟着傻笑一番后，知趣地避开，或是夹着尾巴匆匆地跑开，

——带着被冷落的失意，带着老家被人占了的哀伤，或者带着对黄种人的耿耿于怀——跑开了。然后大骂道：“这些一见面就‘嗒嗒嗒’开机关枪的 Chinese 啊！”

四

我在海外的树林子里飞过一阵，并用中文对着老乡叫过一阵，被善意或恶意地嘲笑过一阵后，才终于意识到，自己原来也是一个“上海人”！

难道海外华人们讲中文的执着劲儿不像上海人吗？

难道海外华人们讲中文的顽固性不如上海人吗？

难道海外华人们讲中文时在外人面前的肆无忌惮不如上海人吗？

难道“老外”对中国人讲中文的反感，不比北京人在本地听上海人讲上海话时的反感更强烈吗？

中文——无论是普通话、闽南话、上海话还是广东话——到了国外，不都自然而然地成了上海“舞”？中国人一到国外，

不都成了地地道道的只愿用自己的语言交流的“上海人”了吗？

即使知道别人反感；

即使也并不想让人讨厌。

但那又是如何能自律，如何能反抗，如何能用理智约束的呢？

那是一种感情的自然流露；

那是一种对同类的急不可待的认同；

那是一种对故乡文化瞬时的思恋；

那是一种对自我的没命的回归。

那是回家！是 Go home——的陶醉！

那是游子在异乡的最高享受。

那是一种只能用故乡的母语才能实现的梦。

那是一种人类及动物的本能。

——无法抗拒的本能。

我是在离开北京的校园十余年之后，在自己也当了海外的“上海人”之后，才终于理解了当时在校园中不顾旁人冷眼、我行我素地讲上海“舞”的上海籍学生们的。

我不仅能理解他们在讲家乡话时那种对家乡的怀恋，甚至可以从他们不入乡随俗的固执中，体味出他们对上海海派文化的那种不愿在外人面前掩饰的优越感，如同中国人在海外高声讲中文时所怀有的对中华民族几千年文明史的自豪感一样。

当然，并不是所有的中国人都能在国外找到这种优越感和自豪感的，拒绝与同胞讲中文的同胞大有人在。如本人那位学长。当然，他完全可能是出于好意，出于对周围外族学生的尊重。如果是那样，则他是可敬的，表现的是中国人的国际主义意识。

最可气的是那些在仅有中国人在场的情形下，拒绝与中国人讲中文的“同胞”们。他们见了老乡闭口不讲中文，满嘴里只跑洋文。

他们难道要把国际主义贯彻到同为游子的同胞们身上吗？

他们难道不应该向讲上海“舞”的上海人学习学习吗？

学学他们的执着，学学他们的高傲和自爱。

是该为上海话彻底“平反”的时候了。

日文：唯一的组合语言世界

一首自编的歌中唱道：

遥远的东方有一座山，它的名字叫富士山；

遥远的东方有一片海，它的名字叫日本海；

遥远的东方有一群人，可惜他们不是龙的传人。

九百多年前的那个夜晚，在我们的邻国扶桑发生了一件十分不寻常的事，一场变革，一场“文字大革命”。

那就是日本人发明了自己的文字：假名。

它们大都是从汉字的偏旁部首移植或衍变的，有的取材于汉字的草体字，如“あ”取自“安”字的草体，如“い”取材于“以”的草体。它们的发音甚至与汉字原来的字音相同或相似。从字形上来讲它们应该说是汉字的边角废料，算不上什么革新，顶多算是分解或是剽窃。

然而从文字学上来说，公元十世纪平安时代日本人对汉字的超正常发挥则是一场非同小可的革命，是一种前所未有的创新。假名的出现绝非仅仅是对汉字的一种变形，而是向另一种文字范畴的转移。

因为假名是一种拼音文字；它们已经脱离了汉字象形文字的母体了。它们本身虽形似汉字，却都是无义而言、无义可表的，它们表现的是另一种看不出字义的存在——声音。

汉字可独立表明字义。由于假名是一种不完整的汉字，无法独立地表意，日本人便将五十多种声音赋予了它们，使它们成为元音、辅音融为一体的、能够承载日本话全部发音的一种完整的表音文字。

从那夜起日本文字就真的与龙的文化区别开了，日本人有了自己的文字——起源于汉字但掺杂了假名的文字。

那可能是出于一种民族主义的动机，一种整个群体逃避大洋彼岸那个天朝的威慑的动机。

或者说是一种背叛？

也许都不是。也许是因为日本在那以前一直使用的汉字已不够记录大和民族日常用语的全部发音。

那次改革，那次逃避，那次背叛并不是彻底的改革、逃避和背叛，日本人并未将全部汉字都用假名替换，他们不仅继续使用汉字，而且还将假名与汉字糅成了一体，使表意文字和拼音文字相拥相济相辅相成，组合成一种既可观其形又可听其声的独特的语言。

日本人在创造假名时为何没有废除汉字？

恐怕现代日本人无法替古人回答。

是出于对汉字的依恋？

可能。因为没有汉字的日本就等于没有历史的日本，一旦废除了汉字，此前用汉字记录过的所有文化——从大唐取来的文化——就要失传。

日本人当初保留汉字也可能是出于功利，出于经济上的考虑。因为那时夜正黑，日本还很封闭，日本从海上取道只能去在水一方的中华帝国。

但那时的日本人并没有意识到那场文字革命的意义（也许现在他们仍未意识到）。

后来西洋人的船来了，载着一群西洋人，金发碧眼的荷兰人、美国人……

他们是一群与大唐、大宋来的汉人不同的人。因为他们不会汉字，不懂得那种用绘画表现意义的语言。他们的语言只会发声，发出与森林里的动物和海水中的鱼类异曲同工的声音。他们操用的是一种与汉字截然不同的拼音文字。

碰巧日本人的祖先也为他们准备下了“假名”——表音的文字。

一种叫“平假名”（ひらがな），一种叫“片假名”（かたかな）。于是日本人就顺水推舟，将那些西洋人话语中只能闻其声但不能解其义的词汇，用“假名”原封不动地标记并糅进日文中了。当然，他们并未将两种“假名”全部用来表现外国文字，他们仅用了“片假名”。“平假名”在他们的心目中更民族化、更柔和一些，他们将之保留在表现大和民族固有的事物上。

他们十分爱国，也十分保守。

二十世纪以前的日本人的保守，不仅在于他们用“片假名”将原有的文化与外来的文化区别开来，还在于他们执着地将西洋舶来的新概念用汉字的语义理解，然后再用汉字表现出来。

如将 Philosophy 表达为“哲学”，将 Science 表达为“科学”。

还有“责任”“医学”，更有“主义”。

直到二十世纪早期，日本人还是坚持用他们钟情的汉字来表现外来概念的。他们用汉字消化那些本来东方没有的理念、没有的词句。那绝非是一项轻松的工作，其艰苦性如同将梵文的佛教教义转译成汉语的佛经。就在他们吃力地做这种表意、表音两种文字相互转换的工作时，二十世纪又风风火火地到来了。

二十世纪带来的第一个西方的声音是 Technology，日本人很快就将其转译成了“技术”二字。他们原想在将“技术”二字敲定后松一口气，却未想到太平洋的狂风从蓝色的洋面上吹来了更多的、无法计数的比 Technology 更难用汉字理解的理念和词语。他们茫然了，他们困惑了，他们在做了一番努力之后突然意识到继续将那千万个外来词理解并转换成汉字是徒劳无益的，因为汉字中原本就没有那些理念，那些理念都是西洋人发明的，转译它们的难度相当于试图用西洋文字完美地表现《论语》，——那是几乎不可能的。

在困惑之后日本人又想到了逃避——第二次逃避。

他们又一次想到了日语中的片假名。

于是他们在二十世纪中叶、在战败之后的经济恢复和发展期间，索性将片假名拼音文字的特长淋漓尽致地发挥了出来，将片假名的潜力放心大胆地释放了出来。

日本人变懒了。二十世纪后半叶的日本人将所有的来自各种西洋语言中的科技词汇和汉语中本来没有的语汇，几乎都原封不动地用片假名改写后堂而皇之地混合进了日语之中，从 Film（フィルム）到 Toilet（トイレ），到工业、科技领域中的各种词汇。

这种脱汉字的过程是从表意文字向表音文字进一步靠近的过程，其结果是在含表意、表音两种文字的日文中，表音文字的比例越来越大。用简单的话说，就是日本人在战后的几十年中逐渐习惯于用声音而不是用图像来理解和表现大量从西洋传来的科技词汇和生疏的外来用语了。

这个过程也许是出于懒惰，也许是出于无奈，也许是出于功利。

但是这种用片假名的符号直接吸收西方词汇的结果无疑给日本的科技现代化提供了便利，使日本在近代经济的发展过程中得以一方面保留汉字及东方理念，另一方面无需做转化处理，就可以使那些最新的科学概念迅速而广泛地扩散到整个社会中去。

这是一个十分有趣的现象。是一种到目前为止世界上仅有的语言现象。

那就是表意、表音文字的全方位的并用。

那是传统和现代的组合。

现在的日文应该说是一种极为开放、极为灵活的语言。你可以在一张日文报刊上同时看到孔子的箴言和一串串美国最时髦的俚语。

日文的演变在某种意义上正好显示了一个多世纪以来日本冲出岛国的禁锢、与世界融合的轨迹——一条用小小的文字符号铺成的跳跃着的轨迹。

二十世纪日本与世界的接轨同时走着两条路：

一条是用枪炮开道，是兽性的；

一条是用文字开道，是理性的。

一串串从汉字里逃出去的假名们啊！

中国人“关照”日本人绰绰有余

不管是学过还是没学过日文的人，大抵都会知道日本人见面时的那句口头用语，叫做：

“初めまして，よろしく願します。”

翻成中文，叫做“初次见面，请多多关照！”

看过电影《追捕》的人一定记得那个英雄杜邱东仁。只要记得杜邱，就准会对他见了谁都寸头一磕，从牙缝中使劲挤出“请多多关照！”的情节记忆犹新。

这就足以证明这句话在日文中使用的广泛性了。因为像杜邱那样意志坚强，敢见了飞机就开、见了神经病院就住下来的人都需要别人的“关照”，那日本人中还有谁不需要关照关照呢?

在日本住过的人对此就更有切身体会了。日本社会是一个没了“关照”就不成为社会的社会。日本人彼此相见不前前后后“关照”上几次是绝不会放过对方的。当然还少不了相对鞠躬。

我曾亲耳听过日本某大公司某职员每天早晨按惯例如何给每个老主顾打电话并让他们“关照”的。

他是这样说的——如果译成中文的话：

“我就是一直承贵公司关照的某公司的某某，不仅贵公司关照我公司而且您也一直关照我本人，我们公司和我个人不仅过去一直受到贵公司和阁下的关照，而且我更希望贵公司及阁下今后一直到今后的永远都对鄙公司及鄙人进行关照。那么今天我希望您关照的是什么呢？……就是想知道您还好吗？”

他就这样每天早晨十分勤奋地比别人都早来一个小时，像上早自习似的将上面那番话用电话向十几个客户复述一遍，让大家都关照他一天，然后再开始正式的工作。

那声音尽管听起来十分单调，但却十分悦耳，因为十分富于节奏感。为什么那么富于节奏感呢？是因为他说的每套话都是一样的，都是“よろしく願します”。一样的内容用不同的调子重复，不就成了音乐了吗？不信您听听交响乐吧，什么“柴六”“贝九”的，甭管那些曲子多高深多高雅分多少乐章，多么的变幻莫测，其实用鼻子哼哼那主弦律，跟胡同里的小调儿没什么区别，单调得很。

日文中的“多多关照”也是如此，尽管听起来十分单调，但怕就怕谁都那么说，而且任何时间地点场合都那么说。您想啊，日本全国有一亿多人，如果平均每人每天都说一句：“よろしく！”的话，那还了得！那不也成了“柴六”“贝九”式的交响乐了吗！（注：每人每天一句的估计是比较保守的）。用杜邱式的鞠躬、杜邱式的态度说“请多多关照”，一亿多人，够壮观、够激昂的吧！

其实如果日本人的“多多关照”仅限于日本国内使用，也并不值得为之在此浪费笔墨，笔者还没闲到有事没事干涉别国内政的地步。只因日本人在与国际人士交流时也泛用“よろしく”，我才将其当作一个语言学上的“热点”的。

先说“よろしく”与“多多关照”在中日文中的对应关系。

不知是谁最先将“よろしく”一语翻译成中文“多多关照”的？

其实单从日文的“よろしく”四个假名很难判断出它的准确意思。它只是一句见面时打招呼的话，又无中文汉字为依据，所以从字面上难以断定它的本来意思。

于是那位最早的翻译家就必须动脑筋了。

它并不是中国人见面必说的“你好”，或是英美人惯用的“早晨（中午、晚上）好”，因为这些说法在日文中已经有了，就是“今日は”“今晚は”，这些话从字面上就可以直接译成中文。那么这句没有汉字的“よろしく”就是一句只有日本人见面才说的独特的寒暄用语了。

该怎么翻它呢？能不能由于在中文中找不到同等场合下使用的相应的语词，就随心所欲、有恃无恐，用白话说就是愿意怎么翻就怎么翻呢。

比如翻成：“你小心点！”

或：“去你妈的！”

或：“我劈了你！”

或：“死拉死拉的！”

自由度当然是很大的，但责任也大，因为它关系到一个民族对另一个民族的第一印象问题。试想，如果那个翻译家真的将“よろしく”翻成了上面所举的几种极端的说法，日本人民在中国人民的印象中将会是何等的野蛮！谁会与一个见面就先鞠一个九十度的大弯躬，然后白天、晚上地问好，紧接着又说：“你小心点！”或者：“我劈了你！”临别时再鞠一躬，再说一句：“死拉死拉的！”的民族友好相处呢？就更不要说要“世世代代友好下去”了。

所以那位大翻译家就没那么翻。

他并不想破坏日本民族在人们心目中的第一印象。

于是他就从中文中选择了一句十分友善的话:“请多多关照!”

这句话不仅友善,而且十分谦卑。

其实在中国人的社会里,只有晚辈面对长辈、后辈面对前辈、弱者面对强者时,才会祈求对方“多多关照”,并且只有在真正需要时才会请求别人关照,不需要时就不会请求关照。在中文中“请多多关照”并不是一句见了谁的面都要说的礼节性的套话。

尽管如此,那位大翻译家还是将“よろしく”翻译成了“请多多关照”。

也许是他触景生情了吧?也许是他发现日本人见面都鞠躬,就推断出日本人在鞠躬时的内心是谦卑的、是洋溢着晚辈对长辈敬仰之情的吧?而人在谦卑、敬仰的心态下该说什么呢?因此他便选用了“请多多关照”这个词组,即使它并不十分贴切,即使它有些张冠李戴,即使中国人并不人人都需要日本人关照,但他还是那样译了。

于是学过日文的中国人在日本人提出关照的请求后,也不得不反过去请求对方关照了。

于是一衣带水的中日两国就在长达千年的交往历史中隔着大海相互关照来关照去,从未间断过。

例如唐朝的时候中国派鉴真和尚带着佛经乘风破浪前去关照日本;

又如日本为了对之进行回报,二十世纪上半叶派关东军带着刺刀前来“关照”中国……

总之,你来我往,彼此都关照过。

不过,从文字学的角度说,日本也真应该由衷感激那位将“よろしく”译成“多多关照”的大师。是他的译法将中国人对日本人的第一印象谦逊化了，而中国人依照传统是喜欢谦逊和谦逊化的人类的。如果中日两国人民真能像希望的那样世世代代友好下去的话，则那位大翻译家是功不可没的。

是他将日本人的“谦逊”性格演绎了出来；

是他将日本人“包装”上了一层谦逊的外衣。

至于日本人是否真的谦逊，这个问题未免太笼统化了，因为日本毕竟有一亿人口。但有一点是可以断言的，就是“よろしく”在中文中已经有了与之对应的词语的，那就是——“请多多关照”。

由此说来，中国人“关照”日本人是绰绰有余的。

美国人能“关照”日本人吗?

不能，绝对不能!

为什么?

因为独立性极强的美国人根本不懂得相互“关照”二字是什么意思。如果说:“よろしく”用中文表示成“多多关照”都十分牵强附会的话，用英文表示就更要费九牛二虎之力了。

英文中有一个词组，叫做“Take care of”，大意是“照顾”的意思，从语意来看与日文中的“よろしく”比较接近，但因大多数美国人极为要强，一般不愿被人关照，所以这个“Take care of”一般只用于如下代表性的场合:

——一个壮年男子面对一个尿布总是脱落的婴儿;

——一个护士面对一个面部神经全方位麻痹的病人。

在以上两种情况下，男子要“Take care of”婴儿，要去为他(她)提尿布;护士要“Take care of”病人，要用手猛扇病人的脸，帮他(她)尽快找到知觉。

而日本人一见面就要“よろしく”一下，就要向对方提出照顾的要求，使用“Take care of”一词翻译合适吗?贴切吗?

所以在我多年对日英两种文字进行对比研究的过程之中，一直十分关心“よろしく”一词在英文中如何翻译的问题。因为这是一个研究日美两种文字的首要问题，是一个关系到日美两国人民见面时如何打招呼，如何建立双方第一印象的问题。

你能想象当一个日本人与一个美国人相见，日本人先是深深鞠上一躬，然后递上名片，再按日本人习惯的方式请求对方“よろしく”——“关照”一下时，美国人将做出何种反应和回答吗?

他们会想到尿布即将脱落的婴儿而冲上去掏日本人的屁股?

还是想到面部神经全方位麻痹的病人，而狠狠地给他一巴掌?

而站在他们大鼻子下面的却是腰缠万贯的东方大款——日本。

美国人会反过去鞠上一躬，回答道:“OK，I will take care of you！（好，以后我会照顾你！）”吗?

当然不会，初次见面，凭什么呀?

所以说当日本人初次与中国人见面、初次鞠躬、初次递名片、初次“初次见面”，并初次要求“よろしく”的时候，中国人能够按照东方人的思维逻辑，并根据日本人在历史上一贯向中国所提的要求，将“よろしく”理解成“多多关照”的意思，并毫不吝啬地一口答应对对方进行一如既往的“关照”。但这一点美国人就做不到了，只因在美国人的字典和主观意识中，两人初次见面，尚不知对方姓什么叫什么，就提出要享受帮助换尿布或扇耳光的待遇，简直荒唐透顶，毫无自知之明，甚至是在做白日梦！美国人会那样好说话吗？会那样仁慈那样傻吗?

美国人又不是中国人!

所以日本人便知趣地在与美国人初次见面时将“よろしく”那几个音符小心翼翼地吞回去，咽到肚里偷偷地消化掉。因为他们知道说了也翻不成确切的英文；即使翻成确切的英文了，美国人也不会痛快地答应，更不要奢望美国人将“关照”落实到行动上了。

所以你会很少见到日本人在美国人面前使用“よろしく”这个礼貌性用语。

这里面还有一个东西方人个性上的差别。

当日本人向日本人或中国人提出“多多关照”的要求时，有两层意思，一层是字面上的，是需要对方帮助、照顾的意思。这一层意思往往是实的，比如在生意上真的需要对方照顾，比如在官场上真的需要对方提拔，诸如此类。

另一层意思却是虚的，纯出于礼貌。当一个在马路上踩了你一脚的日本人或一个在酒吧里喝得看什么都是重影的日本人对你说一声“よろしく”的时候，他当真是需要你以后再关照他吗？不是，他是出于礼貌，他是在用“请多多关照”拔高你的身份，因为只有长辈对晚辈、前辈对后辈、上级对下级才能关照、才有资格关照。

在东方人的圈子中，将对方的身份主动抬高是一种表示礼貌的方式，就好像人工修建小水坝一样，坝修成后先往下一个猛子扎下去，然后再从水中抬头看着对方，对方也就高大起来了。所以东方人的礼貌总是以自我贬低和自我牺牲为代价的，说得狠一点叫做“自我作贱”式礼节。

这种礼节和礼貌的另一个先决条件是东方人所共同拥有的等级意识。东方人历来认为人有高低上下之分，这在两千多年前就由孔老夫子的“君君臣臣，父父子子”做了规定并在中国社会中深入人心，后来又被遣唐使们非法出口到当时“君不君，臣不臣，父不父，子不子”的日本（之所以用‘非法’二字，是因为当初日本并未付中国知识产权使用费）。但不幸的是后来中国有了“文化大革命”，日本却没有过“文化大革命”，因此中国人首创的那些等级观念以及其副产品，如礼节、礼貌等，就由日本人原汤原汁地保留下来。

于是就有了“よろしく”，就有了“多多关照”，于是就有了中国对日本人迫切要求关照心情的理解和美国人对日本人那种心情的疑惑和摸不着头脑。

美国人可没读过圣贤之书，因此也没“君臣父子”过。在美国短短的才三位数的历史上既没有过“君”，也没有过“臣”，只出过用手脚二十个指头就差不多数得清的“总统”们；在美国人的家庭中既没有中国人意念中象征权威的“父”，也没有东方人传统意念中比孙子还不如的“子”；在美国人的男女关系中既没有有泪不轻弹的“男人”，也没有与“小人”同类的“女子”，而在这种没有君臣父子、没有男女、没有尊卑贵贱、没有等级概念的社会中出生和成长的美国人，又怎么能理解何为“自贱式”的礼貌和礼节，何为“よろしく”呢?

但如果说美国人压根就没关照过日本人，那也是不大符合实际情况的。在美日交往史上美国人的确没少“Take care of”过日本。蝴蝶夫人就是被美国海军最早关照的日本妇女之一。二十世纪初包括美国在内的八国联军来华作恶时也没忘记带上他们的亚洲小强盗——日本，再后来，美国照顾日本的事例就更不胜枚举了。

——如战后麦克阿瑟在东京当日本的太上皇；

——如两年前美国大兵在长崎强奸日本女孩；

——又如美军在日本本土犯的那个发射上千枚含辐射材料炮弹的“过失”……

日本似乎也离不开美国的关照。日本与美国去年更新的《日美保安条约》就是这种“老大哥对小老弟”关照关系的进一步扩大和延伸。

日本通过这种加长的关照关系想达到的目的又是什么呢?

是再在东京增设一个美军司令部，还是再让美国大兵在长崎强奸几个日本妇女?

或是再发上几千枚辐射力更强的炮弹?

日本人在要求美国人“よろしく”时肯定忽视了一个语言学上的美日差异，就是美国人是根本不懂得“よろしく”所言何物的，在他们的字典中只有“Take care of”一词与之近义，但美国人在怎样的情况下才会“Take care of”日本呢?

是把日本当成了尿布即将脱落的婴儿?

还是把日本当成了面部神经全方位麻痹的病人?

好好想想吧，日本!

中国人和日本人真的“同文同种”吗?

这好像是一个长期以来莫衷一是的问题。

当年小日本皇军扛着大膏药旗来中国编织“大东亚共荣圈”时，是唱着“同文同种”的歌来的；后来中国人民在并不富裕的二十世纪七十年代末敞开友谊的怀抱将三千名日本青年奉为上宾时，内心也是这么激动地怀想的。

再后来日本又富了。富到日本首相在西方七国集团（G7）中也能直着腰说“不”的地步时，日本便把生在东方、长在东方又从东方搬不走的处境给忘了，索性在日本与东方之间画出了界线，将大和民族全盘西化，说日本人是东方人中的西方人；认为日本民族是黑头发、黑眼睛、黄皮肤的西方人，而且顺水推舟地又给历史翻了案，否定曾在“二战”期间散布的与中国人“同文同种”的提法。

某书中曾经记述过这样一个戏剧性的故事：在一个于北京召开的中日友好交流会上，当某中国学者感慨至深地大谈中日两国“同文同种”时，某日本友人站起来断然驳斥，说中日两国在历史上根本就未同过文、同过种。他的话使那位中国学者的友好情谊大受挫伤，悔恨自己不该将中国人的热脸贴到日本的冷屁股上。

那么中国人究竟是否与日本人“同文同种”过呢?

本人在带着这个问题对中日两国文化进行了长达二十年之久的比较和分析后，终于得出了一个令自己十分信服的答案，本人的答案是——

中日两国同文却不同种。

首先，从文字的角度看中日应该是同文的。原因十分简单：日本本无文字，日文是中文的演绎和变形，是中文的一种重新排列组合。诚然，在日文中除了大量的汉字之外还有平假名、片假名，但无论那两种假名如何“平”、如何“片”，都是取自汉字的偏旁部首，都脱离不出汉字的母体，都是汉字的后代。只要是携带了母体的生命基因，就无法否定自己作为后代的命运。

我想日本人对于这种“同文”的观点是不会提出什么异议的，不论是石原慎太郎先生还是司马辽太郎先生[①]，或者是四郎、五郎什么的。日本本无文字，是他们的祖先当年不辞劳苦，冒着被大海吞噬的危险前来中国借用文字的。是日本人想要与中国人同文，而不是中国人死乞百赖地求着与日本人同文的。

与一个没有文字的国家如何同文呢?

所以说尽管当代日本人能用片假名将英文等西方文字大量糅进日文之中，如将原来用汉字表达的“包装”改成了“パッキング”(Packing)，并由此找到一种由土变洋、由东变西的脱离亚洲、超越自我的感觉，从文字本身来说，这种从“包装”到“パッキング”的升华与从孔子的第三代孙摇身变成第七十三代孙并没有本质上的区别。因为毕竟“パッキング”几个字母

① 石原慎太郎和司马辽太郎二人为日本当代著名右派。

还是片假名，还是汉字的零部件，还处在孙子辈的地位。其实如果石原慎太郎等日本国粹派人士真要彻底否定日文与中文同文的论点，真要从文字上实现名符其实的西化的话，也并不是绝不可能的事，他们只要按本人的建议做几件事，将目前的日文重新改造、“包装”一下就可以彻底如愿了。

第一，先将目前日本通用的所有汉字都“揪”出来；

第二，再将与汉字草书相近的平假名全踢出去；

第三，然后将所有的片假名也都统统地“死拉死拉的”；

最后，将自己的名字也全都改掉，因为无论是“石原”，还是“司马”，都与汉字有同宗之嫌;无论是“次郎”，还是“太郎”，听起来都像《水浒传》中的“武大郎”，都有被奸夫淫妇合伙暗算的危险。

在日本朋友将日文做了以上的脱胎换骨之后，再拍着胸脯骄傲地宣称日文不仅与中文无关，甚至是比中文更优秀的文字，中国人也没有什么脾气，那位老先生的热脸也不枉贴桃太郎的凉屁股一回。

其实严格来讲，说中日两国“同文”并不完全正确，那是对日文的一种抬举性的说法，表现出的是中国人的宽宏大量。因为相对日文来说中文毕竟是原初性文字，是母体；而日文是母体的变异，是汉语的子孙。老子自愿与儿孙平起平坐还不是对他们的宽容和抬举吗？

不过在此为了保持中国人的大度，本文还是暂做中日两国在文字上“同文”的结论。

下面要说的就是“种”的问题了。

中日两国同种吗？

这首先是一个人类学的问题。

中国人与日本人不仅从分类上都属蒙古人种，而且从外观上也极为相似，所以当中国人唱《龙的传人》中的“黑眼睛、黑头发、黄皮肤”的时候，一不留神就会把日本人都统统归入龙子龙孙之中。

关于日本人是否也是龙的传人这一点在历史上有许多传说，如说日本人是秦始皇派去的童男童女衍生的等等；不过这种说法是富于科学考证精神的日本历史学者们既无法考证、也不愿意承认的。

尽管如此，日本本国还是有一些对“龙的传人”的说法以实际行动支持的人。比如日本近代著名作家芥川龙之介，就是一个将自己用“龙”字命名的“龙的传人”。还有一位就是日本前总理桥本龙太郎先生，因为从“龙太郎”三个字来看，他应该是龙的“大大的”传人了。

看来龙的事业在东瀛也是后继有人的。

如果有人反对本人的上述推论，就只好让以上两位改名了。

遗憾的是芥川先生已辞世多年，恐怕已经来不及更名了。

无论中日两国哪一方，哪一个年代，都曾有过日本人与中国人同种，同为龙的传人的说法。

但笔者却坚决反对以上说法。笔者认为中国人与日本人绝不可能出自同一个龙体，中国人和日本人绝不可能同种。

首先，即使人类学持有中国人和日本人相同或相近的科学证据，即使“龙太郎”“次郎”“三郎”们永远带着龙的传人的称号，日本过去、现在和将来直到永远，都会有一部分人坚决反对“同种”的说法。他们不仅不愿与中国人认同，就连与东亚其他黄种人认同都极不情愿。

——因为亚洲过去穷过，目前仍不甚富裕，日本人怎能与比他们穷的民族“同种”呢？

——因为中国没侵略过日本，没在太平洋上击沉过日本的航空母舰，日本人怎会与未曾将他们打得落花流水的民族“同种”呢？

——因为中国曾慷慨地放弃过巨额的战争赔款，日本人怎能同“愚蠢”到连血债都一笔勾销，“愚蠢”到连对强盗都仁至义尽的“劣等”民族“同种”呢？

所以说尽管桥本、芥川等人仍以“龙”字命名自己，石原、司马等不以“龙”字命名的“太郎”们也是永远不会心甘情愿与中国人、与东亚的黄皮肤人同种的。

那么，日本人究竟情愿与哪个种族认同呢？日本人有种吗？大和民族将自己从黄种人的圈子里自动开除之后，总是要靠上某一个族群吧，否则不就太孤独、太寂寞了吗？

战后发起来的日本人终于找到了自己的同类，他们是在“G7”——“七国集团”中找到自己的同类的；而在西方七国中他们最愿与美国人认同。

客观地说，他们认同美国人是一个颇为自然、颇为合乎逻辑的选择。

——因为似乎只有美国人才能满足他们寻根的要求，才具有与之相同的好称霸的本性；

——因为只有美国人才没有过贫困的历史，只有美国人才在太平洋上击沉过日本的航空母舰，才在日本人的头上扔过原子弹，才在日本放下刀枪后在日本的首都大摇大摆地光顾日式“慰安妇”，一言以蔽之，只有美国人才在历史上用武力征服过日本，而石原等先生们也只有在武力面前才认输，如同他们坚信能用武力征服别的种族一样。

于是他们就认同美国，认同西方，将自己称之为东方的西方人了。那就如同说自己是黄色的白人，是矮小的巨人一样。

因为他们只服美国，只服西方。

遗憾的是，这次轮到日本人将热脸贴到美国和西方人的凉屁股上了：不论是美国人还是日本的其他西方盟友们，不论在过去、现在和将来，都不会将日本人视为自己的同宗或同族，只因日本人仍长着黑头发、黑眼睛和黄皮肤；只因日本人一进餐馆就盘腿而坐；只因日本人还使用着汉字、假名，尽管假名里糅进了许多英文。

大鼻子的西方人对小鼻子的“西方人”的排斥是戏剧性的。这使日本成了一个两拨儿孩子都不愿接纳的、不受欢迎的坏孩子。

他放弃了头一拨儿的东方朋友，兴冲冲地投奔到另一拨儿西方“朋友”那里去。

——却被告知：“我们不带你玩，你滚吧！”

这就是当代日本的尴尬；

这就是放弃了亚洲又被西方拒绝了的当代日本的孤独。

日本人不愿与中国人、亚洲人认同，那么中国人和亚洲人愿意与日本人认同吗？中国人愿意承认与日本人“同种”吗？

我不知道别人怎么想，但我认为绝对不会，也不可能。

只因石原先生式的人物还在；只因日本历史上曾经有过不光彩的过去，而石原等先生又不愿正视日本的过去；只因世界上任何一个民族都不愿与日本人认同。

试问有哪个民族会情愿与一个用刺刀和大炮侵占过十几个国家的民族“同种”呢？

试问有哪个民族情愿与一个占领了一个国家的首都后，用惨无人道的手段屠杀了对方几十万军民的民族“同种”呢？

试问有哪一个民族情愿与一个将包括自己本民族妇女在内的数以万计的妇女强行充当军人泄欲工具的民族“同种”呢？

试问有哪一个民族又情愿与一个在做出了以上连野兽都望而却步的兽行之后，非但不进行国民良心上的自责，还前赴后继地将之美化、千方百计地为之翻案的民族同种呢？

在人类文明已存在了几千年的二十世纪！

如果与一个抱有这种弱肉强食的兽性思维的种族认同的话，那不是中华民族的自欺和自我贬低吗？

那绝不行！那不合天理！

当然，军国主义是日本的过去，对军国主义仍然旧梦重温的人在日本也是极少数。日本人民饱受战争之苦，日本人民希望和平。

但有一点却无法否认，那就是日本自从十九世纪末步入工业国家之后，就从未真心实意地与亚洲其他相邻国家平等相处过，不是居高临下地要“解放”亚洲，就是要脱胎换骨地逃离亚洲。

然而这种逃脱是可能的吗？喝了娘奶长大成人后就能彻底去掉身上的乳臭吗？这难道不是一种极为浅薄的功利主义吗？这难道不是一种极为可怕的自我否定吗？

难道说倘若再过几个世纪，非洲和拉丁美洲也富裕、也强盛了，大和民族还要放弃“准西方人”的身份，再去与非洲人和拉美人“同种”吗？

日本如果要真想博得亚洲兄弟民族的尊敬和友谊，首先要做到的就是自爱，要理直气壮地宣布：我们就是亚洲人，我们与所有的东亚民族同种，大家都是顶天立地的黄种人！

母语："妈妈的舌头"

一

您知道什么是“母语”吗？

您知道您现在讲的是不是“母语”吗？

您知道什么是您自己的“母语”吗？

您也许知道也许不知道，也许不完全知道，也许知道的不完全；您也许讲的就是“母语”，也许讲的根本就不是“母语”，也许根本就搞不清到底您讲的是不是母语。

也许……

“母语”就是一个人生下来使用的第一语言，用英文来说就是“mother tongue”，用法文来说就是“Langue Maternelle”，翻译成中文的意思分别是“母语”和“语母”，而因为英文的“Tongue”和法语的“Langue”除了“语言”的意思之外，还有“舌头”的意思，所以又可以直截了当地管“母语”叫作“妈妈的舌头”。

这是一个十分有趣的词组。

首先是因为英法人将语言和舌头混为一谈。从逻辑上的确能推出语言和舌头之间的因果关系，因为语言是靠舌头的上下蠕动来传播的。但语言并不完全等同于舌头，除了舌头之外，人类还有传播语言的其他途径，如“哑语”“体语”“心灵的语言”等等。就这一点而言，可以说英法人民在制造和使用文字时，考虑得尚不够全面。

当法国人用法语问一个人能讲哪种语言时，他们是这样问的：“Quelle langue parlez vous？”

（你讲哪种语言？）

或：“Combien de langues parlez vous？”

（你讲几种语言？）

这两句话看上去十分简单，却十分容易引起误会。为什么呢？问题就出在“langue”一词上。别忘了“langue”一词两义，既是“语言”，又是“舌头”。如果按字典的词条，不加分析地将其翻成“舌头”的话，那么这两句话就有意思了，那样法国人就会得罪一切与他们初次见面的外国人！因为他们一与人见面，就会好奇地问：

“你是用哪根舌头讲话的？”

或：“你嚼的是哪门的舌头？”

以上是第一句话的中文翻译。第二句话就更没谱了，他们问：

“你用几根舌头讲话？”

或：“你总共嚼几门舌头？”

这些都是会令人弄得哭笑不得、无法回答的问题，因为无论你选择以下哪种答法都会将自己变成笑料，人们会从你的回答中得出以下结论：

——你用中国（俄国、西班牙、葡萄牙）舌头讲话；

——你嘴里嚼的是中国（俄国、西班牙、葡萄牙）的舌头；

——你不仅会用一根舌头讲话，还会用第二、第三根；不仅用官方的，还会用地方的多种舌头——讲话。

——你是个长舌妇，是个事儿妈，是个满嘴跑舌头的家伙，是……

总之，你将陷入一种有嘴难辩、有舌头不顶用的尴尬局面。

这个例子还不足以证明英、法文是一见面就容易让人产生误会的语言吗？不仅容易误会，还十分不礼貌。这一点只要与日本人对比一下就显出来了。

日本人见了外国人总是先狠狠地鞠上一躬，然后嘴里念念有词地说："初次见面，请一定多多关照！"这比英、法人问你用哪根舌头、用几根舌头讲话文明多了。

真是就怕货比货啊！

言归正传，还是回头谈Mother Tongue——"妈妈的舌头"吧！

公平地说，英、法人将人的第一语言称为"妈妈的舌头"还是挺恰当的。因为人在出世之后一直到长大成人，在大多数情况下都是从母亲那里学会第一种语言，是在母亲喋喋不休的唠叨声中，在与母亲缠绵的"鸟儿问答"声中长大的。人的第一种语言的每一点心得和要领，都是母亲像大鸟哺育小鸟一样，用嘴尖和舌头（tongue）一点点由口喂进去的。所以英、法语将母语比作"妈妈的舌头"。

那么父亲的职能呢？为什么不将第一种语言称为"father tongue"（爸爸的舌头）呢？

道理再简单不过了，父亲们有母亲们那样喋喋不休吗？男人有女人那样发达的舌头吗？自古就有"长舌妇"，然而有"长舌夫"吗？

当然，现在时代不同了，长舌的男子们也在一茬茬地茁壮成长起来了，但在舌头的功能上，看来男人在二十世纪内是胜不过女人的。所以有人说“男人的一半是女人”，意思就是说男人的一半话总是让女人代说的。

还有一点能够解释为什么不将第一语言叫做“爸爸的舌头”，就是父母在子女成长过程中的分工不同。

父母的职责加起来可用一个成语概括，就是“言传身教”。

母亲的职责是“言传”，父亲的职责是“身教”，这是老天爷事先就规定好了的，因此只能“身教”的父亲自然无暇多说话，久而久之舌头就自然失灵，只有拱手将第一语言的桂冠让给母亲了，于是就有了 mother tongue——“妈妈的舌头”的说法了。

以上的解释方法值得商榷，愿读者大胆提出反驳。

无论如何，第一语言是“妈妈的舌头”莫属。

二

经过多年的细心观察，我发现了许多有关“母语”——“妈妈的舌头”——的特色。

首先，妈妈原本是没有“舌头”的，也就是说，“母语”这个概念原本是不存在的。人类在没有跨村、跨市、跨省、跨国与别的村、市、省、国的人交流之前，只会、也只需会讲自已的第一语言——从妈妈那里学来的第一种语言；而由于只需讲一种语言，也就没有将之命名、将之与其他非母语的语言区别开来的必要。这就如同在全家只有一个孩子的情况下，没有必要将子女称为“老大”“老小”一样。

所以说，在北京人永远不出北京、永远不学 abcd 的情况下，或上海人永远不看普通话的电视、永远用上海方言讲话的情况下，或中国人永远不出国、永远不用外文“与世界接轨”的情况下——也就是北京人只讲北京话，上海人只讲上海话，中国人只讲中国话的情况下，“母语”这个概念是不存在的，mother tongue——“妈妈的舌头”是不存在的。只有一个人、一群人、一个国家开始使用除了母语之外的第二种、第三种语言与他人，与别的种族、别的国家的人交往的时候，作为第一语言的母语才会相对显示出来，“妈妈的舌头”才会从嘴里吐露出来。

北京人在街上见面后不会彼此相问：“你讲北京话吗？”

上海人在南京路上碰到上海人也不会劈头盖脸地问：“你的母语是什么？”

在十九世纪洋人借助长枪大炮打进大清帝国之前，在中国的《康熙字典》里有“母语”的说法吗？（对此本人未做过考证，但估计不会有，不信您帮查一查。）

所以说，“母语”的概念是使用原本不同语言的族群相互融合后的产物。正因为如此，对它的存在的认知程度又是一个人、一个族群、一个国家与外界交往深度和频繁程度的衡量参数之一。

北京人不是到了上海、广州，听到了令自己全然摸不着头脑的方言后，才意识到自己的“母语”——北京话——与其他方言不同的吗？

中国开放后步出国门的几十万“洋插队”学子们，不是在踏入异国大门的第一步后，才真正看到那个不讲中文、不使用方块字的“外面的世界”吗？近些年大批拥出国门到海外因公、因私旅行的炎黄子孙们，不也都是在国外的街头巷尾、在世界的各个难以见到华人的角落里，才第一次感受到见到同胞后用

“妈妈的舌头”——中文相互交流时独有的那种安全感和难以名状的亲情吗?

这就是“母语”的魅力，任何其他语言所无法取代的魅力！只因它是从妈妈那里传来的“舌头”，是由妈妈们喋喋不休打造出来的砸不烂割不掉的舌头。

“母语”的第二个特色是它具有的两个性质。

第一是它的绝对性。尽管在许多人的一生中前后能讲、能看、能听、能写许多种语言，但判断他们的母语的标准只有一个，那就是：只有他们在幼年时期从家庭和社会环境中获得的第一种语言，才是那个“妈妈的舌头”。这个标准是绝对的，否则就无法将母语定义了；也就是说北京人的母语应该是北京话，上海人的母语应该是上海话，四川人的母语应该是四川话，因为这些方言是他们的第一语言，是讲得最多、最熟练的语言。

但有时母语又是相对的，是随着一个人所处的时间、地点和与之对比的参照语言变化的。

比如说，对于一个生长在北京、父母原籍是东北、在家中只讲东北话的人来说，他（她）的“母语”该是什么呢？是北京话？还是东北话？

又比如说，一个上海人可以对非上海人说自己的母语是上海话，那么在回答美国人“你的 mother tongue 是什么？”的问题时，他（她）又该如何回答呢？能说是“上海话”吗？恐怕只能说是 Chinese——“中文”了。

原因很简单，上海话只是中文众多方言的一种，是包括在 Chinese 之中的；上海人的母语相对其他讲中文的人来说是“上海话”，但相对不讲中文的人来说，母语就成了“中文”了。

顺着这种相对性，还可以扯得更远，更玄呢！

别管世界上总共有多少种有文字或无文字的语言——或许是成千上万种吧——也别管一个人自称自己的母语是什么：是英文、中文、阿拉伯文，还是希伯来文，但相对动物界来说，我们的母语又不是 English、Chinese、Arabic、Hebrews 了。是什么呢？是“人话”，用英文来说就是“human language”。

估计世界上没人愿意对本人的上述论点提出反驳，谁愿意自告奋勇地声称自己“不讲人话”吧？

三

有的人生下来就处在一种多语言的环境中，比如说山东籍的上海人，出门听到的是如绵绵细雨般轻柔的上海话，回家面对的是吃完大葱后操着如暴风骤雨般铿锵有力的山东方言的父亲，上学时又被老师逼迫着死啃不知何年何月才能用上的 abcd。又比如，在欧洲的瑞士、比利时等被夹在几个大国之间的欧式“陕甘宁边区”里，仅官方语言就达三四种之多，不用说电视新闻要用法、德、意或其他名不见经传的地方语言轮流播放，就连打嗝儿放屁上厕所的行为都要用三四种文字轮流表现后才能畅通无阻，又比如……

这种多语兼用、多语共存的例子实在太多了。

于是有的学者便提出了第二、第三或多种母语共存的观点。

不过本人还是坚持母语只有一种的论点。支持这种论点的客观事实，是母亲只能有一个，最起码笔者尚未见过有第二、第三生母的人类。也许下一个世纪会有——等到母系社会再复辟之后。

为了佐证母语只有一种的理论，本人还发现了几条能够检验一个人“母语”究竟是哪一种的方法，不妨在此传授给广大读者。

第一、人说梦话时肯定用母语。

不信您夜间观察一下说梦话的人，不论人白天在不得已的情况下用何种语言——用普通话、上海话、英文说过多少违心的话，晚上只要一上床，一做梦，一在梦中胡思乱想，一张嘴胡说八道，说出来的肯定是自己的第一语言——“母语”。上海人骂人时肯定会骂：“十三点！”北京人肯定会骂：“我操你妈！”日本人肯定会骂：“巴格牙路！”美国人肯定会骂：“Fuck you！”换句话说，如果要让美国人在梦中大喊：“我操你妈！”让上海人大喊：“巴格牙路！”让北京人说：“十三点！”让日本人喊“Fuck you！”是根本不可能的，也是不人道的。尽管在白天他们为了友谊、为了工作可以那么说，但在梦里，人肯定会回到“妈妈的舌头”、回到母语那里去。

这就是梦中的自由，是梦中的本性还原。难怪人人都想白日做梦呢！难怪在战争时期有人要将俘虏诱入睡眠状态后从其梦话中套取口供呢！是因为人在梦中不仅会畅所欲言，还会在梦中讲起“母语”，在梦中嚼起“妈妈的舌头！”

这就是母语的魅力！因为它是从心灵中直接吐露出来的语言，是最能直接表现人的灵魂的音符！

听说“文革”时有人在梦中都不敢用母语讲真话，那不是人类最大的痛苦、不是对人的灵魂的最大的扭曲吗？

可怜的“妈妈的舌头们”啊！

当然，以上所说的在梦中只能讲母语的规律不包括如下两类人：

第一是不讲梦话的人；

第二是学外语走火入魔的人。

对于第一种人不便过于强求，因为他们属于心灵内向的一类。第二种人本人倒是亲眼见过，亲耳听到过。

本人上大学的时候，有一天正值夜深人静，突然一阵哇啦哇啦的声音把大家从梦中惊醒。原来是一位同学在说梦话，而且说的不是中文！他说的是一种听不清意思的中、日、英文混作一团的梦话！

这就是第二种现象了。这是一种人在迷走神经失控状态下才会出现的在梦中与母语脱节的现象。

如同喊错了娘！

不过这种忘我的学习精神还是可敬可佩的，只是不能鼓励。如果一个人每晚用外语连续讲梦话长达几年之久，那就不是简单的学习外语的问题了，就超出本文所要讨论的语言学的范畴了。那恐怕是精神病学应该讨论的。

所以说外语是要学的，但一定要悠着点；

国门是要开的，但要悠着点。

还没听说过洋人在梦中用中文说梦话的事呢！

如果有，那倒是中文走向世界的标志。

鉴定母语的第二种方法——人在数数时一般都用母语。

不信您问问那些外语学院毕业的学生，那些能将外语讲得与母语不相上下的人，或者那些在国外生活了大半生的人，还有那些见了中国人不讲中国话、见了外国人讲不好外国话的人。您只要问他们：

1）您用什么语言记忆电话号码？

2）您用什么语言心算数字？

或干脆问他们：九乘九是多少？

他们准会在心里开始用中文暗算：九九八十一，而绝不会用英文计算 Nine times nine equals eighty-one。

用母语记忆或计算数字几乎是一个放之四海而皆准的规律。我曾问过许多讲了半辈子英文、但第一语言不是英文的外籍同事，他们的回答几乎是一致的，就是一到数字，就自然而然地回归到了母语，就亮出了“妈妈的舌头”了！

“妈妈的舌头”绝不是空荡荡的，上面都是密密麻麻的数字！

是否因为他们上中小学时都是用母语背诵乘法口诀？

可能，但电话号码呢？

或许是因为数字是最无内在逻辑关联的符号，不用最熟悉的、反应最快的母语就记不住？抑或因为如果用其他语言记忆数字，则在语言之外又多了一种需记忆的数码信息，而人的智力根本无法达到双重记忆的高度？当然也可能是因为人类的惰性。

如果外语学院的教授们对本人的上述发现持有不同的理论观点，本人不妨在此随机地出一道题验证一下：

尊敬的英、法、德、俄语教授们，请你们默读以下数字：

42……79……8768……

你们在默读上述数字时脑海中反射出来的会是英、法、德文和俄文吗？

如果我请你们用一秒钟将它们默记下来，再写到另一张纸上，你们将用什么语言来记呢？

跑不了，一定是中文！

（以上数字千万不要外传，因这是本人的 BP 机呼号！）

判定母语的最后一个规律是反证式的，即操用共同母语的人之间极难用母语之外的第二语言交流。

还记得前文所提的上海人见面就放轻机枪——用上海话交谈的现象吗？

人们愿意用自己的母语交流，除了民族感情、地方感情等感情方面的因素外，还有一定的技术因素。什么技术因素？用一句俗话来说就是“难于启齿”。

当你知道对方会讲中文，而且讲的是你自己的方言时，如果你再用第二种语言（英文或其他八国联军的语言）与他（她）讲话，你不觉得舌头发沉、牙床发紧、鼻窦发炎吗？

在旁边有外国人、外省人、外市人在场的时候，你出于礼貌必须与同操一种母语的人用“外人的话”交流时，你不感到言不由衷，不感到是在逢场作戏，不感到有屁放不响，有话说不清吗？

所以有人说中国人在外国人面前讲洋文是对外国人汇报思想，是不打自招，是在向人家老老实实地交代：“我可没说你坏话啊！”

由此你会发现，在海外，中国人一跟中国人说外文，外文就走样；中国人之间在外国人面前总是有话不说，总是羞羞答答，等外国人一走却立即轻重机枪一起开，好像都是刚从大狱里放出来似的，有一肚子话要说！

不仅中国人之间，所有操用共同母语的人都一样，在“外人”面前都难于启齿，都有用第二语言难以克服的“心理障碍”。

是因为讲不清楚吗？是因为无法准确地用第二种语言表达

思想吗？好像都不是。因为即使用第二种语言无法表达那些在母语中被约定俗成的事，说句“你好我好大家好”，或者“今天天气哈哈哈”，总没问题吧？

看来还是心理上的原因。

那是因为怕见外，怕认生！是因为一个妈妈长不出两个舌头，如果长出来就要打架！

当一个同胞听另一个同胞用外人的语言与他（她）交流时，他（她）心目中的那个同胞还是一个原原本本的同胞吗？当一个北京人在异乡碰到一个死活不用乡音与他（她）“接头”的北京人时，他内心的老乡见老乡的亲情还会持久吗？当一个儿子对母亲张开大嘴讲出一串串令母亲听起来莫名其妙的话时，母亲的心不会被刺痛吗？

这就是母语的魅力！母语虽然不是人的五官之一，虽然游离不定，却是体现人的特性的一个主要标志。别小看了这一串串神秘的符号，它携带着一个人的社会背景、种族文化、生活习俗等许多信息。当一个身处异乡的游子想用母语与另一个游子交流时，他想从对方口中听到的绝不是“你好我好大家好”，而是乡音！因为乡音能够向他（她）展开一幅巨大的画面，那画面上展现的是故乡的街道，是往昔岁月的回忆和曾有的梦幻。当他们不能用母语用乡音与对方对话时，彼此的心态会自然、会舒畅吗？那是一种咫尺天涯的无奈，是一种见了老乡却不能掉泪的压抑，是对母亲的拒绝，是对手足的背叛！我真佩服那些断然拒绝与同胞讲中文的“同胞们”的勇气和毅力，佩服他们在如此之大的心理障碍下仍能谈笑自如，佩服他们那种以自我扭曲为代价的“高尚的国际主义精神”！因为要一个正常人与他（她）的同胞或同乡用第二种语言脸不变色心不跳地长时间地交谈，几乎是不可能的事，也是万万不该发生的事。

救救那些可怜的不愿讲母语的孩子们吧！我们大慈大悲的母语——“妈妈的舌头”啊！

地球的代言人

当帕瓦罗蒂（Pavarotti）、多明戈（Domingo）和卡雷拉斯（Carreras）三位世界最著名的男高音联合举办几年一度的演唱会时，世界上的各种媒体从不将他们称为歌手（singer），也不管他们叫做独唱家（solo），而是将他们叫做 tenor。

什么是 tenor？

tenor 是指能唱出最高音的歌手，是对歌剧演唱家声音的最高一级的称谓。只有当一个歌手的声音和演唱技巧俱已登峰造极时，才会被人誉为 tenor。

中文中有一个字可以用来表述 tenor，那就是“圣”。“圣”与“神”相近，用以形容技艺达到绝世境界的超人。

有棋圣，有诗圣，有画圣。

也有歌圣，那就是 tenor 了。

目前在西洋美声唱法领域内被举世公认为 tenor——歌圣的只有三人，他们便是帕瓦罗蒂、多明戈和卡雷拉斯。

近几年又出了几个被歌坛看好的男高音，加拿大就有一位。评论界说他们会在不久的将来晋升为 tenor，从而取代三位已进入老年的歌圣们。可是不知为什么，人们总是感到几位年轻的新秀尚不具备 tenor 的资格。是因为他们的音质不如“三圣”吗？

是因为他们唱不出帕瓦罗蒂的高音C吗？好像都不是。也许是人们觉得他们不能唱出“三圣”的激情，也许是人们觉得他们缺乏“三圣”气宇轩昂的外表。总之，无论从哪一方面看，他们都尚不具备取代世人心目中“三圣”地位的条件。

可能是因为歌圣们是高不可攀的！他们在人们心目中的地位是神圣的！他们是人们在欣赏歌的过程中共同创造出来的，而且一旦人们将他们创造出来并对他们推崇备至之后，他们的形象就再也无法轻易地被别人取代或更新了。

因为他们是全人类的歌神；

因为他们唱的是全人类共同喜爱的歌；

因为他们代表地球向宇宙高唱；

因为他们唱的是人类的最高音；

因为他们唱的是意大利歌剧。

世界上有多少种语言就有多少种音调，有多少音调就有多少种唱法，就有多少种不同形式的戏曲、戏剧，就有为数更多的以该种语言和音调演唱的歌唱家。但尽管如此，从气势来讲任何一种戏剧形式都无法与意大利的歌剧（opera）相提并论。从音域上来看，任何一种戏剧的演唱者，都无法与唱意大利opera的高手们一争高低。意大利歌剧是戏剧中气势最雄浑的剧种，意大利歌剧的歌手唱出的是人类的最强音！

当歌剧“三圣”在以星光闪耀的夜空和意大利古建筑遗址为背景的舞台上，满怀激情地对着太空和全球的亿万听众齐唱Sole Mio——“我的太阳”的时候，您难道不认为他们是在代表全人类、代表地球上的亿万生灵向整个宇宙高声歌唱吗？

用人类的最高音！用人类的最强音！用人类最美妙的旋律！用人类最真挚的豪情！

正因为他们用的是全人类最高、最强、最美、最真挚的声音歌唱，那声音才最富于感染力、穿透力和传递性，才能冲出大气层，才能传向别的星球。

他们用歌声一遍遍地代表全人类向宇宙宣唱：

“我们爱太阳！我们爱光明！我的太阳！”

Ò Sole Mio！

Opera 的温床——如歌的意大利语

世界上哪种语言最动听?

有人说是中文,因为中文中有四声;

有人说是法文,因为法文听起来如泣如诉。

可能都不是!

因为许多懂法文的人在回答这个问题时并不将最美语言的桂冠送给法文,他们的回答几乎是异口同声的:

Italian! Italian! 意大利文!

中国人对意大利并不陌生。

您听过"桑塔·鲁奇亚"(Santa Lucia)那首歌吗?

您听过帕瓦罗蒂(Pavarotti)的高音吗?

您知道意大利首都罗马(Roma)吗?

如果您既不想听也不想唱意大利歌,更不喜欢去"罗马俱乐部"消遣,您大概品尝过意大利餐馆中的比萨饼(Pizza)吧!

当然,还有比萨(Pisa)斜塔。

更有天下最响亮的歌:《我的太阳》(Ò Sole Mio)。

如果您知道并听说过这些源于意大利文的词语,您就不难从 Santa Lucia、Pavarotti、Roma、Pizza 等意大利文字中,找出一个它们共有的规律。

什么规律？

元音。它们都是以 a、i、o 等元音结尾的。英、法、德文中就没有用元音结尾的词汇吗？有，当然有，但不多，远不如意大利文多。那么意大利文中究竟有多少词汇用元音结尾呢？还是用意大利文回答吧，——“tutto！”什么意思？“全部”的意思。

意大利文的词汇几乎都是用元音结尾的。

意大利文是“元音的语言”。

意大利文是欧洲唯一用元音结尾的语言。

这又怎么样了呢？元音与“最动听的语言”是如何风马牛相及的呢？

还要从什么是“元音”说起。

英文管元音叫“vowel”。英文韦氏大字典（webster's）对“vowel”是这样定义的：“vowel 就是一个词语中发音不被制约和阻塞的那个音节，也就是那个最初级的发音。”

英国人总是善于将最简单的事表达得最令人费解。其实元音很容易解释：读者们只要张开大嘴随心所欲地对着天空大喊几声，就可以找到那几个发起来最痛快、最简单，舌头、牙、嘴唇“三不沾”的声音了。

其中肯定有“啊”“哎”“咿”“噢”“呜”

这不就是“元音”吗？这不就是“vowel”吗？

用拉丁字母将它们表示出来，就是：“a、e、i、o、u。”

元音是人及动物所能掌握的最初级、最原始的音符。婴儿来到人世后发出的第一个声音：妈妈！——“Ma Ma！”——不就是以元音结尾的吗？

元音是人类及动物所能发出的最自然的声音。当猫冲着你抓耳挠腮地“喵喵”叫着的时候，不也是带着元音吗？听，“Miao，Miao！”

世界上任何语言的任何音节中都含有元音，都离不开元音。没有元音就不成为语言，就不成为文字。嘴都张不开又如何能开口讲话呢？

（所以我想《天仙配》中的董永夫妻想让大槐树为他们开口讲几句公道话时，大槐树开始一直闭口不言，就是因为当时还没找到元音。）

即便如此，世界上只有一种不仅每个词汇中都携带着元音、而且每个词的词尾都以元音结尾的语言，那就是意大利文！

意大利文每个词的词尾都是以 a、e、i、o、u 结尾的！

So what？（英文：那又怎么样？）

怎么样？您按我说的方法一步步将元音加工一下就知道了。

1）您把它们一个个拉长，不就成了 a、a、a、a、a……e、e、e、e、e……i、i、i、i、i……o、o、o、o、o……u、u、u、u、u……了吗？

2）您再将它们前后颠倒或混合起来不就成了：啊咿噢……咿啊噢……噢啊咿……咿呜哎……了吗？

3）如果您再将他们拉长，在将他们混合时把嘴张得更大一点，情绪更激动一点，感情再真诚一点……您感觉到了什么？您听到了什么？那不是歌声吗？不是咏叹调吗？不是意大利歌剧吗？不是 Ò Sole Mio 吗？

这就是从意大利语言到意大利歌剧的演变过程；

这就是为什么唱普契尼（Puccini）的歌剧时，只有用意大利语演唱才会最打动人心；

这就是为什么世界上有那么多不懂意大利文，却对意大利歌剧如醉如痴的 opera 迷！

因为它好听！因为它孕育于充满元音的语言——Italiano！

“元音”的语言是音乐的温床，因为元音最自然、最容易向音乐过渡，又因为元音最饱满，最发自肺腑，而只有最饱满、最发自肺腑的声音才会最长久、最高昂。

这是帮助我们解开意大利歌剧（opera）在人类音乐史上经久不衰之谜的钥匙；

这是三位现代歌圣（tenor）们用一曲《我的太阳》引来环宇共鸣的真谛！

动听的元音哦——o！

如歌的意大利语啊——a！

北京的方言和北京人儿

北京方言？北京有方言吗？

北京的方言就是京腔，就是北京人说话的语调。北京人说话好听吗？北京人说话好懂吗？

这个问题十分好回答，北京人说话既好听又好懂。

原因何在？因为北京本无方言。北京人讲的是普通话，没有方言的方言就是北京人的方言。

对这种说法提出异议的首先会是南方人。他们肯定会回忆起《四世同堂》中浓浓的京腔，会回想起北京公共汽车售票员嘴中吐出的满嘴跑“儿子”似的站名儿。

北京人说话时的“儿”音拉得特长。

北京人说话是转着弯儿说的，跟唱着歌儿似的，听起来甭提多有趣儿了。

你听，都是“儿”字——儿子。难怪有人丢了儿子后，总来北京找。

因此有人便说北京人也讲方言，讲的是先拐弯后找儿子的方言。

本人绝对不愿与以上说法苟同，还是坚持北京的方言就是没有方言的说法。

因为以本人的标准，方言与普通话的距离绝对不应像拐弯找儿子那么近，最起码要达到先转几圈儿再找孙子的地步，最起码要有一条隔代人那么长的鸿沟。

普通话本身就是以河北和北京一带的语言为基础形成的，北京话本身就是普通话的创始语言之一，北京话又如何能是方言呢？

方言的“方”字是地方的“方”，“地方”本是指与京师有别的其他省市。正因为有了京腔，才衬托出了方言；连京腔都没了，又何提“方言”呢？

所以京腔是京腔，方言是方言，没有京腔就没有方言，京腔绝不是方言。

这样的说法虽有许多道理，但又未免太抬举咱北京人了，容易造成全北京城都讲地道的普通话、全市男女老少都能上电视台主持《新闻联播》的误解。而且北京话毕竟每句话都拐着弯儿找儿子，毕竟与标准的普通话有所不同，售票员报站名毕竟会造成外地乘客因没听懂而忘记下车的事情。

如果京腔既不等同于普通话，又不同于方言，它又是什么呢？

姑且将它定义为“最接近普通话的中国话”吧！

那北京人呢？北京人就成了讲最接近普通话的中国话的中国人儿了——虽然多了个“儿”字。可能是因为北京人最多只能生一个儿子，为了在计划生育指标外多子多福，就满嘴“儿”字泛滥了。

当然，本文的意图绝非仅是探讨北京人到底多几个“儿”字的问题，那是计划生育委员会应该做的事，还是说说北京人吧。

北京人与中国其他地方的人的区别何在？恐怕就在北京人

讲“普通话儿”这一点儿上了。北京人只要与讲方言的其他省市的同胞相聚一处，北京人的特征就显出来了。

北京人的特征是说话谁都能听得懂，而别人说的话常常是听不懂或者听不大懂。与讲上海话、广东话等真正方言的人一对比，这一点就尤为明显。

通常的情形是这样的：北京人一到外地，就如同到了“半殖民地”。所谓“殖民地”，是指人家说什么听起来都像外国话，而那个“半”是指街道上的字还看得明白、自己说的话还有人懂得，尽管是“半”明白，“半”不明白。

北京人一出京城便这样降了“半”级，做了“半”个老外。

所以被人家一知“半”解的北京人，一到了外地都傻呵呵的。

这跟相声艺术的普及也不无关系。相声是用京腔说的，它将京腔的语言随着笑声传遍了五湖四海，传到了千家万户之中，使全国人民不仅听得懂，也喜欢听北京人的普通话儿。

这就不可避免地将北京人的形象推上了与相声演员相近的滑稽地位。不知多少到外地旅游的北京人一不小心从嘴里冒出几句京腔，就被外地同胞迎头赞扬：“您说话真好听，跟相声里说的一模一样。”

听了这话的北京人看上去就显得更傻呵呵的了。

通常北京人在外地当临时相声演员只是昙花一现的现象，随之而来的便是北京人的尴尬和不知所措，因为一旦外地人讲起了方言，北京人就要被冷落，就要靠边站了。

听外地人讲外地方言的北京人，总有一种被丢进煤矿的吊车中，黑乎乎地一个劲地往下掉，但不知多深多浅的感觉。

他们那时感到的是极端的不公正，心里会说：“敢情你们白白听我讲话，我却根本就听不懂你们讲话啊！”

那种感觉仿佛动物园里被人围观的大象，它看谁都挺可爱，就是不知道人们在议论它什么。

北京人在外地是极其容易被人们接受的——从语言角度来说。他们嘴上的大门总是敞开的，随进随出，也没有当着人面指桑骂槐的技术能力，谁让他们说什么人家都能听懂呢！

外地人在北京却很少感到陌生——相对其他城市来说。正因为讲的是“普通话儿”，北京人能使来自全国各地的人感到一种近似于乡情的亲近感和安全感。而在全国各地的几千个城市中，能使他们感受到这种语言上的通融感的城市只有一个，那就是北京。难怪有人说北京人说话没边儿呢。

这就是首都的意义，就是首都的特征。

自古以来每个城市都有两座城池，一座是用砖砌的，一座是用牙砌的；而自打北京的古城被拆除之后，北京便成了全国唯一的一座既没有砖城也没有牙城的城市了。

北京的确是一座从道路到心胸都畅通无阻的城市。

普通话的盛世

一

中国的近二十年是普通话被大力推广的二十年，这二十年中普通话普及的速度之快、范围之广，是历史上空前的。

上海人讲普通话了；

广东人讲普通话了；

香港人讲普通话了；

来北京打工的外地人讲普通话了；

到海外打工的中国人之间讲普通话了。

不要忘了：

二十年前在上海讲普通话要受到歧视；

在广东讲要被骗；

在香港讲要被警察搜查；

北京二十年前没有外地人打工；

二十年前中国人打工打不到国外去；

加拿大人“大山”二十年前对中国可能还一无所知……

总之，普通话在中国推广的盛况是空前的。

二

中国的普通话是一门人工合成的语言，是一种本不存在的语言。

这是一桩十分有趣的事。

不要忘了：

秦始皇不会讲普通话；

苏东坡不会讲普通话；

连慈禧都不会讲普通话；

孙中山就更不讲了。

不，应该说孙中山那时讲的已是十分接近普通话的一种语言了，既不是他原本的广东方言，也不是标准的普通话。

普通话的形成是一桩值得研究的事。

最早中国只有方言，一直到近代中国也只有方言。今日的中国人只能默读古书，只能用文字与上古的中国人交流，但不能用口语。那些古代名人一开口讲话就会吓着今日的读者：苏东坡是用四川话吟诗的；孔子是用与山东快书同腔的鲁西方言给弟子们授课的；李白讲陕西话，而北宋的皇帝们是用河南腔布示“圣谕”的。

不知道听苏东坡用四川腔念《水调歌头》是什么样的味道？用山东快书讲《论语》也有失庄重。

总之，中国几千年的历史既是汉字书就的历史，也是用方言传诵的历史。中国在以前的几千年中并无全国统一的口语，中国人之间无法用一种共通的语言交流。

由于今日的中国人全用普通话看历史剧，而且都是通过电视看的，因此便产生了一种普遍的错觉，就是以为所有那些历史人物，从孔子到秦始皇，再到康熙、雍正，都会讲一口标准的普通话，其实那是大错特错了。连毛泽东的湖南腔、蒋介石的浙江腔都改不了，何况孔子、秦始皇呢？

整个中国历史如同一台由各种方言编排的大戏，成千上万的历史名人各唱各的腔，各弹各的调，与说相声小品没什么两样。

没有普通话的中国历史是用方言编排的相声史、小品史。

三

普通话本不存在，但一直存在着对普通话的需要。

政令需要用一种全体臣民都能听懂的语言传达，皇帝的诏书由钦差传达后臣子不仅要叩头谢恩，还要能听懂，否则如何遵旨呢？

唐代的皇旨应该是用秦腔——陕西话宣读的，可能一传到海南、传到关外就不灵了，因为海南和关外的人根本听不懂秦腔，所以大唐总管不了中国的南北两头。

不仅臣子听不懂上谕，就连皇帝也听不懂臣子的话。

我总怀疑那时的殿试有没有口试——如果北京的皇帝听不懂南方方言，那考试还如何进行？

总之，统一的中国需要统一的口语，需要一门能够放之四海而皆能听懂的语言。

那种语言应该是中立的，是一种有别于任何一种方言的语言——为了防止使一部分人感到优越，另一部分人感到自卑。那种语言必须是能被其他任何方言接受的语言。

那种语言一定要“普通化”，一定要超地域、超省份、超区域性文化，一定要被所有中国人所接受。

它要如同一件全国人都能穿的衣裳，一盒全国人都能搽的万金油。

四

人都说北京人是“京油子”。

“京油子”们却讲着一口万金油式的方言。

“京油子”的方言之所以最终被定为普通话，是因为讲北京话的人住在北京，是因为北京是元、明、清三朝古都，京腔是几百年来被用作传达圣旨的语言。

普通话除了必须普通化之外，一定要是官话，一定要是一种最具官方色彩的语言。北京方言正是那种在近几个世纪中最具官腔味道、被最多的官僚们操用的一种方言。

连忽必烈都应懂北京方言，就更不要说崇祯、康熙、乾隆了。

忽必烈、康熙虽不是汉人，但进京之后便要学讲汉话。学什么汉话？不就是近水楼台地学北京方言吗？总不能到山东去学山东话，到广东去学广东话吧！

并不是几朝的皇帝们都愿意学北京方言，而是因为他们都定都北京，是地点决定了上谕的口音。

在过去的几百年中，虽然北京地区的方言未被官家指定为官话，但它无疑应是中国最具官方色彩、最具普遍性的方言，有谁敢听不懂皇帝的话？！

官话总是随国都走的。汉代、唐代中国的官话可能是陕西话，宋代可能是河南话，但到了近几百年，官话便成了北京方言了。南京作为京都的时间太短，自然无法与北京说长道短。

只有做过国都的城市方言才有可能晋升为国家通用的语言，才有资格夺取那顶桂冠。因为中央政府的政令不仅要由国都发出，还要用国都的语调传达，那样各省的百姓听起来才感到名正言顺，才臣服，才不会起疑心。

北京方言作为普通话的首选正合乎政府和民间双重意图，也顺乎历史和民意。

中国本无统一的口语，但中国需要一种统一的口语；过去的几百年中虽然未经官方的指定，但北京方言在实质上应该说是中国的“准官话”，是约定俗成的普通的官话。

由于在最终指定普通话时要求普通话中立，要求北京人谦虚，所以便没直截了当地将普通话定义为北京话，而说普通话是“以北京地区的方言为基础”的语言。这样，普通话便也从北京人的口中独立出来，成了不具任何地方色彩、不被任何地方文化排斥的中立语言了。

中国终于有了普通化了的语言——普通话。

中国人特意制造了一种通用的语言，这种语言之所以是人工制造的，是由于它本不存在，或者说它并没实质性地存在过，因为北京话毕竟比普通话多了个“儿”字。

中国人制造普通话也许更多出于政治平衡的目的，因为世间本无中立的城市、本无毫无地方色彩的方言；但方言太多、地域文化太丰富、太容易发生地区间冲突的中国需要一种“人工”的语言，因为只有人工的语言才可能中立，于是普通话就应运而生了。普通话一被制造出来，就被各种文化背景的人所接受、所喜用了。

用普通话交流的外省人之间是平等的，因为他们使用的是一种中立的语言，是双方都不卑不亢的语言；外省人与北京人讲普通话时也能找到心理上的平衡，因为在名目上普通话并不是北京话。

普通话的存在的确是一桩十分具有中国特色的事。在一个拥有十几亿人口的大国中，操持成百上千种方言的人都能放下地方主义、种族主义的“架子”，心平气和地“臣服”于一种共同的语言，在一种共同的、中性的语言氛围中良性互动，这不能不说是一桩语言学的幸事，一桩全体人民的幸事。

五

近二十年乃中国盛世，凡盛世必修文字，必有精力加固民族的语言，这兴许是一条千古惯例吧。

秦始皇统一中国之后马上统一文字；

《康熙字典》诞生于康熙盛世。

普通话之所以在二十世纪八十年代在中华大地上广泛流行起来，是因为北京人去了深圳，是因为上海人出了国，是因为广东人在北京开了发廊，是因为中国户籍制的实质性的打破，是因为随着户籍制的放松而引发的全国范围的人口流动，是因为经济全国性的大循环、大融合，是因为商业流通的自由化，以及信息的自由化，是因为一切原有的以计划为形式的体制的解体，是因为人们获得了前所未有的、全方位的相对自由……

人口流动的自由；思维的自由；交往的自由；交通的自由；人性的自由；语言的自由……

普通话在二十世纪最后的二十年中在全中国前所未有的普及，是二十年经济开放的结果，是由于经济的融合所导致的人的自由交往的必然产物。全国性的人口自由化流动和自由融合，使原有的各地方言成了与异地人士相互交流的障碍。新的城市——如深圳、珠海的诞生，使全国各地汇集到那里的人产生了对统一语言的实际要求，大大促进了普通话的使用和推广。

此外，还有香港的回归、香港与内地经济水乳交融的联系、香港掀起的学习普通话的热潮，以及讲国语的台湾、新加坡商人与内地频繁的经济交往等等，都是普通话在全国推广的促成因素。

总而言之，近二十年是普通话实质性地在全国普及的时代，而普通话的普及根源于经济的发展。经济带动了语言，语言又作用于经济，共同的语言加快了经济活动的效益，融洽了经济交往的气氛，最终成了促进经济发展的润滑剂。

语言反作用于经济。

六

经历了几千年没有统一口语的中国，在二十世纪做了一件前无古人的事——制造出了一门中立于各类方言的普通话。

普通话在二十世纪破巢欲出，是因为二十世纪的中国人之间有了前所未有的庞大规模的融合和交往。

二十世纪五十年代，中央人民政府确定了普通话的地位，并运用独立和巩固的国家机器，开始在全国范围内推广普及普通话。这是一件堪与秦始皇统一文字媲美的伟大工程，因为国家语言的统一是强大国力的象征，统一的口语是国家长久统一的前提。

近百年来，只有二十世纪五十年代的中国，才具备了确定并推广统一口语的条件，因为只有一九四九年之后的中国才是独立的、统一的中国，中国的国家机器才真正属于中国人自己。殖民地和半殖民地的中国即使想在全国推行普通话，也是心有余而力不足。推行一种共同的语言，需要一部强大的、独立的国家机器。

语言的统一是国力的象征。

如果说邓小平从第一代领导人那里继承了什么最有助于他搞改革开放的遗产的话，普通话在中国的全面普及便是其中不可不提的一笔。统一语言的存在为邓公迅速传达政令提供了必备的条件，在他启动的经济快车上，普通话是一个必不可少的车轮。

在结束有关普通话的论述之前，有必要提一下广播和电视媒体。二十世纪八十年代以来广播、电视在中国的迅速普及，也是普通话在中国全方位推广的前提条件。

飞速发展的经济飞快地制作出了电视，飞速播放出了普通话；普通话的快速普及又加快了经济发展的速度，如此良性循环。

中国人将共同携手走入二十一世纪。与走进二十世纪的中国相比，中国人口比以前多了两倍；但值得欣慰的是，现在中国人终于能听懂彼此说话的声音了。

感谢普通话！

拼音文字：跳跃的音符们

在人类发明了文字这种记录事物的符号之后，世界上曾经存在和正在使用中的文字不计其数。但归结起来不过两大类。一种是表音文字，另一种是表意文字；一种似音乐，一种似图画。

表音文字用字母去表示语言中的音位、音节，通过各种组合方式去拼写语言中的词语，因而也被称为拼音文字。

世界上本无音乐，只有声音。人将自然界发出的原始声音用人自以为满意的方式加工美化之后，便产生了音乐。

人们可以用各种方式记录和传播音乐，如用五线谱；如用简谱，而构成这些谱子的最基本元素就是音符。豆芽菜般的五线谱音符和用阿拉伯数字书写的简谱音符，原本没有任何含义，只是一些看上去十分可爱而滑稽的线条，但它们又不同于一般任意的线条，因为它们是符号，是表音的符号。人类将各种不同的声音分类后赋予了它们，并通过人们的默契使之约定俗成，使之义不容辞地成了记录声音的标记。

从这个角度来看，拼音文字与音乐音符是从同一类模子中脱胎出来的一对孪生兄弟。

在大自然中，除了风声、雨声、猴子叫、鸟儿啼等千万种声音之外，还有一种十分特殊的声音——那就是人类自己说话的声音。

人类不仅能与其他动物一样啼，一样哭，一样叫，还比它们都多了一种特异功能——就是能用语言交流。

语言虽然也是一种从动物身上发出的声音，但它根本不同于鸟鸣猴啼，它是有着内在逻辑关系的、能够表现比鸟鸣猴啼更深、更广意念的声音。

一部分人为了记录、传递这些声音，便发明了一种符号——表音文字。

拉丁人发明了 a、b、c、d……

希腊人发明了 β、π、μ、φ……

俄罗斯人发明了 Ы、Д、И、Щ……

阿拉伯人发明了 ض、ظ、غ、ك……

这些看起来千奇百怪的符号与记录音乐的豆芽菜们一样，都是一些十分任意的线条，本身并没有任何意义，是创造并使用它们的人类将说话时发出的不同声音强行地赋予了它们，将它们毫不留情地刻入了石板和兽骨，密密麻麻地罗列到了报刊、书籍之上，并将记载人们嘴中所发声音的任务压到了它们小巧而瘦骨嶙峋的躯干上。小小的字母们用它们的筋骨铺成了众多民族的历史大道。

没有 a、b、c、d，就没有古罗马文化的磅礴；

没有 β、π、μ、φ，就没有古腊文明的灿烂；

没有 Ы、Д、И、Щ，就没有托翁的战争史诗《战争与和平》；

没有 ض、ظ、غ、ك，就没有《一千零一夜》……

无论使用拼音文字的人们在千年的历史长河中将多少词汇的拼写方法做过多少次的调整和改变，但作为载音符号的那些单个字母所标记的声音，却一直保持着极强的稳定性。例如拉丁字母 a、b、c 在欧洲不同语言中的发音不同，但它们在同一种语言中的发音却历久不变。

所以要想学习一门拼音文字的语言，第一步就是去认识那种语言整套字母的书写并掌握它们的发音。其过程如同掌握五线谱中各种形状的音符，而熟知了那些字母的发音，就等于掌握了阅读歌谱的钥匙。

拼音文字民族几千年的历史，宛如一部部宏大的交响曲，每一个民族的交响曲都是用不同形状的音符——字母们书就的。

用它们你可以聆听哈姆雷特在崖边的独白；

用它们你可以与凯撒大帝直接对话；

用它们你可以与千年以前的人类用同样的声音朗诵《古兰经》。

更有西方第一经——《圣经》。《圣经》也是用拼音文字写成的，没有它就没有目前世界通用的阳历，就没有以公元计算的历史概念，更没有所谓的二十一世纪。从这层意义来说，拼音文字虽未开创人类的历史，但却将人类推向了未来。

人类是亚当和夏娃创造的吗?

远在拼音文字被发明出来之前，就有三个人发明了另一种文字。

这三个人，一个是龙的传人，一个是金字塔的筑造者，另一个是萨达姆·侯赛因的祖先。一个来自古中国，一个来自古埃及，另一个来自中东的两河流域。

都站在河边上。

那个龙的传人站在滚滚的黄河边上，为了向他的子孙标记黄河之水的流动状态，在河滩上做了一个符号：

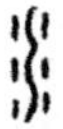

那个金字塔的筑造者站在缓缓流动的尼罗河畔，为了向他的家人形容尼罗河水的秀美，也在河滩上画下了一个符号：。

而站在幼发拉底河边的伊拉克和叙利亚人的祖先——苏美尔人，在河滩上写下的是一个形同楔子的象形文字。

他们三人于人类业已完成从动物到人的进化千万年之后，在地球的三个端点上，在十分相近的时期内，不约而同地做了一件同样伟大的事。

他们发明了象形文字，在大约五千年前。

象形文字的历史远比拼音文字久远。古中国、古埃及和古巴比伦的文明远比古希腊文明辉煌。中国人、埃及人和苏美尔人在河边写下“水”字之前，人类虽然已在地球上存在了许久，但因没有文字的帮助，无法将自己的存在记述下来，无法将自己的故事传给后代。是他们三人在水边画的那几个笔画，开创了人类有文字记载的历史，假如他们当初没有写下那几个划时代的文字，人类几千年的文明史就不可能得到表述，甚至根本就不可能存在。

没有文字的人类就不成其为人类，就是动物。

人类的历史在某种意义上就是文字的历史。

你知道世界上曾经存在过多少条鱼，多少头大象，多少头驴吗？你知道它们的历史吗？不，人类无法知道，就连它们自己也不知道世界上总共存在过多少代鱼、多少代大象、多少代驴，不知道自己第一百三十代祖先姓甚名谁，是否伟大过，光荣过。

鱼、大象和驴们本来与人类在地球上平起平坐，都是能活动的物体——“动物”，而且从体质上讲，大象和驴比人健壮和优越得多。人类最终将自己从鱼、大象和驴子的行列中划分出来，还要归功于那三个人在大河边写下的那几笔。从那以后，人才有可能记录自己的故事，记录自己的姓名和存在。前一代人记录下来的东西，在后一代人看来就是历史，就是文化。就这层意义来说，人与鱼、大象和驴的区别，就在于人知道自己的爷爷叫什么，而鱼、大象和驴不知道；人类不仅一代代地活了下来，而且活得明明白白、清清楚楚，而鱼、大象和驴则一代代糊糊涂涂地来到这个世界上，又一代代晕晕乎乎地消逝，等于白活。人类是用“接力”的方式存在的，每一个人、每一代人的生命极为短暂，但每一个人，每一代人都是历史跑道上的一站。他们手中的那个接力棒就是由文字组成的人类思想和生命的集成。从这层意义来说，文字，只有文字，才是形成历史并推动历史前进的动力。

其实这种说法与人民推动历史的说法是一致的。因为如果没有文字的记录，即使人民推动了历史，后世的人民也不会知道。

文字又是促成人类变化的动力。鱼、大象和驴在地球上生存了千年万年，它们进行过任何自身的改进吗？没有！几千年前的大象与现在的大象从外观上几乎没有区别，都长着长长的鼻子和笨重的身躯。

而人则不然。古罗马的兵士一律身穿铠甲，现在的美国大兵则大多穿迷彩服。史书上清清楚楚地记载了人类的过去。人要想知道自己曾经穿过什么样的战服只要翻翻史书便一目了然了。所以人类不会在几百年后再“发明”铠甲。人类为了不断进步，必须去发明历史上未曾存在过的东西，这便是促进人类不断创新的原动力。

人类必须创新，因为人类不愿重复过去。

人类能够创新，因为人类能记录过去。

而记录过去的主要手段就是文字，就是那三位古人最早在河边写下的文字。

他们开创了人类的历史，他们是地球上存在的三个最早的能被称之为人类的人。他们是真正的“人之初”。

而那以前世上根本没有人，最多只有能站立行走的模范动物，更不要说什么传说中的亚当、夏娃了。倘若那三个人不发明文字，谁会知道亚当和夏娃的存在？

人类到底是不是亚当和夏娃创造的？

无声的绘画——象形文字

摆在你眼前的是这几样东西：

它们便是古埃及的几个象形文字。第一个表示“太阳”，第二个表示“眼睛”，第三个是“月亮”。

它们一眼看上去像文字吗？

不像，倒不如说像是绘画，像毕加索的抽象画被分解后的一块块碎片，又像孩童们即兴在沙滩上用树枝画出的记号。

也许后者更符合当时的实情。也许发明它们的人并非是什么“抽象”的著名画家，因为那时人还比较自然，不懂得什么是抽象。也许第一个将它们写下来的正是孩子——顽皮而富于好奇心、创造性的孩子。

无论如何，相对几千年后的现代人来说，古埃及人还是赤子。

当时在地球上另一条河的河畔也生活着一群赤子，他们也光着屁股，在黄河的沙滩下写下了：

这些便是中国人最早发明的与那几个埃及文字相近的象形

文字。

它们与古埃及的文字是多么相像啊！

出自两个相隔万里的孩子之手！

难道他们之间有超越时空的默契和灵犀吗？

他们用灵感用智慧创造出了一件异曲同工的作品——象形文字。

一种通过模仿自然界景物的方式创造出来的文字。

那个过程如同作画。

他们使用的工具是眼睛和树枝，他们要画的模特是太阳、月亮，是眼泪，是车轮，是手，是农田……

他们在龟甲、石头上留下的是一幅幅看起来十分幼稚却美得出奇的作品。

当你走进伦敦大英博物馆的埃及馆，第一眼看到那些线条简易、造型奇特的古埃及象形文字的时候，你会顿时感到眼前一阵眩晕，那是美的震慑！跳入你眼帘的是荡漾的水纹、鸣唱的鸟儿、翩翩的舞女和劳作的男子，而它（他、她）们都是用简约的线条勾勒而成的，都是极富美感的抽象绘画。

然而它们却是文字，是用来记录和传递信息的文字。

我觉得如果那些古埃及人和古中国人当初在创造完象形文字之后，不将实际应用的功能赋予它们，而是让它们始终保持当时的形态的话，那么它们便是人类创造出的最动人、最美妙的绘画了。

什么毕加索，什么印象派，统统都是次品。

因为人类创造文字时的心态最无邪。

因为当初他们取材的对象——大自然最自然。

因为那时人类还不懂得什么是颓唐、什么是造作、什么是故弄玄虚、什么是商业价值、什么是市场效益……

他们只知道模仿，只知道效法大自然，只知道将他们对自然景物的理解缩影成最简易的曲线，再将之传播出去，带着美感。

因为带有美感的曲线传播得最快、最远。

所以说大河流域的人类创造象形文字的过程，又是人类最早用情感寻求美感的过程，他们是美的意识的最先获得者。

那是一种既简略而又雄浑的美，简略是指线条，雄浑是指书写、描绘那些作品的载体，它们不是画布，不是宣纸，更不是丝绸，而是石块、兽骨和大鼎！

“扛大鼎来！”想要刻字的艺术家们兴致勃勃地喊。

那种气势还不雄浑吗？

古中国、古埃及和古苏美尔的造字者们不仅是最早的绘画大师和美学家，还是最深沉的艺术家。

因为他们的作品都是沉默的画卷。象形文字取自自然的形态，并不记录自然和人类发出的声音，所以他们创造出来的是一个个有形却无声的符号。后人能通过研究，分析出古象形文字的字义，却永远无法知道那些创造它们的先人当时是如何用声音表达它们的。

它们是一幅幅沉默而无声的画面，默默地负载着创造者赋予它们的意义，无声地跨越过长长的历史大河，一直走到了现代。

还是由它们自已来感慨它们几千年沉默的悲壮吧！

①

用它们的热泪！

① 在古埃及中表示哭泣。

谁使中国人成了象形文字唯一的继承人

是埃及人！是尼罗河的子孙！

还有苏美尔人——萨达姆的祖先！

早在公元前五百年到三百年之间，尼罗河和幼发拉底河边上的那群古象形文字的创造者和使用者们便放弃了，或丢失了那种堪称最古老的文字，那些被精心编制了两千五百多年的抽象画，宿命般消失在无垠的黄沙之中了。

鸟儿们飞走了，水纹消失了，农田荒芜了……

那是一个长期渐变的过程。以古埃及文为例，那种以大自然为素材创造的古象形文字（hieroglyph）最先被一种简化了的象形文字（demotic）所取代，在 demotic 文字中，人们已经找不到那些飞鸟和水纹的造型了；随后 demotic 又被一种英文称做 coptic 的文字所取代。从 demotic 到 coptic 的变化，与从象形文字到简化的象形文字的变化有本质上的区别。前者是象形文字自身的变化，是将逼真的图画简化成抽象的线条；而后者则是从绘画艺术到音乐艺术的性质的变化。coptic 是一种掺杂着象形、拼音文字，以上埃及地域方言为基础创造的独特文字，从其组成上来看颇像现代的日文。再后来，所有以上提到的古埃及象形文字、简化象形文字和象形、拼音混和的 coptic 文字，都从那块古老的大地上消失了，取而代之的是现代埃及人使用的阿拉伯文字——一种纯粹的拼音文字。

古埃及象形文字的最终消失大约是在公元前五百年，是在埃及被波斯帝国统治的时期，大大早于中国的三国时代，也就是说，当身居地球另一半的蜀国丞相诸葛亮用汉隶的字体书写《出师表》的时候，他并没有意识到，他一笔笔写下的文字不仅表现了他对主公的一片忠诚，还表现出他对一种文字的忠心耿耿。因为那时在地球上共存了几千年之久的其他两种主要象形文字都已经寿终正寝，孔明笔下书写的已是世间存在的唯一的一种象形文字。那时地球上的其他主要文字都已变成了跳动的音符——拼音文字。

古埃及文字的失传使中国人创造的文字成了一枝独秀。两千多年前，中国人就用自己祖先创造文字的执着，将本民族与世界其他国家从文字的种类上清楚地区分开来，呈现了中华文明独有的特色。那是一个不自觉的过程，因为那时世界在不同的大陆板块上生存的人类族群还并不知道彼此的存在。

曾拥有过两千多年象形文化历史的埃及人就这样稀里糊涂地丢掉了祖上的遗产，中华民族就这样不知不觉地成了继承了象形文字的绝代佳人。如同有人怀疑人类根本就不可能建造的金字塔一样，也有人怀疑古埃及文字也是出自外星人的手笔。很难想象如果埃及人在两千五百多年前不放弃象形文字，继续使用至今的话，今天的埃及将是何等的国度。单从文字作为交流工具的使用价值来看，本不应对埃及人的改宗飞短流长。使用象形文字的埃及是埃及，使用阿拉伯文的埃及照样是埃及；但从文化地位的角度来看，使用阿拉伯文字的埃及与几千年前拥有古象形文字的埃及有着天壤之别。今日的埃及在世人的心目中只是阿拉伯文化圈众多国家中的一个。今天人们对埃及的向往并非因为它是阿拉伯文化的一支，人们要想了解阿语文化的精华可以去任何一个使用阿语的国家。人们憧憬的是古埃及的金字塔，是狮身人面象，是埃及古墓中发掘出的那些美得出奇的书画和那一排排令人叹为观止的象形文字！人们之所以怀疑它们是外星人带给人间的符号，是因为现代人根本无法创造出那么美的文字。只因大自然已经不存在了，只因鸟已飞绝，只因水已流尽。从这层意义来说，当今世界唯一继承了“外星人”神灵的只有中国人——我们仍然使用取自神灵大自然的文字。是埃及人成全了中国人。

苏美尔人是在公元前三百年丢掉象形的楔形文字这一祖宗的遗产的。倘若当年苏美尔人好好看守住那些形同楔子、钉子的字符的话，今天萨达姆与美国人叫板时手中还愁没有利器吗？

总之，古埃及文和古巴比伦楔形文字的消失使三种最古老的象形文字中的汉字成了当时仅存的一种。即使后来汉字又逐渐被中国人简化，成了今日的方块汉字，它却始终保持着表意的形式。汉字是目前世界上唯一使用至今的表意文字。

方块字的诞生

方块字本不是方的，因为它本是象形文字，是取材于自然的符号，而自然界原本就不是方的。

是圆的。根据孔子对《易经》的解释，世上一切景物都应该是圆形的，因为世上本无直线，直线只是圆形的某一段落。比如地球就是圆的，地平线只是圆弧的一部分而已。

汉字本来也是圆状的，一直到汉隶以前的汉字都是近乎圆状的，如甲骨文，如大篆和小篆。

从秦初到汉末大约四百余年，从文字发展的意义上看，在横跨公元前后的各两百年中发生了两件极为重要的事，一是文字的统一，一是汉字从圆到方的转化。

文字的统一其实是一件比创造文字更难的事。

创造文字如同临摹，如同拿着画笔到自然界中去写生，用线条去表现鸟、云、山和世间万象。

然而最开始从事这件工作的不只是一个，而是许许多多的人，来自许许多多的地方，而问题就出在这“许许多多”上了。

有人将山描述成 ，有人则将之写成 ……

这就如同面对一幅现代派作家的玄妙作品，一百个人能解释出一千种意义；反过来说，要表现同一种意义，一百个人能创造出一千种不同的作品。

如此可以想见，在秦始皇统一中国文字前中国有多少种标记同一事物的符号，出自多少个“画家”之手。

要想让全国的人只承认同一个“”，同一座“”，同一个“”，靠什么呢？靠两个字——“武力”，或武力威胁下的一声大吼：“少废话！只能按我指定的方法写，其他的都统统忘掉！违令者活埋！”

于是此前六国的臣民们都在刀剑下老老实实地放弃了原先本国的象形文字，众“人”紧紧团结在同一座高“山”和同一个明“月”之下了。

于是就有了今日统一的汉字。

于是读者们便一致认识本书所使用的文字了，否则这本书便只能写给自己看。

所以说中国能有今日完整的版图、完美的文化，功在秦始皇，因为文字的统一是国家存在的前提。

再说汉代人的功过。

汉代人书就了汉隶，而汉隶是所谓“方块字”的第一代鼻祖。严格地说隶书也并不是标准的方型，而是扁方的；但大致可称作“方块字”，不信您将汉字与阿拉伯字比较一下就看出来了。后者如同一盘刚发起的豆芽菜。

我总觉得汉字从原来千姿百态的大、小篆字演变成四平八稳、规规矩矩的汉隶，再到后来的楷书，并非仅是文字形体的变更，而是中国社会形态变更的某种折射。

汉朝是中国封建社会正式成型的第一个朝代，是种种具有封建社会特色的宗法制度形成并趋于完善的第一个封建王朝，在汉之前是短暂而过渡性的秦；而秦之前呢？是百家争鸣、百花齐放的春秋、战国时代。

中国历史上下五千年，有哪一朝、哪一代、哪一个时期，如春秋战国时那般可歌可泣呢？

在中国几千年的文明史上，哪一个历史时期曾孕育出过如春秋战国时期那般璀璨的文化之花，涌现出那许多不可计数的哲人、政治家、军事家、外交家和超级侃爷呢？

如苏秦、张仪，如一个个以“子”为名的圣人！

那是一个疯狂创造的时代，是一个极富刺激性的时代，是人类为追求自由而穷极理性，而彼此抗争的时代。

用他们的智慧，用他们的文字手段——争奇斗艳、百花齐放的象形文字！

秦之前的中国文字虽然形态各异，却最不拘一格，最能令人联想到自然的本来面目，最与古埃及的象形文字相近。

一直到汉代。

汉代不仅是中国封建制度的第一朝，也是中国方块字成形的第一代。

统一和严整取代了杂乱和缤纷；

平稳和方正取代了肆意和浑圆；

方块字诞生了，在五千年文明史的中界线上。

方块字：神奇的魔方

方块字如集成块；

方块字如微缩景观；

方块字如文明的框架；

方块字如古人的幽灵；

方块字如——魔方。

方块字首先是智慧的结晶。因为方块字的制作过程需要超常的智力和洞察力。

方块字首先要抽象地表现直观的自然，如“人”，如“山”、如“月”，如“草木”，如“河流”，制造这些文字只需将自然景物用线条勾勒出来即可。

然而人类语言包含的绝非仅仅是直观的东西。人是比大象、鱼和驴更复杂的动物，他们还要通过语言表达并传播非直观的事物，如声音、思维、哲理；人还有情感，丰富的情感。

要用象形文字来表述并传播这一切，只有素描的功夫是不够的。

还需要洞察力和想像力。

他们开始制作了。

那个过程如同盖楼。他们的原材料是取自自然的初级文字，如“亻”“山”“木”“口”“金”“艹”，都是他们盖楼的砖瓦和木料。

他们开始运用这些砖瓦和木料搭楼了。

他们首先要将人世间的一切事物归类。

将“树林”“桥”“板”“杨”等与树有关的存在，归到“木”类；

将“哭”“唱”“喊”“叫”等需要动嘴的动作归到“口”类；

将“花”“草”“蔷薇”“菊”等草本的植物归到“艹”类……

再将“木”“口”“艹”等标签贴到它们身上。

不要小看这种分类和贴标签的工作，它表明我们的祖先已懂得分类，已会用类属的眼光看世界了。

——那么纷繁的世界，拥有包括千万种生物和亿万种草本的，虽不精彩但十分野性的世界。

能够分类是人类从动物群体中脱颖而出的一个划时代变化。不会分类就不会根据事物的类别采取不同的对策，就不可能提高效率，就不可能使用科学的方法，就不可能进步。

绝大多数人不吃人，不吃自己的同类，就是因为人知道人与其他动物有类别上的区别。

而吃人的人就不是人，甭管直接吃还是间接吃。

古中国人用分类的方法不仅分开了事物的种类，还将自己也从万物中分离了出来。

就这层意义而言，中国人是最早能自称人类的人种之一。

所以说，步入人类行列的奖台上最初站着的前三名奖牌的获得者，分别是中国人和埃及人，还有居住在两河流域的发明楔形文字的苏美尔人。

中国人在将文字依不同种类贴上了不同的标签后，所创造的文字已成百上千，至此大楼的主结构已经建成，初现了英姿。

他们要做的下一步工作就是为大楼做内外装修。那是一件更需要智力的工作，如同给计算机编软件。

将花、草、铜、金分类，虽比为山河做素描更劳神，更需观察能力，但毕竟使用的工具都是双眼，所需的都是直观的本领，从文字属性来看仍停留在初级的层次。

难的就是要表现人的心灵。

要表现七情六欲；要表现豪情壮志；要表现勾心斗角——用文字！

要表现逻辑、思想和哲理——用文字！

表现的都是用肉眼看不见的心灵的大小动作！

创造这些文字所需的绝不仅是肉眼的观照能力，还需要高超的编排和组织能力，需要对无形存在的事物的悟性和体验，需要将感觉抽象并升华。

这种编排要合情，因为合情才能引起共鸣；

这种编排要合理，因为合理才能被他人认可；

这种编排要科学，因为科学才能达到简易；

他们将“悟性”两字用“忄”（竖心）偏旁标记，因为他们认为人要用“心”去领悟；

他们将“超越”二字用表示行进的偏旁标记，因为他们认为超越需要迅跑；

他们将“圣人”的“聖”字用“王”字高高托起，因为他们认为只有达到圣人的境界才有资格称王称帝……

创字的过程本身就是对世界的认知过程，对世界的认知又决定了他们所创的每个字的结构。他们绝不可能将“鬼”字放在“耶”下并使之为“圣”，因为他们知道即使将鬼推为圣人，世人也绝不会承认并使之通用。“鬼”只配放在“魔”下，放在“魔”下，根本不可能成为万世之尊的圣人！

没有情，没有理，没有科学性的文字就不可能成为尽善尽美的文字，而达不到尽善尽美的文字便不会被社会所接受，所喜用。

那是一个双向选择的漫长过程。

那一个个方块字的成形是创造者和使用者长期对世界理解和认知的总结和表象，是社会理性的缩影和反照，是经历过千百次反复淘汰的结晶。

那的确是一种最为民主的产物：每创造一个字都要得到整个社会的认可，每一个字都如同大浪淘沙、千锤百炼后所获的纯金。

光彩夺目的金光闪烁的方块字哟！

五千年的中华文明恍若五千年的梦，
五千年的风吹雨打铸成了五千多个通用的汉字。
每一个文字都是一个集成魔方——
载着中国人对宇宙构成的理解；
载着中国人对人间事物的认知；
载着中国人的思维程序；
载着中国人的喜怒哀乐、中国人的智慧；
载着中国人的根。

如美元般坚挺的 English

本书的作者有一种僻好，就是写一段时间就想挤对挤对 English，不挤对就难受，就吃不下饭。

首先声明作者的英文水准极低。低到什么程度？低到一见 abcd 就头痛，就恨不得对其口诛笔伐、置其于死地而后快的程度！

其实全世界对英文如此耿耿于怀的人岂止本人一个？你去问问那些被家长逼得整日因死啃英文而英年早逝的日本高中生们吧！你去问问那些因外语不过关而无法被提升、无法被领导和群众赏识的广大中青年干部们吧！你去问猫！听说在个别沿海城市中，连猫都被勒令要学着洋腔叫，否则不仅不能慑服已经洋化了的老鼠，就连捉到了老鼠，老鼠也口服心不服！

都是 English 造的孽！

是该好好挤对挤对英文，为日本高中生、为中国大批不擅长英文的中青年干部、为不习洋腔的猫，以及全球数以亿计的因不擅长英文而不能升学、升迁、升华的各族人民扬扬眉、吐吐气了！

为了实现以上的愿望，本人先要大喊一句：

其实 English 也没什么了不起！

然后再补充声明一句：本人并不是阿 Q。

（真不巧，阿Q的“Q”也是英文字母，看来国人受英文的毒害的确不浅。没有“Q”，哪有阿Q其人？）

本人在受English长达十几年的痛苦折磨后终于悟出了一点，那就是英文与US $——美元没什么两样。

都是走俏的东西，都是响当当的，只不过一种是放在兜里、存在银行，另一种是存在嘴边罢了。

英文之所以在经过一百多年的较量后最终成为举世公认的通用语言——全球的普通话（或曰“球语”），其过程与英镑和美元成为全球通用的硬通货几乎同出一辙。

英文最早是由英国人坐着军舰、载着海盗、扛着大炮打开销路的。英国人的军舰上除了海盗和大炮外还有英镑——那种以从全球掠夺去的物资作为本钱而流通的最坚挺的货币。英镑的诱惑力成为最初与英国人交往的人学习英文的主要诱因。

因为英镑坚挺；

因为大英帝国富有。

因为有人想去英国留学，而想去留学还是因为英国的富足，否则为何不去非洲留学，去学习斯瓦西里语呢？

不幸的是雄壮的大英帝国在二十世纪初就阳痿了，英镑在二十世纪中期也就随之不那么坚挺了。

代之而来的是英国人的不肖子孙——“美丽而坚固”的美利坚合众国的继承人们。

美国人绝大多数是英国人的后裔，讲的是English，继承的是同样的志向——称霸世界。

美国人是二十世纪才真正崛起的英国人的后代——在英国气衰和萎缩之后，美国人在新的世纪中凭着新生大国的一股阳刚之气，将英国人的灵魂和遗愿连同英文推向了全球。

坐着航空母舰，驾着轰炸机，骑着“爱国者”号导弹，更有——响当当的美元！

不能否认美国自“二战”后是世界上的第一号经济强国；

不能否认美国的军舰和飞机远远胜过大英帝国的海盗舰队；

不能否认美元是战后世界上最通行和坚挺的货币；而一种在拥有最强经济实力、最大的“和平”舰队、最响当当的 $ 的国家中通用的语言，还不足以令男女老少争相学舌，还不足以令能学舌者引以为荣，还不足以成为学生升学、干部提升的参照标准吗？

据说连猪圈里的猪都学着最肥的猪哼哼！

据说广东话是在广东省富了之后才由内地人开始仿效的，而广东改革开放以前好像从没富过。

何况已经成为全球大款近半个世纪之久的美国人所讲的 English 呢？

都半个多世纪——五十多年了啊！即使人类在地球上已存活了五千多年，在只认现状的世人眼中五千年又算什么呢？

值 US $ 1 吗？

如 English 般走俏的美国货

一种是语言，一种是商品，前者为牛唇，后者为马嘴，能对得上吗——有人这样质问。没错，英文和美国货大有狼狈为奸之嫌，有必要将二者不明不白的关系揭发出来，让其曝光于光天化日之下。

难道英文在众多语言中不像最走俏的商品吗？

是英文时髦还是麦当劳中的“巨无霸”时髦？还是二者都时髦？

目前美国人开的麦当劳在中国已全面取代了朝鲜冷面和早先的三分四分钱冰棍，成了中国城市少年儿童过小皇帝瘾的首选佳肴。他们吃的只是美式食品吗？他们在津津有味地咀嚼着“巨无霸”时难道无意中不会将 McDonald’s 几个英文字母默诵于心，直至刻骨铭心吗？

英式的文字、美式的食品，一个看在眼里拔不出来，一个烂到肚里吐不出来。

看来商品与文字相辅相承，看来“巨无霸”之意不只在倾销汉堡包，而在于用美国食品腐蚀无产阶级革命事业的接班人。

英文的传播采取的是“蹭车”的途径——蹭“可口可乐”

的车、蹭“肯德鸡”的车、蹭《第一滴血》(美国电影)的车，而且从特色上来看英文与美国货没什么两样。

美国货有什么特色?

美国货的特色只有一点——就是没什么特色。

或曰大众化。

品尝过美国食品的人都知道，那些食品本来索然无味，人们只有到了饥不择食、吃什么都不解馋但又想不出吃什么更好，或者在全城的饭馆全关门的情况下，才会想到要吃美国食品。

美式食品虽然没有特色，但极会包装，会想尽方法吸引少年儿童。于是人们便去了。大人去是为了孩子，而孩子去是为了玩玩具——反正都不是为了吃饭。

那还去餐馆干什么？哎，你没见过麦当劳前人头攒动吗？这就反映出美国人开餐馆的特色了。

美国货亦如此。

可以将美国货称为最大众化的商品。何谓大众化？就是大路货。大路货就是提供给最不挑剔的顾客、由最不负责任的商人销售、由最不拘小节的制造厂生产的——商品。

与日本人和瑞士人制造出的东西相比，美国货根本就不是东西；

与法国消费者的眼光相比，美国人全都是瞎子；

根据上海人的审查标准，美国货都是专为“十三点”式的傻瓜定做的。

在理解了美国食品和美国货的特色之后，就不难理解用于贩卖美国货的美式英语的特色了。

英语，尤其是美式英语与麦当劳中的汉堡包一样，在各类语言中是最大众化的语言。

英语的大众化首先反映在制造它时的偷工减料和粗制滥造，它没有阴阳、没有四声、没有形态的美感……（恕不一一罗列），但却有与“巨无霸”“可口可乐”同样容易走俏的特色，那就是它没有特色的特色，就是它的通俗易懂，就是它的结构单一，就是它的入乡随俗。

公平而论，美国货虽不十分讲究，但都是过得去的商品；English 虽不十分考究，但也是用得来的语言。

尽管二者都十分乏味。

诚然，英文的普及是英美两国、两代人海盗、空盗行为的副产品，是殖民主义行径的产物，但英文的普及对全球各国文化、贸易交往的促进作用也是不容忽视的。人类在相互隔阂了几千年后，终于在二十一世纪的前夜找到了一种全球可以共用的“球语”！而值得庆幸的是，这种作为“球语”的英文是一种十分大众化、大路化、易于掌握、如“巨无霸”般虽无特色但老少皆宜的文字。

汉堡包虽不如“狗不理”包子可口，却可用来充饥；

英语虽不如法语动听，但更易于上口。

大众化的东西并不见得是什么好东西，但更便于普及。

谁让世界上还有那么多广大群众呢！

你学……俄文

有这样一个故事：

在我侨居的小镇里居住着众多孤陋寡闻但好奇心极强的来自世界五大洲的群众，当听到我正在某大学的夜校里修习俄文的消息后，大家便不约而同地问：

你学？

你学俄……文？

你……学俄文？

You are studying Russian？

其实对以上的种种疑问我并不十分在意，我在意的是一个来自俄罗斯的同志（ТОВáрИЩ）在听了本人关于正在学习俄文的通告之后，竟然也先皱皱眉头，再跺跺脚，又上下打量了我十几分钟，然后用如伏特加烧酒般烈性而生硬的英文问："Russian，you，study？！"

从那以后镇上的群众便开始有计划有目的地与我拉开了距离。不是因为别的，只是因为我学习，不，正在学习俄文。带头的便是那位苏联老大哥。

当然，以上小故事并不完全忠于事实，仅用以说明一个正在学习俄文的人可能有的境遇——在二十世纪九十年代中期，在苏联社会主义联邦（USSR）已土崩瓦解的时候。

俄文作为一种语言在世人心中的地位，犹如在前苏联和目前俄罗斯通行的货币——卢布。

一直到二十世纪八十年代卢布都是颇为有分量的货币。卢布与美元的比率长时间始终保持在一卢布等于两美元的稳固地位。俄语的地位在世人心中也稳定坚实，不仅与英文不相上下，在其鼎盛时期甚至还令 English 望尘莫及。

二十世纪五十年代，俄文绝对能称得上语言界的龙头！全世界学习和使用俄语的总人口远远多于使用英文的人数。你算一算就清楚了。五十年代光苏联本土使用俄语的总人口就有两亿人，一下就能将美国人的总数抵消。那时除了美国之外，将英语作为官方语言的仅有英国、澳大利亚、加拿大和非洲的一些殖民地，其人口总数充其量不到两亿人吧；而学习和使用俄语的人呢？有东欧那么多小兄弟国家，有朝鲜、越南和古巴，还有——中国。

中国当时有四五亿人口，那时的官方外语为俄文。这一下就将学习和使用俄文的世界人口总数抬了上去。

那时中国的四万万人口并不是人人都学俄文，但那时的中国人并不学英文，而且长达三十年之久。

中国就是这么厉害，由于人口众多，学什么抬举什么。

如果将“二战”后俄文和英文在语言地位上的角逐比成一场擂台大赛的话，那么有着众多人口的中国则是那场赛事的超重量级选手。由于中国人学起了俄文，俄文就大获全胜了。

在语言大赛上如此，在其他赛场上难道不亦如此吗？

当然，印度也是一个英文圈的国度，也是人口大国；但英文在该国通行是殖民统治的结果，是强加的，不应算是印度人情愿的选择。

总之，俄文曾在世界语坛上风光至极。讲俄文的俄国专家曾在世界上许多国家如履平地。苏联红军的形象曾如今日之美国大兵，走到哪里风光到哪里，即使他们不懂当地的文字。因为懂俄语是那些社会主义兄弟国家人民的义务，不懂俄文就等于没受过教育；没受过教育，就没阶级觉悟，就没资格入党、提干、找对象、生孩子……

——与今日不懂英文的人一样。

后来苏联解体了，后来苏维埃共和国的大厦土崩瓦解了。

后来卢布贬值，贬到了十卢布等于一美元，一百卢布等于一美元，三千卢布等于一美元，一直贬到工人开不出工资、教授领不到口粮、军人拿不到军饷，最后贬到国家主席保持不住健全的心脏。

一颗破碎的心，一个破烂的摊子，一个破落的民族。

于是俄语的地位也跟着讲俄文的人们一道，像自由落体般向地面上栽去。俄语的地位与英文的地位对比，在短短的十年内从原来的平起平坐，降到后来的不可相提并论，再降到今日的望尘莫及。

俄文的价码暴跌！

俄文遇到了前所未有的危机！

俄罗斯文化面临史无前例的冲击！

最早放弃俄文的是中国人。中国人对俄文的放弃有中国人的理由，但中国人对俄文的由热变冷并未动摇俄文作为主要应用语言的稳固地位。

后来东欧人一国接一国地放弃俄文了：从南斯拉夫到捷克，再到波兰、民主德国，在《华沙条约》的“绑”放松之后，东欧各国已逐一将原为第一外语的俄文改成了英、法、德文。即便如此，他们对俄文的背弃也并未对俄罗斯语言形成致命的危胁；因为俄文本来就不是那些国家的固有文字，选择哪一种语言作为第一外语是那些国家的自由。俄罗斯人对此虽有大势已去之感叹，却不足以感到自身文化的岌岌可危。

俄文和大俄罗斯文化真正面临危机，还是在苏联全面解体、车臣几经危机之后，在二十世纪九十年代的时候。

今天的俄罗斯必须面对俄文的英文化，和原来使用俄语的众多前联邦小国对俄语的讨伐和背弃！

今日的俄文中已掺入了许多由英语直接转化来的外来语，它们是随着麦当劳和麦当娜，随着美国人在俄国开的公司“悄悄”地混进俄文的。

俄罗斯年轻人喜欢用那些词汇，只凭一个理由——时髦。

一种追求西方、追求西化的时髦！

——苏联红军的后代们！

前苏联总共有十五个加盟共和国，有几十个原本有各自语言和文化的民族。斯大林在苏维埃的鼎盛时期曾做了一件秦始皇当年做的统一文字的工作，就是将使用 Cyrillic 字母的俄文作为官方语言推行到所有加盟共和国之中，使之成为全苏的普通话。

斯大林的努力是成功的，是有远见的。

没有共同文字的社会主义联邦是弱不禁风的，没有统一语言的苏联是不堪一击的，因为共同的语言是统一行动的前提。如果斯大林在反法西斯战争中的一声号令需要一百个翻译传递到前方战士的耳畔，然后再集体冲锋或后退的话，那么莫斯科早就被希特勒占领了。

值得一提的是斯大林本人并不是俄罗斯族，他的母语是格鲁吉亚语。

这就更表现出了他在语言事业上的不凡和高瞻远瞩。

然而斯大林当年的努力成果正面临丧失的境地。根据最近出版的英刊 Economics（《经济学人》）上的一篇报道，独联体的几十个国家正在按部就班地对俄语文化进行一场“文字大革命”。他们正通过立法等步骤将俄语拉下官方语言的地位，用各国多达一百五十多种分属各语系的文字取而代之。

这是一场发生在那个曾是世界第一大国中的实质性的革命。

这是一种远远超越边界意义的实质性的分崩离析。

共同语言不存，何望成为统一的国家、统一的盟邦和统一的战线？

从这层意义来说，目前俄罗斯的头号危机并不是北约东扩，并不是美国人的洲际导弹，而是由几十代人在几个世纪中所呕心沥血、前仆后继建立起来的大俄罗斯文化圈正经历着来自内部的瓦解和衰落！

之所以将之称为“大俄罗斯文化圈”，是说这种文化的建成者并非只是俄罗斯民族。它是由在那片横贯欧亚大陆的广袤大地上共同生活了近一千三百年之久的众多民族共同创造出的伟大而丰富的文化和文明。

那种文化中有彼得大帝的雄才大略；有普希金的梦想；有静静的顿河的波澜；有高加索的雪；有高尔基的母亲；有哈萨克战马的嘶鸣；有喀秋莎火箭炮的神威，还有：ПОД МОСКÓВСКИЕ

——“莫斯科郊外的晚上”……

然而，这一切的一切都在崩溃之中，随着俄语的颓败，大俄罗斯文化、苏联红军的文化，将与历史上曾有过的许多纵横洲际的文明一样，最终成为世纪的挽歌。

成吉斯汗的蒙古骑兵曾纵横欧亚大陆。

古罗马的文明曾辉煌至极。

后来又如何了呢？蒙古文何在？拉丁文何在？

那俄文的未来呢？大俄罗斯文明的未来呢？

戈尔巴乔夫，请你回答！

东西摇摆的俄文和俄罗斯民族

不学俄语不知道，一学吓一跳!

原来俄语与法文英文是远亲。

俄语中藏有大量与法文、英文，与拉丁文同根的概念性词汇。多到什么程度?夸张一点说，俄语中除了动词、副词、形容词外，名词中的大部分都与法文如出一辙。越抽象的词汇越像法文，越上层建筑的东西越接近法文，如“音乐”一词与法文同声，“地铁”“歌剧院”“司机”“大学”等都与法文同声……

可能在俄文中与法文绝对背道而驰的、绝对具有俄罗斯民族特色的、绝对军事共产主义化的名词只有一个，那就是：Хлеб——“黑面包”。

就是那种高尔基小时候根本切不动的黑色面包，而法文中却没有那个名词，可能是因为法国人通常只吃白色的面食。

还有一个俄国人不可或缺的词：“ BóДКa ”

——“伏特加”烈性烧酒。

“伏特加”是俄国人的骄傲和民族的自豪!俄国人以“伏特加”高于全球各种酒的酒精含量为民族自尊心的烈性基础。

如果一个俄国人自豪地说“伏特加”有七十度，另一个俄国人肯定会不假思索地再将那个度数翻上两番。

俄国人的“西化”由来已久。

俄国“西化”的基调是俄国现代化之父彼得大帝早在十七世纪初就为俄国定下的，为此他把首都迁到了位于出海口的彼得堡，并全盘引进了西欧的科学和文化，当然，更有西欧的语言。

法文就是其中的一种。

法语曾是俄罗斯贵族十九世纪的专门用语，是当时比二十世纪的英文更高雅更时髦的语言。一八一二年俄罗斯的贵族们就是用法文交流，用法文思考，用法文指挥那场将侵略者全部赶出俄国本土的史诗般的战役的。

他们击溃的入侵者也是讲法文的，而且讲得比他们更纯正、更高雅。

那支大军的首领是法国人拿破仑。

强盛的西欧文明曾像磁铁一样紧紧地吸引着俄国人的眼光。他们曾希求通过从语言到文化的全盘西化，使本民族改头换面，彻底扬弃掉“北极熊”身上的土腥和愚笨。

然而他们并没能如愿以偿。

不是他们不努力，而是因为那根本就是一桩不可成就的事。

因为俄国不能搬迁，俄罗斯永远横跨欧亚大陆。

因为俄国的贵族们只有生活在俄罗斯才能贵为一族。

因为俄国太大、太冷、太粗犷；因为俄国人为了御寒就要吃黑面包、喝烈性酒，就无法保持西欧人的风度和西欧人的体型。

还因为西欧人的拒绝！

西欧人一贯不将俄国人视为自己的同类。俄国人的法文讲得越流利，就越招来他们的妒意，于是便派去了以拿破仑为首的百万大军，要灭掉俄国，要击毙那些鹦鹉学舌的俄国贵族们!

这真是俄国人的悲剧! 这真是对那些伯爵、公爵们的天大的讽刺!

这不又是热脸贴到冷屁股上去了吗——冰镇的屁股!

因为西欧人根本看不起俄国人，或者说从内心惧怕俄国人!

因为西欧人一直在暗地里提防那只来自世界最大疆土的北极熊。

西欧人压根就不认为俄国是同宗，因为俄国在他们的东边，俄国人的躯体中流淌着更接近东方人的血，俄国人的性格中有着比西方人更含蓄、更黏着的气质，因为俄国人爱吃黑面包——Хлеб！

然而俄国人却与东亚各民族迥然不同。

俄国人的脸型虽比西欧人圆，却仍是白色人种；俄国人的性格虽比西欧人深沉，却比东方人更富野性；俄国人虽吃黑面包，但好歹是面包……

俄国人压根又看不起亚洲人，不愿与亚洲人认同。

俄国不是始终将自己定义为欧洲国家吗？即使它国土的一半在亚洲。

俄国人想当欧洲人，但不受欧洲人欢迎；

俄国人不想当亚洲人，但半个身子又在亚洲。

这就是当俄国人的难处。这就是俄罗斯民族、俄罗斯文化和俄语的特征。

俄语比东欧许多种语言更具西方色彩。俄语与希腊语、匈牙利语、南斯拉夫语等语言相比，拥有更多的缘于拉丁文的词汇，尽管那些国家的地理位置远比俄国更“西方”。

这是一种十分奇异的语言现象——欧洲大陆的最西边和最

东边使用虽然形异但极为相近的语言，而中欧反成了拉丁文的真空地带。

可能大多数美国人并未察觉，在他们洲际导弹所指的前方生活着的，其实是一亿多与他们有许多“共同语言”的国民；克林顿也并未意识到，他与叶利钦只要各自学学俄文和英文的字母，只要熟悉一下彼此的发音，就能坐下来畅所欲言，

——借助手势；

——借助彼得大帝从西欧借去的词根；

——借助俄罗斯贵族留下的基因。

然而，他们都没去那样做，都懒得去揭开那层语言的纱幔。

因此北约还是大踏步地向着俄罗斯的边界扩展了。

其实即使他们二人在共同语言上相互沟通了，北约也是要东扩的，因为西方人到底还是不放心东西摇摆的俄国人。

太阳永远是太阳

语言其实是一个十分广义的概念。

似乎任何生命的存在都有语言。因为语言是一种表示存在、用于交流的手段。

有有声的语言，有无声的语言；有直接的语言，有间接的语言。

人有人的语言：动嘴的语言，动手的语言，动枪的语言——都为传递某种信息。

树有树的语言：婆娑起舞，搔首弄姿；

狗有狗的语言：狂犬吠日；

天空有天空的语言：雷鸣电闪；

连汽车都有自己的语言：嘀——嘀——。

这些都是广义的——语言。

然而，在世间千万种用于传递信息、表示存在的语言之中，只有人类的语言与众不同。因为人发明了文字，人能够用文字记录自己的语言，记录自己讲话的内容和声音，记录人的思维活动。

文字并不只用于记录讲话的声音，也用于记录没经过发声环节的思维。

写书就是一个例子，您见过先把要写的说一遍再将其付诸笔墨的作家吗?

所有作家都是闷着头写的。

记录的是自己的心声。

人类以语言为工具所要达到的最终目的只有一个——传递信息和思想，即通过语言的媒介告诉他人自己正在做什么和想要做什么。

还有哈姆雷特说的“To be or not to be”——生存还是死亡。

这个目的决定了语言和记录语言的文字的形式。

语言本身并不一定要用声音表达。声音只是用于传递语言的众多手段之中的一种。

哑语就没有声音，因为哑语不需要声音就可以达到传递信息的目的，哑语用的是手势。

航海时用的信号灯也是一种无声的语言，用的是灯光。

语言的终极目的是表意。

语言只是人类使用的众多用于表意的媒介中的一种。

任何语言都包含文字和发音两大要素。

拼音文字和象形文字虽然性质不同，但在表示意义的最终目的上是殊途同归的。

一、拼音文字表意的途径:

第一，确定字母发音 → 第二，将文字用字母记录

第三，将语意付诸文字 → 第四，最终达到表意目的

例如：

McDonald's } 都是记录某种声音的符号，是使用它
Comrade } 们的人后来将“汉堡包餐馆”和“同志”的意义赋予它们的；或者相反，是人先将那两种意义借用这两种声音表达，然后再将之固化成文字的。

无论如何，McDonald's 和 Comrade 记录的都是两种准确的声音或音节。它们之所以准确，是因为人们已事先用字母表将每一个字母的发音固定了。

而象形文字则不同。

二、象形文字表意的途径：

第一，从自然中获取反映语义的图形

第二，将之精制成文字

第三，再最终用之表意

象形文字本身无声，或者说没有固定的、必然的声音与之相配。

当古埃及人和古中国人在河边画出一个 ⊙ 符号时，他们并不需要将之定音就能直接表达“太阳”的意思，因为 ⊙ 是太阳的缩影。虽然它后来发展和演变成了现代的“日”字，至今使

用它的人也没能用一个固定的声音来表达它。普通话将它的发音定为 rì，上海话、广东话、天津话将它发成与 rì 不同或完全不同的声音；日本人将它用做该国之本，将日本定义为“日之本”（太阳升起的地方），将“日”字发成“に”（Ni）或“にち”（Ni Chi）等不同的声音。

有多少种用使用“日”字的语言、方言，就有多少种有关它的发音。

“日”永远不可能有一个统一、固定的发音，因为方言无法消灭，因为日文、韩文也不可能消亡。

因为它永远是“太阳”的意思，发音的变化并不会影响它的意义和它所要传达的信息，不会影响它作为记录语言的文字的功能。

因为它直接取自太阳，因为它只表现一个固定的意义——太阳。

因为太阳只有一个。

象形、拼音文字都表达某种固定的事物，拼音文字先记录固定的声音，再去通过对声音的标记使其与某种意义发生固定的联系；象形文字不表现任何固定的声音，它只表现固定的意义。二者的最终目的都是表意，但前者是间接的，后者是直接的。

象形文字虽无声，却绕过了作为手段的声音，直接指向了文字的目的——表现意义的目的。它走的是一条捷径，一条笔直的路。

这就是声、形两类文字的根本区别。

使用象形文字的人不用知道对方语言的发音就可以交流，中国人和日本人只要会写汉字就能用文字“笔谈”。

但使用拼音文字的人则不能。

从没见到讲西班牙语的人与讲英、法语的人在不懂对方语言时用笔“交谈”的，因为那是一桩荒唐的事，因为拼音文字能写下来就应该能讲出口，对于使用同类字母的人来说二者本来就是一回事。

中文是世上仅存的一种直接表意的文字。

中文绕过了发音——上百种不同的发音，然后将几千个方块字的字义坚实地固定在事物的本义上，并固化出了——统一的汉字文化。

失去汉字的中国还是完整的中国吗

不是！失去汉字中国将会不复存在。

失去汉字的中国即使存在，也不复统一。

失去汉字的中国文化将不再是独特的文化。

失去汉字的中华民族将面临民族存亡的危机！

绝非危言耸听！绝非胡说八道！

近百年来，的确有人多次建议并试图用拉丁文拼音替代汉字，理由是拉丁文拼音比汉字更易书写，更易流通。

幸亏那时没有那样做，幸亏即使那样尝试了也没有在全国推行，否则将会给中国带来比“文革”还要惨重的灾难。“文革”所做的只是破坏文化的发展，而取消汉字将彻底毁灭汉文化。

好悬！好险！

改变或取消汉字的事的确有许多先例。

日本人那样做了。日本人用平、片两种假名取代了部分汉字，在表意文字中夹进了表音文字。日本人因此受益匪浅，因为那样做使日文形声并茂，相得益彰。

朝鲜人那样做了。韩国人那样做了，朝鲜人也那样做了；前者用韩文字母顶替了原有的大多数汉字，后者则将汉字彻底地清除出去。

越南人也那样做了。在法国人的唆使下，越南人用拉丁字母将原有的汉字“格杀勿论”地“斩尽杀绝”了。

日本、朝鲜、越南等民族所走的，是用字母取代方块字、用拼音文字替代表意文字的“脱汉”的路。道义上的得失姑且不论，单从文字本身的功能来说，由汉字向字母的转化并未对这些国家及其民族、文明的存在产生什么负作用或不良的影响，不用百分之百汉字的日本照样强大；没有汉字的越南照样统一；南北朝鲜的分裂也并非是因为语言上的取舍所造成的。

那是那些国家的自由，因为它们原先使用汉字就是借用。好借好还再借不难。然而唯独中国人、中华民族不能放弃汉字，不能脱离汉字。

为何？

先说最显而易见的原因。

失去了汉字，中国人就将失去五千年中华文明的丰厚资源。因为五千年的文明是汉字的文明，是用汉字书就和传递的文明。

那样做如同脱胎，如同失去基因。与母体胎盘半途脱落的胎儿将是死胎、怪胎，或是病秧子！

那样做中国人将不能再读唐诗或司马迁的《史记》，曹雪芹的《红楼梦》等于白写，梦等于白做……

中华文明将随着拼音文字的全面登场而被画上一个圆圆的休止符，被历史所尘封。汉字文明将遭受两千五百年前古埃及象形文所遭到的同样的厄运——绝种！

那样做听起来很复杂，做起来却异常容易。有什么比丢弃更容易的呢？

创造一种文字体系需要千年的努力；忘却一种文字最多只需一代人。

当初只要政府下令全部禁止使用方块字，不出二三十年，汉字就可能成为永远的过去，成为古埃及文、古楔形文字，成为满文、金文，成为拉丁文。

那些都是曾经辉煌、曾经风光过的文字。

汉字只要停用二三十年，就会成为考古的对象。

绝非戏言，绝非危言耸听。

以上是抛弃汉字的第一个后果——文明的断裂。这个后果与其他的相比是最不足为惧的，是纯粹文人式的杞人忧天，是小资产阶级的无病呻吟。中国的绝大多数老百姓并不以文化、文明作为第一需要，中国人并不是人人都喜读唐诗，喜读《史记》，喜做“红楼梦”——那都是读书人做的事。老百姓的第一需求是“食”，是吃饭，是维持保证能吃上饭、吃好饭的政府和国家。本文根本就不是写给那些读唐诗、《史记》和《红楼梦》的文人们看的；本文想阐述的是失去汉字后将给中国带来何等的政治性灾难。

失去汉字后中国将国之不国，中国将面临分崩离析！

原因只有一点：汉字是一种以象形文字为基础的表意文字，如果将象形文字进行拼音式的改良和置换，必须遵守一条文字本身的规律，即必须有统一的口语基础；换句话说，不能有迥异方言的存在。否则一旦用拼音文字取代象形文字，必然难以推行或保证统一的音调，整套语言系统必然会出现混乱，最终变异成不同的语种。而语种的分裂是国家分裂的潜在的前提。

汉语拼音只记录发音，而中国有上百种汉语的方言；一旦放弃将那些方言系于一体的基石——汉字，则根本无法制止不同语种的形成。

因为：

用拼音记录普通话得出的是一套字母；

用拼音记录上海话所得出的一套字母将与普通话不同。

用拼音记录广东话得出的又是什么呢？

——肯定是外语。

福建的每个村落都有迥然不同的方言，又怎样用拼音记录它们呢？

谁能保证、谁有能力让全中国人都放弃方言，只说普通话呢？

连秦始皇都不能！

日本人创造了平、片假名是因为日本只有关东、关西两种极为相近的方言；

韩国人、越南人能用拼音文字全面取代汉字，是因为在那两个国家中几乎没有差别很大的方言。

中国则不然！

一个“我”字中国有多少种发音！

如何将之用拼音统一后再在全国彻底推行呢？

并不是说汉语拼音不能统一推行，而是说汉语拼音只能在汉字存在的前提下作为一种辅助性注音符号推行，而绝不能喧宾夺主。皮之不存，毛将焉附？没有了汉字，拼音不就成了言之无物、没有根底的符号了吗？

何况中文还有四声。

汉语拼音绝对不能取代汉字，一旦那样做了：

——不会讲普通话的人立即会成为文盲；

——绝大多数不会讲普通话的香港人面对拼音写成的报刊将成为外国人。

——各省的地方话会先后在文字上独立。

失去了统一文字，有多种“外语”同时存在的中国将面临分裂。

那样还有“食”，有“天”吗？国之不存，民将焉附？

前捷克斯洛伐克不就是因两种方言演变成两种语言，最终分裂成捷克和斯洛伐克两个国家了吗？

而那两种方言的区别远远小于北京话和上海话的区别。

前南斯拉夫不也因宗教和语言分裂了吗？

而前罗马帝国正是因方言不同，才最终分裂成法、德、意几个国的！

从文字的根基来说，英、法、德、意、西、葡等国应该算是同文同种，只因他们使用的是拼音文字，不同的发音最终演变成了不同的语种，最终固化成了不同的文化和不同的国家。

俄罗斯和众多邻邦不也正在因语言的不同而逐日疏远吗？

以上古今众多民族的先例还不足以借鉴吗？

汉字是中华民族文明存在和发展的基石，是中国人的根。

拥有众多方言和少数民族文化的中华大家庭为了得以统一，得以在共同的土地上共存，不能缺少统一的、共通的文字——方块字。

方块字将中国人的意识统一于共同的文字载体上，而正因有这个取自大自然千古不变的稳固载体的存在，特色迥异的各种方言、民族语言才能够自由、活泼地存在和发展。

统一和坚固成就了丰富和自由，而丰富和自由又充实了统一和坚固，这就是中华民族博大的缘由。

法语：品貌兼备的上乘语言

俄国贵族有俄国贵族钟情法语的理由。法语的确是一门华贵的语言。

法语的华贵首先表现在她的准确性上。法语是举世公认的准确的语言。

中国人手执的护照上除中文之外，还有英、法两种文字的声明，说："任何国家政府都必须向执有该护照的中国公民提供旅行时的便利。"

为什么在用英文呼吁后还要用法语重申以上请求呢？

因为发照机构对英文不放心，因为英文是一种不十分精确的、容易发生误会的语言，所以必须用精确的法语补充一下才心里踏实。

发照机构的担心绝非多余，事实上许多国家海关的"门神"之所以一见了中国护照就横竖刁难，就是英文的模棱两可造成的。这些"门神"们往往将英文的"请给中国公民提供便利"的要求理解成"找麻烦"的意思，所以死活跟执中国护照的中国人过意不去。

谁让他们不懂法语呢？

要是法国人先开着海盗船占据美洲大陆就好了。

一切都晚了！

（以上感慨仅用于说明法语的精确性）

法语好像不仅被打印在中国人的护照上，而且还被世界上众多的发照机关所采用，这就进一步说明不仅中国人对英文的精确性有所怀疑，绝大多数国家的政府也心怀此念。

只因英文不大精确。

只因法文比英文精确。

奥运会无论在世界哪个地方举办，在宣布大会开幕时都毫无例外地使用三种语言：本地语言、英文，还有法文。为什么？

还不是因为怕只用英文宣布会产生误会，影响大会的准时开幕吗？

宣布男子百米成绩就更不可避免地要用法文了，否则很可能白赛。

加拿大的本·强森（Ben Johnson）白白跑了个九点七九秒的跨世纪纪录，仅仅是因为他吃了兴奋剂吗？

恐怕事情不那么简单。

如果奥运会上只使用精确的法语报成绩，恐怕男子百米的速度早就突破九秒大关了。

反正，法语够精确的。

法语与英文相比之所以精确，可有两个参照标准。

一是法语的性（gender）。

法语中的阴阳两性毫不妥协，连德语、俄语和西语中的“第三者”——中性（neuter）都没有。

不是公的，就是母的，没有同性恋的，更不会像英文那样将男女、阴阳的性别之差统统忽略。

仅就这层意义来说，英文是“文革”式的语言。

“文革”中不就男不男女不女吗?

难怪美国同性恋那么多！跟英文的不阴不阳恐怕不能说毫无瓜葛吧?

因为讲英文的人在潜意识中没有区分阴阳的动机。

可能这样说过于苛刻，但事实是不留情的。

二是法文动词时态的多变。

英文的动词共有四种形态，而法文呢? 据不完全统计，竟有二十一种之多。

是英文的四倍。

法文的时态、语态，都是通过每一个动词在结构上的那些令人眼花缭乱的变化来表现的。

光表示“过去”时态的变化就达十三种之多。有“未完成的过去”(Imparfait)；有“虚拟的未完成过去”(Imparfait Subjonctif)；有“简单的过去”(Passé Simple)……

它们像时钟上的秒针，先将法语的每一个动词分成二十一段，一段段精密地分解并刻画出来，使之成为无比精确的语言。

然后再用阴阳——那件色彩斑斓的美丽外衣，将它装扮起来。

没有阴阳的法语将是枯燥的语言。

但光有阴阳、没有准确时态和语态的法语，又将是华而不实的语言。

是最彻底的阴阳和最准确的时态的共存，使法语成为“品貌兼备的”的语言，成为语言世界中的精品！

可惜下届奥运会又在英语国家澳洲举办，又会有大批运动员白练了。

玛克西姆餐厅的法国大菜岂有不贵之理

一

“Maxim”——“玛克西姆”是北京一家著名法国餐厅，那里的法国菜不仅正宗而且价格极贵。贵到什么程度?

贵到笔者从未进去吃过的程度。

够贵的吧!

法国菜贵有贵的道理，因为法国人爱吃蜗牛（escargot）。蜗牛是蛋白质极高的小型动物，如中国北方的水牛儿。北京二十世纪六十年代的小孩们爱唱一首关于水牛儿的歌，歌词大意是:

> 水牛儿，水牛儿!蹿出了犄角好出头。
> 你妈、你爹，给你买了烧羊肉。
> 你不吃，喂狗吃;狗不吃，还是你吃。

那种“水牛儿”可能就是法国人爱吃的蜗牛的东方同胞，是一种雨后才爬出来的十分可爱的小生命。

水牛爬行得十分缓慢，所以逃不过法国人的捕捉。

真想不通那么文明的法兰西民族怎么偏偏爱吃水牛儿?

——一个坐着世界最快弹头式火车的民族。

欺侮人家蜗牛爬得慢是不是?

不知北京的 Maxim 餐厅是否也要为了降低成本，到幼儿园的墙头去捉水牛儿。

二

法国菜贵也与法语的“吃”字——“manger”有关。

在谈法国人的吃法之前，先看看中国人是怎么吃的。

中国人以前见面都爱问候一声——“吃了吗?”

其实中国人的一个“吃”字不值得那么多恨铁不成钢的爱国人士苦恼，因为中国人以“吃”字为第一需要不一定反映出中国人的贪吃。

最起码中国人不吃蜗牛。

中文的“吃”是多么简单啊！一张“口”，外加一个“乞”，什么意思?就是有“吃”的“乞求”的时候，才会动口去吃，说白了，就是:“想吃的时候吃，不想吃的时候就不吃”的意思。

中文的“吃”不仅出于本能，而且十分笼统。

中文的“吃”字是一个全方位的动词，男人吃，女人吃，你吃，我吃，他吃，你们吃，我们吃，昨天吃，今天吃，明天吃，吃过，没吃过……

还有现在吃、今后吃、永远吃……

都是一个“吃”字，都凭一张“乞求的大口！”

张着大嘴“吃”就是了。

从语言学的角度来解释，中文之所以在“吃”之前加那么多定义词，是因为作为“吃”的动词是一个不会发生变化的词，不会随着“吃”的主体、时态的变化而发生变化。

谁吃都一样，什么时候吃，怎么吃都一样。

以上是中国人和中文的“吃”。

三

“吃”在法文中是“manger”，manger 可不得了。

据不完全统计，法文中“manger”一词的变化有二十多种，不妨举几个例子，以享读者的口福：

① Je mange ；

② Tu manges ；

③ Nous mangeâmes ；

④ Que vous ayez mangé ；

⑤ Il mangerait ；

⑥ Mangez！

它们翻译成汉语后的大意是这样的：

①我吃；②你吃；③过去我们曾简单地吃了一顿（简单过去时）；④万一你已吃了的话（虚拟过去式）；⑤他有条件要吃，没条件创造条件也要吃（条件式）；⑥少废话，你他妈吃就是了！（命令式，还可翻成：想吃要吃，不想吃也要吞下去！）

你看看你看看，区区一个“吃”字，被法国人折腾得多复杂，多弯弯绕啊！

这还是二十几种吃法中最简单的那几种！

不要说与中国的一个“吃”字比，就是与英文“eat”比，法语 manger 的变化多端也是令人触目惊心的。

英国人无论谁 eat，什么时候 eat，真 eat 还是假 eat，那个词的变化充其量也不超过以下几种：

eats eating eaten ate.

相比之下，法文的“吃”法真是华而不实、费尽心机、令人眼花缭乱！

而根据华而不实、费尽心机、令人眼花缭乱的吃法烹制出来的 Maxim 及一切法国餐厅中的菜肴能不贵得出奇吗？

笔者能吃得起吗？

不要说吃得起，连看都看不起！

何况笔者也没有立即去看 Maxim 大菜的欲望，谁愿大老远地前去看那些被烧得变了形、令人惨不忍睹的的蜗牛——水牛儿们呢！

文明的法国人啊！

四

一个 manger（吃）竟然有二十多种变形，不仅说明法国人男女老少、前前后后的吃法不同，反映出法兰西的众口难调，还反映出法语作为拼音语言的极大的可塑性。

中文的“吃”字是无法拉长或重塑的。

只因它来源于象形文字，只有一个“口”，甭管男女老少，甭管你我他谁吃，只能用同一张嘴吃。

中文的动词无法随着主语变，也无法随着动作的时间变，表现那些变化必须借助副词的功能。

如说“已经”“将要”“不再”——吃了。

法语则不然。法语的动词不仅可以随着主语、时态变化，而且还必须随之不断地调整自己的拼写方法。

主语、时态是船，动词是帆，帆要随着船的导向而动。

这本是一种语言现象，但它的寓意似乎又超出了语言的范畴。

它表现出人类能将动作从性质上分解，并依其归属将之准确地表达在语言之中。

动词与主语（你、我、他）的挂钩体现了人在主体意识上的分类；

动词与时间（与过去、现在、将来）的挂钩体现了人在时空概念上的精确；

它们都可统一归结为人对自身存在状态具体化的体悟。

从这层含义上来说，法语作为拼音文字中将动词划分得最细致的语言，比同为拼音文字的英文和表意文字的中文更能准确地表现动作的状态，是一种更为精确、富有科学性的语言。

法语与英、中文相比如同一架有着更多功能的摄影机，能将人吃饭前后的每一个细小动作都收进镜头，并将之清晰地映现出来。

——将吃蜗牛的镜头，将男女老少吃“水牛儿”的千姿百态。

中国人只有一种“吃”法，所以中餐做起来也大多只有一种方法——放进锅里炒。相比之下法国人有二十多种 manger 方法，法国菜烹制的方法自然会千奇百怪。由此推断，Maxim 的蜗牛岂有不贵之理！

“Long live”与“万歳”

第一是英文“长寿”的意思，或曰“万岁”

第二个也是万岁，是日文的“万岁”。

二十世纪七十年代中国在禁止外国语言长达十年之久后，开始了与西洋、东洋语言又一轮的接触，开办了英、日及其他几个语种的“外语广播讲座”。

那时人们的心情是激动的，带着无比的好奇感和新鲜感。

匣子里先播出了外语的字母：

A、B、C、D、E……

あ、い、う、え、お……

等人们学字母学得不耐烦了之后，匣子里终于传出了人们期盼已久的第一句外国话：

“Long live Chairman Mao！”（毛主席万岁！）

“毛主席万歳！”

还有：“Proletarians all over the world，unite！”

“全世界のプロレタリア，団結せよ！”

中文的意思是：“全世界无产者，联合起来！”

总之，那些口号的大意是这样的。

总之，那时的外文留给人们的第一印象也是这样的。

就是十分慷慨激昂，十分豪情满怀，十分有力度，十分义愤填膺，喊起来跟用中文在开批斗会时喊的口号没什么两样。

敢情老外也这么革命!

敢情用外语喊起口号来是这样的效果!

——七十年代初才第一次又光明正大地“里通外国”的广大外语爱好者们都这么好奇地想。

那时大多数人所学的外语都是从口号开始，并以口号告终的。因为他们根本过不了口号这一关，因为那时的广播讲座不把那些口号教熟了、教会了就不再往下继续，而绝大多数的外语爱好者哪有耐心和毅力坚持那么长时间!

于是绝大多数听广播学外语的人便半途而废了。

于是绝大多数那个年代学习外语的人便有了一种不该有的错觉——他们认为一见外国人面就应该喊：

“Long live Chairman Mao ！ Proletarians all over the world, unite ！”

（毛主席万岁！全世界无产者，联合起来！）

既然他们那么想，既然他们只会那么几句话，既然会一句总比一句都不会强，有些人也就将那几句口号牢牢记住，并付诸实用了。

他们在长安街上一见长得不像中国人的老外，就热情地走上前去围观，然后用外语大吼一声：“Long Live Chairman Mao ！”

他们在胡同里见了长得像中国人的探头探脑的日本人，也会一把伸出国际主义的双手，说：“毛主席万歳！”

他们出国时一走出飞机的机舱，见了男的喊 Comrade ！见了女的也喊 Comrade ！（同志！）

因为好像那时的广播讲座从未介绍过 Mr.、Mrs. 的称呼，即使介绍了也晚于“Comrade”，而压根就没长性的广大听众哪会有毅力等到匣子里介绍 Mr.、Mrs. 呢？

因此那时出国的中国代表团在国外见人便以“同志”相称的事故层出不穷，大大地混淆了阶级阵线，搞错了敌我友。

那时学外语还有更离奇的事。

记得那时几个印象最深的日文名词是：

“貧農・下層中農”＝贫下中农

“赤足の医者”＝赤脚医生

还有“地主”“独裁”（专政）、“紅衛兵”等等。

动词记忆最深的是与“枪毙”“用铡刀铡”“上刀山下火海”有关的词汇。

后来由于本人出国的第一站正是日本，也就本着实践出真知、活学活用的精神，在不同的场合将那些记忆最深的名词和动词使用了若干次。

效果可想而知，是十分轰动的。

其实那些名词、动词日本人也能听懂，他们不懂的是为什么本人竟然会那种词汇，而且将之用于那些场合。

比如：我在东京成田机场一见到第一位日本朋友，就说：“プロレタリア，死が怖がるのか？”见他没有回答，便替他答道“いいえ，死が怖がるのは共產黨員ではない！”其实那是中学日文课本《小英雄刘胡兰》一课中最关键的两句话，第一句话是说：“无产者，你难道不怕死吗？”第二句话是说：“怕死就不是共产党员！”

当然，还要加上“斩钉截铁”等助动词。

那位风尘仆仆前来机场欢迎客人的日本友人听了我的几句自问自答的豪言壮语后，先是发了一阵呆，然后用大惊失色的神情说道：

“没想到您的日文说得这么流利！”

并且露出了一定程度的日本式的微笑。

现在回想起来真有点脸红，也真感佩那位日本“无产者”的大度和宽容。不过仔细一想，那时的本人用那种方式讲话也有那时的道理。

——谁让那时的外语课本中只有那类课文呢？

——谁让那时的课文中只用“具有中国特色”的词汇呢？

——谁让那些课文中并没说明那些语言的使用注意事项呢？

后来又仔细想了想，又提出了几个问题：

——外国人根本不用的概念和语汇能称得上外语吗？

——有必要学吗？

国外根本就没有“赤脚医生”，根本就不喊“万岁”，那么“Bare Foot Doctor”和“Long Live Chairman Mao”到底算是中文还是外文，还是不伦不类的外文？

那真是一种怪诞的语言现象，是语言史上的奇闻，是在中国整整延续了几年之久的奇观。

有趣的是电影《末代皇帝》中又将“万岁”从“Long Live”改成了“Ten thousands years”，即成了不折不扣的“万年”，但英美人从不在生活中使用这种口号。

有趣的是二十年后中国人再也不喊“万岁”了，但日本人还喊。

他们喊的是天皇。

“英语之角”

——二十世纪八十年代中国的“视窗”

一提起“英语之角”——English corner，肯定会打开许多人记忆的闸门，肯定会使人联想到北京的紫竹院、王府井的外文书店楼上、上海旧日的外滩、河南郑州某公园绿色的空地……想到那些鹤立鸡群的老外，那些笨嘴笨舌、羞羞怯怯地围着老外练口语的中国人……即使那些笨嘴笨舌的练外语的人现在可能已经侨居国外，已经将英语讲得跟老外们相差无几；即使那些曾经在中国各大城市风行一时的English corner们已经搬离了原处；即使它们已经不复存在；即使它们已没有存在的必要。

但在许多人的记忆中，English corner可能永远不会消失，永远会占据一块与它的名称十分相称的地盘：

那就是corner——角落。

记忆的角落。

七十年代初期是一个风风火火的上山下乡时代。

八十年代中期则是一个风风火火的“出国”时代，是一个全国有志青年“志在全球”，“敢上九天揽月、敢下五洋捉鳖”的出走的年代。

时代的悸动、时代的憧憬、时代的呼唤——出国走四方。

而全国各地大中城市的 English Corner 便是那个出走的人们的第一块踏脚石。

它还是那个时代中国被世界了解的小小窗口；是中西文化在民间层次上接触和碰撞的“point”——“点”。

在那些遍布中国各个城市的十分不引人注目的小小角落里，被与世界隔绝了几十年的中国人和对中国好奇心极强的外国人，第一次就共同关心的问题进行了全面、广泛的交流。

不是在正式的外交场合；

不是在庄重的谈判桌上；

不用着西装，也不用一本正经。

可以畅所欲言，可以谈姓什么名什么，可以谈已婚未婚，可以谈学习外语的动机，更可以谈如何理解中国正在进行中的改革开放，包括中国人对世界大事的理解，还可以直言不讳地骂骂中外政府……

那种交流和谈论绝对是民间对民间、百姓对百姓式的，因为无论是那些前去扮演临时英文教师的老外，还是那些前去与老外用外语“套瓷”的中国人，在彼此交流时都不需要具有任何官方的既定身份。无论他们平时的身份和工作性质如何，无论他们代表着国家的何种官方利益，一旦到了周末，一旦来到绿草如茵的英语之角，他们便仅仅代表自己，极具好奇心的自己。

中国人前去的第一动机是想练外语；

外国人前去的第一动机是想找找感觉。

——找找被众人围观、被尊为师长的感觉；

——找找在本国根本不可能找到的优越感。

“敢情光会说话就有人尊敬！以前我怎么从来没有发现自己

还有这个本事！”——他们边谈边想。

English Corner 无意中成就了一个历史的必不可少的庄严使命，那就是：

让中国了解世界，让世界了解中国——在民间的层次上。

中国老百姓第一次面对面与老外问长问短。

而老外呢？也第一次了解到了中国的民意。

English Corner 是“Window 80”，八十年代中国的“视窗”。

回眸“八面槽”

曾在北京“练”过外语的人都应该知道“八面槽”。

那是王府井一家外文书店的名字。二十世纪八十年代的某一年，八面槽书店因装修被迫迁移到沿街的一个角落里，随之被迁走的还有一个更不起眼的角落——English Corner。即使临时挪了地方，爱好英语的人们还是将之代称为“八面槽”。所以那年冬天八面槽的“英语之角”不是设在书店的犄角旮旯儿，而是在该店楼上露天的平台上。

其实露天并没有什么值得非议的——如果在夏天的话。关键是那时正是冬季，而且是最冷的时节。

其实又冷又在露天的平台上也能令人忍受，令人最不能忍受的是以下两点：

一是收票，大约一块钱一张；

二是还要等，因为想上去的人太多。

除此之外还有一点值得一提，就是在那个“英语之角”中根本没有老外，没有以英语为母语的“外教”的身影。到那里练英语会话的都是中国人，而且没有一个外语流利的。

原因很明了：老外会在大冬天、在露天的平台上去陪中国人侃大山吗？老外那么爱中国吗？既然老外都不来了，那些英语水平高的外语专业人士还有空来这里陪同胞练口语吗？不都去陪老外们了吗？

以上原因决定了八面槽“英语之角”的几个重要特色：冷、贵、挤、单练。

然而那时火气正旺的本人还是排除万难，顶着酷寒，一个猛子冲上八面槽的顶楼，杀进了几十个冒着严寒苦练英文会话的人群之中！

本人冲进人群后所得到的第一印象，就是在那里讲着英文的几十号人都是正经八百的炎黄子孙！

其次是有男有女！只见他们每个人都身着厚厚的羽绒衣，嘴里冒着腾腾的热气（因为气温太低），在零下十几度的露天下冻得跺着脚，三个一群五个一伙嘴中念念有词地说着英文。

那个场面是十分感人的。那年月只有侃足球和倒卖邮票的人，才会在露天下爆发出那样的激情。

我也一个猛子冲进了一个人堆中侃了起来——为了将沉重的嘴巴撬开！（那些英文老师总是强调要“张嘴”，好像中国人都闭着嘴说话似的）

更是为了那一块钱的门票！因为那是本人第一次花钱说话。（好像也是最后一次）

因为花钱讲的是英文，所以本人当时不仅没认为吃亏，而且更体会到讲英文的价值之所在，更激发了冲进人堆胡说八道的勇气。现在回想起来，那时“八面槽”的收费行为的确是不妥当的。试想如果谁用英文讲话谁就要交钱，那美国总统还不活活赔死！

本人当时的英文会话能力与刚刚“铁树开花”的哑巴几乎不相上下，嘴比金库门还沉重。所以开始时尽管下定了要将一块钱侃回来的决心，嘴上仍像是打上了封条，心里仍免不了有几分羞怯。

——谁都不认识，说什么呀？

——有男有女的，讲话方便吗？

不要忘了，二十世纪八十年代初的高中男女学生仍处于天天见面但一句话不说的“冷战”时期。

然而，本人在“八面槽”那群有男有女的人堆里只站立了五分钟，便意识到五分钟之前自己完全是搞错了！

那些少男少女们只要改口用英文讲话，便将矜持和羞怯忘到了九霄云外，便增加了脸皮的厚度，便在瞬息间像朝鲜人民军一样，奋勇地突破了长达数百里易守难攻的“三八线”！

尤其是女的，出人意料地英勇！一路冲锋在前！

她们问姓名，问年龄，问性别，问出身，问学历，问婚姻状况和婚姻状态，问对婚姻的满意程度，问今后的打算，问……

总之，凡是课本中教过的英文单词都免不了试用一遍；

总之，凡是课本中学过的时态——过去、现在、将来——都免不了使用几次。

您想想，那些课本中能没有这样的句子吗？如：

Are you married？（你结婚了吗？）

How many children do you have？（你有几个孩子？）

其实问问是否婚配倒也无妨，问题是在你已对第一句话做出了No！——否定的答复后还接着问第二个问题，这就不得不令人怀疑对面女青年的思想意识和动机了。

尽管天冷；尽管是付了款才进来的；尽管是出于练习的目的。

（写到这里笔者还暗自感到庆幸：幸亏那位女青年没在我身上将动词的将来时和“死”字联合起来练习，那不就成了When

are you going to die——“你打算何时死亡？”了吗？）

以上几个例子足以证明，“八面槽”楼上交了钱练习英文会话的男女青年们是何等的无拘无束，想像力是何等的丰富。

以上几个例子又可说明，学习英文对于中国改革开放事业是何等的至关重要，或者从另一个角度，说明了当年“英语之角”现象的社会心态，那就是：

中国人想跟外国人对话；

中国男人也想跟中国女人对话；

——用另一种系统的语言；

——用另一种说话的方式；

——用另一心态。

那天“八面槽”楼上几个年轻人的对话并未延续多久就结束了，因为天气太冷。过冷的天气开始对练习会话的人能起到加快说话频率的作用，但后来便相反了：本来发音就不清楚，舌头一打“嘚嘚”，就很容易将需要舌头灵活转动的英文错讲成“嘚嘚”的俄文。

因此本人很快就离开了“八面槽”。在踏出书店一楼的门槛时，本人发现那几个刚才用英文无话不说的男女青年们一改用中文讲话，便立即恢复了如冬的庄重，招呼也不打一声便分头匆匆离去，消失在冬日的灰色街景之中。

记得那天骑着自行车在长安街上徐行的本人异常激动。

为一块钱，为第一次“张嘴”讲英文，更为已能用英语清楚地说明自己姓什么叫什么。

从海外英语的海洋回眸“八面槽”，回想那时的岁月——

楼上的英语之角还在吗？如果在，还收费吗？如果收费，还收一块钱吗？

“外滩之角”遗梦

二十世纪八十年代初上海外滩也有一个英语之角。

那时的上海还很落后，那时上海的街面还十分陈旧，那时上海的男女青年搞对象时还要采取在同一张长椅上“分组”进行的方式，因此大小公园中都容不下英语之角，English Corner就转移到了喧闹的外滩，转移到了离江面近在咫尺的江堤旁。

那是本人第一次去上海。

到达上海的第一天，本人就发现了一个北方人在上海会遇到的尴尬——语言不通。

那时的上海仿佛就本人一个是讲普通话的，而且话一出口就好像会引起公愤，就会无端产生一种“又说错话了！”的“文革”式的自责。没等到第二天，本人就切身体会做“老外”的第一手感觉了。

但北方人在上海的处境绝对无法与大鼻子的老外相比。当时老外虽然在北京也语言不通，但一下飞机就会被请到“中国人不许入内”的友谊商店中去购物。北京人到了上海呢？走进百货商店后一暴露口音就会引起营业员的高度警觉。

知趣的本人从第三天起就采取了以下两项措施。

第一是再也不开口讲话；

第二是“三十六计”中的最后一计——走。

我屏住呼吸一口气走到了外滩，走到了滔滔的黄浦江边，一见那江水，就禁不住长叹一声：“黄浦江啊！黄浦江！”（引自现代京剧《海港》）

本人就是在那种万分绝望的关键时刻发现了那个江堤边上的“英语之角”的。是江风将那种并不陌生的语言吹进了本人的耳畔。

那是 English！

那声音不知为什么在北京听起来是外语，在上海听起来却比乡音还亲！

于是本人在本能的驱使下，一个猛子扎进了傍晚在江畔聚众练习英文的人堆中间。

——整整两天没说过话的本人；

——整整两天不被任何人注意的本人；

——快发疯了的本人。

那天被围观的是一对英国夫妇。

代表中方与他们对话的是两个年轻人，一个戴眼镜，略瘦一些；一个没戴眼镜，略胖一些。

他们谈得十分热烈。

本人一直在旁边围观，尽管一直没大听懂他们的谈话内容。

英国夫妇讲话的内容我没能完全听懂，是因为他们的英文讲得太好；

两位中国青年讲话的内容我也没能完全听懂，是因为他们的英文讲得太不好。

最后本人终于按捺不住在一旁受冷落的寂寞，也插了上去。

一是为了练习英文；二是为了开口说话。

整整两天没讲过人类语言的本人，英文在片刻之后就达到了个人最好的、超常发挥的水平。于是众人的声音都被本人盖过去了。

甚至包括那对英国夫妇。

从他们那惊异的神色中，本人完全能理解他们被异国人用自己的母语给“毙了”的惊异和尴尬！尤其是在听到本人介绍了仅仅两年的学习英文的历史之后。

本人当时侃侃地谈了许多内容，但他们似乎只听懂了那一句话：

“Each one speaks English in each way！”（不同的人用不同的方式说英文！）

那句话是大学英文教师教给我的一个秘诀。他说只要有人听不懂你说的英文，你就把这句话用上。

没想到这招儿还真奏效！

来自伦敦的两个英语教师似乎立即找到了听不懂本人英文的心理上的慰藉和理论上的依据。

不仅如此，刚刚来到中国两天的他们，对在一年内便能流利地用中文会话也充满了信心。

——在本人的“大无畏精神”的鼓舞下。

尽管他们从未来过中国，也压根就没学过中文。

是本人告诉他们中文比英文还好学，连傻瓜都能学会，并用自己的“榜样”为他们坚定了信心。

（对啊！好像中国真有会讲中文的傻瓜。）

他们确立信心后便立即要离开 English Corner，不知是为了马上去报名学习中文，还是要去重新整理一下被本人彻底打乱了的良好感觉，或是要去清醒一下被我冲昏了的头脑，反正他临走时给本人撂下了一句十分刻薄的话。他们说：

“Your English is very good！”（你的英文讲得不坏！）

不知他们是在褒我，还是贬我，反正我不仅听懂了那句话，而且还看清了他们那无可奈何的表情。

“他们一定是在为听不懂我的英文而感到羞愧！”

——本人当时脑中立刻闪现出了这个念头，并目送他们的身影消逝在南京路的灯火里。

英国人走后，用英文侃倒了英国人的本人在整个 English Corner 的形象是何等的高大，便可想而知了。

可能是因当时人群中绝大多数群众的英文水平并没达到能分清是非的程度，可能他们判断英文水平的唯一参照标准只是嘴的开合频率。

在这方面那两个英国人哪是本人的对手！

——喊过无数次革命口号的、从小就赶上“文革”那“火红年代”的尾巴的本人！

那时中国人谁说起话来不滔滔不绝！

不就是讲英文吗？不就是变变口型吗？

有他妈什么了不起！

何况本人到上海之前还在“八面槽”特意练过！

还花了一块钱的代价！

英国人走后，本人自然就众望所归地成了主持外滩之角的主侃了。

人们迅速将本人紧紧围在正中央，团结在以本人为核心的

“英语之角”，争先恐后、想方设法地与本人练英语口语了！

本人大学主修的是日文！！

可能是因为人们从未听过本人的那种独具特色的英文口音，也可能是因为人们怕失去聆听那种口音的千载难逢的机会——“八面槽”口音！

向本人请教最踊跃的还是那两个年轻人：一个戴着眼镜，略瘦一些；另一个不戴眼镜，略胖一些。

他们最先关心的不是别的，而是我的身世。

“Where are you from？”（你从哪儿来？）

我被那个问题吓了一跳，心说：“糟糕！这一下准会暴露自己的真实身份。”

我立即想起了在南京路上一用普通话开口，人们眼中就会立即露出的“小心腰包”式的警觉。

二十世纪八十年代在上海承认自己是北京人，绝对不会享受比七十年代大陆人在香港承认自己是“表叔”更高的礼遇。

为了不破坏自己在人们心目中刚刚竖立起的偶像地位，本人对以上问题做了一个似是而非的答复：

“I am from the North！”（我是来自北方的！）

“Japanese！”众人还没等我的声音落下就激动地喊出了他们的猜测！尤其是那个戴着眼镜的瘦一些的青年，眼睛瞪得贼大，还泛着惊奇的、兴奋的光！

“操！怎么把老子当成日本人了！”

群众的推论令本人又惊又恼，因为本人长到当时那么大、那么高，受过那么多年的党的教育，还是第一次被人打成“帝国主义分子”，而且还是“日本帝国主义”。

我心里直感到冤枉！

"No！ I am a Chinese！" 只听本人义正词严地大喊一声，对戴眼镜的瘦青年表示了强烈的不满！

"Are you an overseas Chinese？"（你是海外华侨吗？）瘦青年刚低下头，不戴眼镜的胖青年就又追上了一句。

"这是他妈的怎么回事？怎么又把老子当华侨了？"

我沉住气，并没急着回答胖青年的问题，而是从上到下又自我反省了一番，企图找出观众死活把自己往阶级异己分子的类别里划的理由。

"原来自己穿着西装！"

问题终于水落石出了，只因当时本人身着的是——西装。

"穿西装有什么了不起？"二十世纪九十年代的人看了一定会这样说，那是因为九十年代人人穿西装、时时穿西装、处处穿西装。

不信，您去问问老外。九十年代老外来中国，肯定会对那滚滚的、穿着西装骑自行车的人流感到惊奇，个别无知的兴许还会误认为西装也是中国人发明的，欧洲的西装是当年马可·波罗连同面条一同传过去的呢。

因为九十年代穿西装的中国人实在是太多，就更反衬出八十年代初西装在中国的不普及了——尽管是在上海。

二十世纪八十年代初，在堂堂的南京路边上，仅凭本人穿一套西装就会被从亿万同胞中清出，就会被"打成"日本鬼子和华侨。

而那偏偏又是本人平生第一次因工作需要穿西装，连领带还都是别人帮着打的！

"I am from Beijing！"（我从北京来！）我对胖青年也理直气壮地大喊一声，带着"八面槽"英语的那股蛮劲和北京人的狂妄。

话一出口，就知道自己犯了年轻人的莽撞和匹夫之勇的大忌，心说：“完了！”

只见一胖一瘦两青年的眼光顿然失色；

只见外围的那些本来急不可待地想往里冲、拼命要找本人练会话的群众立即散去；

只听黄浦江水啪啪地拍打着堤岸……

众人用再也没有兴致的眼光打量着我这个穿西装的“北佬”、这个“假洋鬼子”，那种失望的神情连本人都为之动容。

本人恍惚间意识到一个外滩英语之角的法则：

这里似乎不能没有老外，不像在北京；北京人没有老外自己在楼顶拿中国人当洋鬼子陪练英文，也一个个跟真的似的。

上海则不然。上海本来就是中国众多城市中最先西化的一个，本来就老外成群，所以要想练英语，找几个鲜活的洋鬼子是不成问题的问题。

换句话说，上海 English Corner 中的老外一定要是真的，老外的首选当然是大鼻子啦，其次是不会讲中文的东方人如日本人。关键是不能会说中国话。一会说中国话，许多人讲起话来就不方便，许多肺腑之言便无从表达。

而本人那几条都沾着：本人不仅会说中文，而且还不会说上海话，是个北方土老帽儿。

但竟然“冒充”老外，穿着西装。

这就白白地浪费了那么多人的那么多感情。

“你是——广东人？”

一阵鄙夷的嘲笑声将我从惭愧的自我反省中唤醒，原来四周的人群已全部散去，眼前仅剩下了那两个“最忠实听众”。

他们早已不用英文交谈了，因为除了我之外已没有了“老外”。他们刚刚用中文交谈了两句话，那个瘦青年便发现了当晚他所遇到的第二个大骗局：

——原来胖青年并不是上海人。

——是广东人。

瘦青年在发现了胖青年的真实身份后，脸上露出的惊诧远远超过了我被揭露成北京人时的惊诧。

而且带着鄙视，一种从未见过的、毫无保留和商量余地的——鄙视。

“你们广东人只会赚钱！”

上海青年镜片后闪着高傲的光，咬着牙说。

他的话令那广东青年虽愤愤不平，但无言可对，后来他就低头离去了。

我和那位上海青年也各自离开了那夜已深、人已稀的外滩。

当晚的 English Corner 随着我们的离去也无声地藏匿在江风和灯光之中了。

那是公元一九八五年初春的一个夜晚。

也就是在那同一年，本人远离故土，过上了长期的在异国他乡真正当“老外”的生活，而且有许多年没再去上海，没驻足那块令人系魂的外滩之角了。

在海外不会有外滩，更不会有 English Corner。如果有什么值得称谓的语言和文化的角落，便要将 English 取下，换成 Chinese，成为 Chinese Corner——“中文之角”了。

遍布全球的唐人街不就是名副其实的“中文之角”吗？

后来听到了许多关于上海和外滩的消息：

外滩又重修了；上海人不再排斥广东话，甚至掀起了广东话热；上海的普通话已十分普通化了……

终于今年本人又有机会亲自赴沪，亲身体验上海近几年令人瞠目的变化。我终于又走上了外滩，来到了那梦系神往的江堤。我发现外滩的确宽阔了，外滩的夜景的确更令人心旷神怡。我在夜色下缓行的人流中久久地寻觅着——寻觅着那个曾经有过的 English Corner，寻找着那一张张神情专注的面庞。

然而我失意而归。

那曾有过的 English Corner，连同十几年的岁月都已随着江风而去。

我的眼前又浮现出那几张侃侃而谈的面庞，那对英国夫妇，那一胖一瘦、戴眼镜和没戴眼镜的青年。

——连同那个上海青年对金钱鄙夷的嘘声。

岁月留下的，是二十世纪九十年代崛起的一个崭新的现代化都市——“东方明珠”大上海。

东京的“英语之角”

东京也有 English Corner。东京的“英语之角”不像北京、上海那样分布于大小公园、河边江畔，而是遍布于东京全城的一个个水泥筑成的现代化商业楼中，就是指那些名目繁多、大小不等的英语学校们。

其实日本的外语学校与中国的“英语之角”不尽相同，但由于日本没有那些会被误以为聚众闹事的中国式的“英语之角”，本人才姑且将东京的各类外语学校称为日式的 English Corner。

正如有日式的麻婆豆腐和日式的“乌冬”。(“饂飩，うどん”，相当于北京的打卤面。)

北京的小孩子常管那些外强中干的孩子们叫做“鸡屎拌面——假卤（假鲁莽）”，可能就是指日式的乌冬。

再回头说东京的“英语之角”。

本人无意具体介绍日本外语学校的分布之广和收费之高，读者想了解那些，只要翻翻日文报刊就会一目了然；本人只想介绍一下日本外语学校与中国外语学校的最显著的一点区别，那就是特别注重英语口语，用日式中文说就是“英会话”。

因此本人将它们都称做“English Corner”。

北京的“英语之角”不也是为练习口语而设的吗？您见过

在英语之角默写英语句型的吗？

中国人去外语学校，还真有以强化英语文法和写作能力为目的而去的；日本人则绝对没有在上完大学或高中之后再去学校补习语法和英文写作的必要。日本人凭着填鸭式的教学方式和玩命式的学习精神，绝大多数人在高中毕业时便打下了坚不可摧的书面英文基础。那基础坚固到了何等程度？

到了与美国同龄学生相差无几的程度。

这一点是实话。日本人英文的写作能力之强和普及程度之高，着实令笔者深深感叹过。

——百分之九十八高中毕业率的日本；

——用武士般的不屈精神刻苦钻研英文的日本人。

用那种精神将英文写到纸面上能不令美国人甘拜下风吗？

不妨提议让日美两国的高中生举行一次英语作文大赛，弄不好美国又来个第二次珍珠港——全军被重创。

服了吧？

所以说如果东京数以千计的英语补习学校单是为了补习书面英文，那就连半个学生也招不进去；那些数以万计的、一下班就踩着急匆匆的碎步从东京市区的各个明暗角落里冲出，又迅速钻进英语补习学校的男男女女们，只有一个十分明确的目标——练口语！——Speak English！

能讲一口流利的英文对于现代日本人来说实在是太重要了。

日本的汽车、电视走向了世界，日本人也随之走到了世界的各个角落。走出去的日本人即使不是为了卖汽车、电视，问个厕所总是有可能的吧！于是一个关系日本国民在海外切身利益和安全的问题便摆到了日本人民面前，那就是如何讲好英文。

谁让人家英国人先把地球给“殖”了呢！

关东军毕竟比英国皇家海军晚组建了一个世纪，而且很快就被打回到了日本本土。

历史要求日本人学英文，也强迫日本人学英文——为了不失时机地找到 W. C.（厕所）。

这可真难为大和民族了。日本人因海岛的孤立而性格内向。日本人闷头造车、造电视、造军舰，心不足而力有余，但一讲起英文来就心有余而力不足了。那如同两股道上跑的车——满拧。

其实那句“Where is the W. C.？（厕所在哪儿？）”是再简单不过的一句话了；不过说起来简单，中国和日本都有上亿人竟然说不好这句话，即使说出来了也容易走到异性的厕所中去。

不过中国和日本人又不大相同——尽管都有不会讲的。

区别在哪儿？

区别在于中国不会说这句话的人是因为没学过英文，一旦学了马上就会说；而日本人呢？所有不会说这句话的人都学过英文，而且学得旷日持久、千锤百炼——但就是不会说。

挺有意思的吧！

日本人英文的书写能力和口语能力都是举世瞩目的，前者出奇地强，后者出奇地差。

不信你先看看日本人写的英文信，再用英文与日本人交谈一下，就会对二者深有体会了。极有可能你必须中止与日本人用英文交谈，而改用笔谈，那将更有利于双方的沟通。

中日两国人民在不懂对方语言的情况下能用笔来沟通，既可用中文，也可用英文，就是不便张嘴。

这既是日本民族的特长，也是日本民族的可怜之处。

我从未见过像日本民族那样执着而锲而不舍、千方百计、前赴后继地想将英文说好，却又总也讲不好的民族。

在东京的外语学校中你可以见到各类人物——公司的高级主管、家庭妇女、名校的学生，他（她）们来自社会的各个层次和各个年龄、性别组。他们无论在校外身份和从事的职业如何有别，一走进外语补校的门，就无一不虚心、专心之极。从他们每一个人的表情上都能千真万确地读到一种急切的愿望——Speak English！

尽管他们的大多数人可能毕生都讲不好英文。

尽管他们的那个愿望可能会因岁月的增长而最终成为遗愿。

如果说北京、上海的“英文之角”们是中国人向海外眺望的窗口的话，那么东京的外语补校们则是日本人在世界的海洋中求生存和求发展的舢板。两个亚洲民族学习英文的共同愿望都是借船出海，都是走上用English铺成的与异邦交往之路。

北京的“英文之角”是自发而游动性的，是简陋的，带着被禁锢多年后与外邦刚刚接触的新奇和悸动；东京的“英语之角”则是纯营利性的，已走出海外的日本人向英美教师学习英文的目的，绝非是企图通过他们窥探外部精彩的世界，而是要“张口”，要“改口”，要克服讲不好英文的障碍，从而到海外去参与西方国家的竞争和生活。

——去卖车、卖电视，去游玩，去插上一腿！

八十年代中期，正当成百上千的日本人在东京的外语学校中一遍遍苦练：“Where is the W. C.？”的时候，Sony公司刚好吞并了美国的Columbia广播公司，纽约的皇家大厦也被日本人活脱脱地买下了。

虽然后来听说那都是美国人有意下的套子，是故意坑东洋大款。

不知现在十几年过去了，东京的English Corner——外语补校们是否又增多了?

不知这十几年中日本人的英文口语是否又有了长进?

Where is the W. C.? My Japanese Friends! (厕所在哪儿?我的日本朋友们!)

日本人总讲不好英文的理论依据

日本前首相竹下登先生早年曾是中学的英语教师，能讲一口非凡的英文。一次他在国会上引证一份用英文书写的文件，本来讲几句就足够了，但为了显露一下他那被人遗忘了的能讲英文的才能，竹下先生竟然情不自禁地用英文将那文件一口气念了下去。正当他念得兴致正高的时候，一个抗议的声音从国会议员的座席上传了出来：

“首相，请不要忘了这是日本的国会！”

于是整个会议大厅中传来了一阵哗然的哄笑声。

以上讲的是一个真实的故事，有日本NHK广播公司的电视转播为证。

这个故事说明了两个问题：

第一是连日本首相都要以能讲英文作为当首相的卖弄资本；

第二是说明在日本能将英文讲好的人才是多么的奇缺，对日本人来说，能讲好英文是多么的不易。

日本人讲不好英文的障碍主要在发音上。

日文从语言的特征来看属于“黏着语”，与土耳其语属同一类别。“黏着语”理论上的定义是：“词的语法意义主要由加在词根上的词缀来表现的语言。”

其实这一点看起来复杂，用通俗一点的说法描述日文的特征就是“短、平、快”——跟打排球似的。

日文听起来既短促，又疾速，且没有起伏，颇像轻机枪的突突声。从结构上分析是因为日文的动词尾巴既长又变化多端，十分黏着，否则就说不清楚意思。

这种特征的第一个“受害者”就是口型。由于既短又平又快，日本人讲话时必须使用嘴的前半部，即舌尖、唇边和牙尖部分，否则讲话的速度就跟不上所要表达的意思。

（这一点颇像上海话和法文，两者也都是必须用嘴的前半部发音的短平快式的语言。）由于日本人打出生起就运用那种使用嘴的前部发音的、不打弯儿的语言，久而久之嘴的后半部就被冷落了，舌根就僵直了，发音部位和发音习惯就定型了，于是也就再也讲不好地道的英文了。

原因何在？

因为英文的发音部位和发音特点与日文恰恰相反！

英文，尤其是美式英文的发音特征是“大而全”，即需要通过嘴的全方位的运用，外加鼻腔的辅助。发美音要求以下几个基本动作，缺一不可，那就是：

第一，舌头的大旋转；

第二，嘴的肆无忌惮的开张；

第三，喉部的无私“赞助”；

第四，鼻腔强烈的轰鸣所起的共振效果。

这就决定了英文与日文迥异的发音特征：

英文发音慢，日文发音快；

英文听起来像组合音响，日文听起来像玉盘落珠。

以英文为母语的人讲起日文来极难做到“短平快”，总要上下起伏，前后打弯；以日文为母语的人讲起英文来也总是力不从心，舌头总是达不到英文要求的扭转度数，嘴总是不能尽情地张开，鼻子的音量也总是达不到英文要求的频率。

一个在前，一个在后；一个在外，一个在里；一个片面，一个全面，而且都是母语天然的特征，极难通过人为的努力使之协调一致。

从这层意义上说，日文与英文简直就如同天敌。

日本人一旦习惯用日文讲话，嘴型和发音部位一旦固定，就极难适应英文的发音规则了。

人性是极其顽固的，一旦形成，便极难变更；

人的嘴型也是一样。一旦前部发达了，后部就极难开发。要有极大的耐心，要设“开发区”。

要苦练终身。

不是说日本人中就根本没有英文发音好的人才，有些在美国长大的日本人就日英两种语言发音都很纯正，因为他们从小就同时开发嘴的前后两个部位，没有形成只用前部发音的习惯。

以上是本人的一家之言，仅供在“漫漫而修远”的学习英文的道路上苦苦求索的日本人民参考。本人之所以这样瞎猜并瞎写完全是出于好心，是因不忍心眼见着日本人讲不好英文而袖手旁观。

口　音

其实不仅仅是日本人讲不好英文，讲英文的人也极难讲纯正的日文。

一个是因发音，一个是因语调。

岂止是日英两种语言之间？世界上有那么多种语言，几乎所有语言之间都有转换上的障碍。所谓“转换上的障碍”，是指除了语法和词汇之外，那些来自母语的、令人难以将另一种语言讲得纯正地道的阻力。

用俗话说就是口音。

将另一种非母语的语言讲得不带口音可不是一件容易的事。

上海人讲普通话带上海人的口音；

北京人似乎根本讲不好上海话；

中国人讲英文带中国人的口音；

法国人讲英文带法国“风味”；

俄国人讲英文听起来像锯木头；

德国人讲英文听起来像发毒誓。

——再转过来，

英国人讲中文听起来像自己跟自己兜圈子；

美国人讲中文听起来更是绕梁三日，余音不绝，而且所有母语音调起伏大的人讲中文都如此；

日本人讲英文不在行，讲中文却口音极轻；

山东人讲上海话像嚼大葱；

上海人讲山东话像蚊子叮；

新疆人讲普通话如烧烤的肉串——烟熏火燎的。

总之，在“反串”另一种语言的时候各有各的特色，如八仙过海，各显神通。

值得指出的是，这种“带口音”的现象绝非发生在某一个人身上，而是指使用一种语言的所有人，是整个语言族群。

讲纯正普通话的四川人并不是没有，四川电视台里就肯定有，但那些人并不具代表性；百分之九十以上的四川人讲普通话或另一种语言时都带四川人的口音，带四川话的特色，而百分之九十的四川人多达九千多万。

四川人讲英文时也很容易被人识别出来。

导致他们讲不同语言时带有相同口音的，是他们的“母语”——四川话，是他们共同的“妈妈的舌头”——Mother tongue。

那是“妈妈的舌头”的另一个侧面。

母语的特色不仅能由母语本身体现出来，更能通过讲另一种语言时碰到的共同障碍，从口音中暴露出其本然的音调、本然的发音、本然的发声部位和本然的逻辑；而此前说话并没有意识到所有这些。

日本人在没讲英文之前知道自己的舌头不灵吗？

上海人在没讲英文之前会意识到上海人发“R”音时的困难吗？

北京人在没讲英文前知道自己的大舌头“儿”音与美音的

"儿"音兼容吗?

他们都是经过一番苦苦努力或在受益之后，才发现那些难于克服的障碍和特征的。

正所谓没有比较便没有鉴别。

如菜肴的色香味一样，每种语言也都有各自的要素。它们主要体现在音调和发音上。在这两大要素上每种语言都呈现出各自的特色。有平调的，有上下起伏的，有多用元音的（如意大利文），也有多用辅音的（如法语）。发音和语调，在语言中如同歌曲中的词、谱。一般而论，两种语言之间过渡的难易，取决于它们在两个要素上共性的多少。共性多的则易转换，易兼容。

西班牙语很容易向意大利语过渡，是因为它们的发音近似，尽管语调不同，前者平，后者起伏多变。中文的普通话容易向英文过渡，是因为普通话在发音和音调上都与英文有很大的共性：二者在发音时都使用嘴的全方位。语调上普通话比英文更变化多端，因普通话有四声，而英文则顶多有二三声。正因为如此，讲普通话的中国人既容易掌握英文的发音，又不会将英文说得不伦不类，不会走调。讲英文的人则不然，即便他们掌握汉语的发音不十分费力，但因母语中比汉语少了一两声，总掌握不好中文的语调，总会将汉语说得令中国人笑掉大牙。

讲法文的人说不好英文，不仅是因为法文与英文相比发音不全，还会犯语调上的重大错误。因为英、法二者之间语调有很大差异，前者起伏，后者平快。

掌握了以上规律后，就更容易理解日本人讲英文时的多重困难了。它们分别来自发音、语调和更可悲的嘴型。嘴型本是外在的，如计算机的硬件，理应人人一样；但因日本人的发音与语调长期与英文不同，最后连口型都被固化了，定位于与讲英文的族群背道而驰的“短平快”的方位上。

英语对日语亦然。不同的是学日文的英美人甚少，尚不足以令日本人耻笑。

发音、语调如同语言之间过渡的两座浮桥，在日——英的过渡过程中，先栽下桥去的是日本人。谁让他们主动去学英文，谁让他们先踏上去了呢！

“BE”和“AE”

今日的英语颇似全球的普通话。在中国，普通话出自不同的地方便带上了不同的口音，英语在全球亦如此。有多少个国家的人讲英文，就有多少种英文的口音。但归结起来，英文的种类不外乎有两大类，一类叫 British English（BE，英音）；一类叫 American English（AE，美音）。

这种分法是学过英文的人都应该知道的。如果英文已学到十分得心应手，却仍不大清楚“BE”和“AE”的区别的话，就可能属于以下两种人了：

第一种人英文讲得特别地道，特别自然。这种人大多不是生长在英国，就是生长在美国，或是生长于英美殖民地。

第二种人既不知道“BE”和“AE”的区别，又没生长于英、美或英美殖民地，却又自认为英文讲得特别纯正。这种人有必要怀疑自己的英文是否有问题了：是不“伦”，还是不“类”，还是既不“伦”又不“类”，反正会有个“地道”不“地道”的问题。

现代英文口语从派系来看，的确只应分成英音和美音两派，它们都是英文的普通话。这样说并非有意抬举英国人和美国人，因为这本不是应该“抬举”或“贬低”的事。谁让人家天生就讲英文呢？谁让别人都那么死乞百赖地要学习英文呢？总不能说世界上最正确的英文普通话出自日本吧？将英音和美音推崇成正宗的英文并非是给英美人戴高帽子，而是顺藤摸瓜得出的必然结果。

本人在将英音和美音说成英文的两种最正宗的口音时，其实最担心的并不是那些分不清或讲不好英音、美音的人的攻击，而是来自以下两国人民的愤怒呐喊。

第一国人民来自澳洲。澳洲人肯定会说：“俺们尽管被英国国王流放澳洲，背井离乡，但俺们的血管中好歹还流着大英帝国的血，好歹还讲着一口地道的English，你凭什么将俺们的口音从主流中排斥出去？！”

对澳洲人民的呼声本人实在无能为力，因为澳洲离大多数地球居民实在太远，又隔着澎湃的太平洋。一般学英文的人根本听不见澳洲人民的心声，也无缘学习澳式英文。您听见过Australian English的说法吗？您见过哪个国家的英文教师在教英文时专教学生模仿澳音吗？有倒可能有，但肯定是在澳洲或新西兰，要不就在动物园——如果袋鼠也会英语的话。所以对澳洲人民的不满本人只好同情地一笑，回答说：“实在对不起，澳音真是没资格成为英语主要口音中的一种。这根本怪不得本人，怪只怪贵国的人口总数太少，贵民族的前国王当初只流放那么少的人到那荒凉的大陆，贵民族的祖先当时的心太狠，将你们流放得那么远，那么四不着边。”

可能本人这么一说，澳洲人民便没脾气再与本人说长道短了。

第二种不满者不是别人，恰恰会是英国民众。英国人哪会情愿与美国人平分天下？英国人哪会看得起曾为大英殖民地、后来又忤逆了大英帝国的美国呢？

有皇室的英国！曾有过一百多个殖民地的英国！太阳到了

头顶上都不敢落下的英国（日不落帝国）！

英国人肯定会对本人迎头来上一棒，然后郑重地宣布：

“世界上唯一伟大的、光辉的，并且万分正确的英文只有一种，那就是 British English——BE！其他任何种类的语音都是方言，都是没有教养的口音，都是土话，包括美国牛仔的美音！”

为了给 BE 和 AE 分别树碑立传，也为了防止英美人在语言的地位上再来一场“独立战争”，本人有必要在下文中将它们各自的本来面目分别暴露在光天化日之下，让世人开开眼界。

英国人眼中的美国人

先说明一下，以下所说的都是建立在个人感觉上的胡思乱想，正确率并不要求高于百分之五十，请读者在阅读时一定不要不加分析地全盘接受，更不得完全照搬。

好，回到主题："英国人是如何看待美国人的？"假如笔者是一个正宗的英国绅士，长着一个完整的英国人的头脑，具有一个英国人的正常思维，操着一口正宗的英国英语，穿着一套英式的全毛西装，并且毫无保留地随身携带着英国人所有最常见的毛病的话，那么，在笔者心目中，美国人的形象大体会是这样的（注意'大体'二字：）

第一，美国人是大流氓！

第二，美国人没教养！

第三，美国人是三孙子！

第四，美国人是暴发了的三孙子！

第五，美国人是暴发后就不认爹的没教养的、流里流气的三孙子！

第六，美国人是大爷！

那么，美国人讲的英语——"美国之音"呢？只要在第一至第六项每一项后都加上"讲的话"几个字就行了。

按这条原则，美音便成了：

第一，大流氓讲的话；

第二，没有教养人讲的话；

第三，三孙子讲的话；

第四，暴发了的三孙子讲的话；

第五，暴发了后就不认爹的、没教养的、流氓讲的话；

第六，大爷讲的话。

有必要就以上诸条做进一步的解释，否则读者便会将笔者误会成与美国人一样的人物了。

英国人的确像痛恨“大流氓”一样地痛恨过美国人，这一点只要看看美国的历史就清楚了。两百多年前美国是怎样立国的？是靠枪杆子打出来的。打的谁？日本人？德国人？太空人？都不是；打的是老祖宗——英国人，打的是英国的皇家军，打的是英国政府。而敢打祖宗、打皇家部队、打政府的人，在祖宗、皇家和政府的眼里应该是什么呢？

不就是大流氓吗？只恐怕还不够。英国人肯定还会有更损的、更解气的说法。

为何英国人会将美国人归到没教养的那类人中？答案是——大流氓会有教养吗？

拥有莎士比亚这样的世界级文学大师的英国，虽然不能与中国、埃及等国在文化上相提并论，但在欧洲也算得上是文化大国了；更何况英文后来又被推广到一百多个殖民地，莎士比亚又顺理成章地蹭着英文的车，成了全球公认的文豪。

本人在此根本不想，也根本没资格议论莎士比亚的文豪资格；本人只是羡慕莎翁的运气，为莎翁的才能未被埋没而庆幸。

试想，如果没有后来英国的强大，英文能如此普及吗？

试问，如果英文没如此之普及，世人还会抱着如此之大的兴趣，去关心英国的文化和英语文化中的巨匠——莎士比亚吗？

可能会，但也可能不会。莎士比亚有可能不会拥有世界级大师的地位。

没有英文的普及，“To be or not to be”就根本不会有人理解，更不要说成了那么多人能上口的名言了。

如果有人不愿认同这一点，不妨反证一下：

中国在历史上总共出过多少文豪？

中国的《红楼梦》、中国的《窦娥冤》、中国的“黄河之水天上来”，从文学和戏剧的品味角度来看，又比“To be or not to be”逊色几分？但除了中国人之外，又有多少人知道这些作品的存在？

也许二者本来就无法相比较，也许本来就不能相比较，因为两类作品出自两种不同的语言和两种不同的文化。

但有一点却是众所周知的，那就是中国的《窦娥冤》在还没与《哈姆雷特》相互照面之前，就已失去“参赛资格”了。

只因《哈姆雷特》是用英文书写的；

只因英文是比中文更通用的语言；

只因英国曾统治过大半个地球！

中国的窦娥又一次承受了冤屈。上一次她受的冤是个人的，这一次她的冤则是代一种语言、一种文化，和一个民族而受的。

窦娥在文化上的冤屈在于，她的故事被写成了剧本却不能像《哈姆雷特》那样广泛地公之于世，换来世人广泛的同情。

这是——文化的不平等。

由于本章的标题是“英国人眼中的美国人”，笔者本无心在此为中国的窦娥喊冤，更无意在哈姆雷特那已受过多次创伤的心灵上再插上一刀，也无意去挑拨关汉卿和莎士比亚两位已故文豪之间的纠纷；本人的原意是想把莎翁拉出来，证明英国人在文化上的“了不起”。

英国人有骄傲的资本，因为英国出过莎士比亚，尽管莎士比亚也是由英国人抬着走遍了全球，并最终成为令英国人引以为荣的文化巨人。

这就更证明了英国人的“了不起”和英国人的教养之“高”，也就更能说明在英国人的眼中，美国人是何等的没教养和何等的愚昧了！

哈姆雷特在悬崖边企图寻短见的时候，连乔治·华盛顿的爷爷都没出世，美国和美国人又在何方？

嚼口香糖的美国 Yankee！

穿牛仔裤的原殖民地的强盗！

由于美国人的历史太短暂，而且是一段靠与皇家军队打仗起家的强盗般的历史，在英国人的眼中美国人总是没文化，没教养。

强盗的后代会是什么？不还是强盗吗？

尽管那批强盗最早也来自英伦三岛，也是 Made in the Great Britain（大英帝国制造）的，而且美利坚合众国本身就是从大英帝国中脱颖而出的，美国本来就是英国人的后裔，当今绝大部分美国人的前几辈祖先本来就是大英帝国的公民，也就是说许多美国人都不可避免地管某个英国公民叫祖宗；尽管他们谁都不认识谁。

既然美国人不可避免地管英国人叫祖宗，那么在英国人的眼中美国人是什么呢？

自然就是三孙子或四孙子、五孙子了。

记得前几年，英国前首相撒切尔夫人在一次美国人为她举办的讲演会上做以“二十一世纪之展望”为题的报告时，就曾开门见山地说：

“二十一世纪英、美两国该如何相处呢？在回答这个问题之前，我要清楚地阐明一个事实，一个在场的任何人都不能忘记，也不应该忘记的一个无可争辩的事实，那就是我们英、美两国人有着一个共同的祖先，我们的血管中流淌的是同样的血！”

她的话刚一说完，在场的美方人士全部起立，会场上响起了经久不息的掌声，许多人的眼中热泪盈眶。

本人至今还清楚地记得撒切尔夫人在说到“血”（Blood）一词时，语气的郑重和表情的殷切，仿佛她——一个从母国派来的女性在用一个母亲的口吻语重心长、感情深切地告诫她在异国的子孙们：

——不要忘本啊！

——血浓于水啊！

——千万不要忘记，你们永远是大英帝国的三孙子啊！

而她的后代——美国人用掌声和泪水向她保证的是：“我们永远不会忘记！我们永远是大英帝国的子孙！”

事实上美国人忘记了吗？没有。美国人不仅没忘记这一点，而且自始至终没有忘记履行自己“三孙子”的义务。

目前全球共有四个以英裔为基础的大国，它们是英国、美国、加拿大和澳大利亚，后三个国家都是从英国的统治下先后独立的国家。

近百年地球的历史难道不是一部受这几个英裔国家操纵的历史吗？

第二次世界大战中，如果英国没有受到纳粹德国的威胁，没有到马上就要沦陷的最危险的时刻，美、加会出兵解放欧洲于水火吗？

二战后，无论美国以什么名义出兵干涉别国内政，只要是美国牵头组建“联合国军”或“维持和平部队”，每次最先响应并带头参加的不都是英国和其他几个英裔国家吗？

它们始终在国际舞台上唱联袂戏，从来都是一个鼻孔出气，为什么？凭什么？

还不是因为“血浓于水”，还不是因为“祖孙三代”都是Made in the Great Britain吗？尽管在英国人的眼中美国人没文化、没教养，但没文化、没教养的人不是更能打仗，更有匹夫之勇吗？

有意思的是，在英国人眼中，尽管美国人粗鲁，曾动手打爹并翻脸不认爹（指独立），但美国人有钱！于是在商品经济主宰世界的今天，英、美两国本是祖先与后代的关系来了三百六十度的大掉角：美国人反成了大爷了。

因为美国人发了，不仅发了，而且还暴发了。

因为英国人相对贫困了，而且在一天天贫困下去。

没错，从辈分上看英国是美国的祖先，是大爷；但当孙子发了并且大发之后，当爷爷还有什么实际的意义吗？还能找到当爷爷的感觉吗？

破落后的爷爷站在腰缠万贯的孙子面前，是一种什么样的滋味？像不像孙子？而且那种滋味肯定会比真正当孙子的感觉要复杂和难受得多。

这就是发了的优势，这就是破落后的难受。

不怕没发过，怕就怕发了后再破落。

不怕没有孙子，怕就怕孙子最终超过自己。

英国就是一个曾经暴发的帝国，一个有过一百多个子孙的大爷，然而当一九九七年香港——它在全球的最后一个殖民地回归中国之后，英国称霸世界的历史已永远成为历史，英国已还原到它本来应有的地位——英伦三岛的主人了。

那是它的出发点，也是它的终点。

是它梦的摇篮，也是它梦的归宿。

它在扩张了整整一个世纪，画了一个巨大的圆后，又回归到了那条线的起点。

它白做了功，白做了梦，白跑了地球一圈，又回到那条起跑线上了。

接过英国人手中接力棒的不是别人，正是它的孙子——美国。

如果说英国是十九世纪全球的暴发首户的话，那么美国恰恰在二十世纪走了一条与它祖先同样的路。

美国是二十世纪六十年代前后达到暴发的巅峰状态的，其时美国的国民生产总值占全球的百分之五十。美国人凭着一股年轻国度特有的爆发力，创下了与他们的祖先英国当年不相上下的奇观。

不仅令全球惊诧，而且令祖宗称臣。

然而，二十一世纪的到来，似乎预示着美国即将走向与英国相同的归宿——没落。

美国的 GDP（国民总产值）在全球所占的比例随着时光向新世纪的推移在一天天下降，而与此同时，亚洲在一天天崛起。整个世界的经济重心正随着地球的旋转，一天天从西向东转移。这种转移预示着什么呢？

谁最怕东亚经济的腾飞呢？

是英国吗？不是，已经没落的暴发户还会担心和嫉妒别人走上富足的道路吗？不会，因为它已失去了嫉妒的资格。

最怕的和最担心的，是最近暴发并且正在获得暴发利益的美国。

不怕没发过，怕就怕发了后破落；

不怕当孙子，怕就怕先当大爷后再反过去当孙子。

何况是向自己一贯视为二等公民的亚洲黄种人称臣呢？

美国人在东方民族的挑战面前表现得异常紧张，对任何无关紧要的事都过于敏感，是因为什么？

是怕与曾受自己奴役的民族平起平坐；

是怕失去自己的霸主地位；

是怕重蹈自己的祖先——英国人的覆辙；

是怕回到起步的初始点。

然而，以上的一切又如何能够避免呢？

无论英国当年如何好面子，如何顽固，如何垂死挣扎，它衰退的步幅又何曾放小过呢？

美国的确仍是世界当今霸主，但是与当年的英国相比，很难说更加风光。

美国曾经有过一百多个附属国吗？

美国人造的机器曾经垄断过全球市场吗？

美国有谁结婚时像查尔斯与戴安娜结婚时那般奢华吗？

然而英国不是最终还是破落了吗？

然而查尔斯和戴安娜最终不还是离异了吗？

美国又如何能避免英国和查尔斯的厄运呢？

美国又如何能不最终发出“无可奈何花落去”的感叹呢？

——在崛起的东方面前。

地球的转动是无法停滞的；

其他民族的进步是无法阻止的。

地球是圆的，跑道是弧形的，一切事物都会最终回到它的起点。

连太阳都会第二天老老实实地回到原处，何况美国呢？难道美国不在地球上吗？

从另一角度来看，英国的衰落根本不能说是衰落，因为它所占据过的一百多个国家和地区本来就不归英国所有，香港本来就是中国人的地盘，英国原本就没有在那里生活的权利，更不要说统治的权利了。

英国本来就是英国；英国人本应只在自己的故土上生存和发展；所以丧失了最后一个殖民地的英国人根本就不应失意和感伤。丧失了戴安娜的查尔斯根本不应被英国人所同情，因为戴安娜原本就不属于他所有。

原本就不属于自己的东西根本就谈不上失去。

只有放弃自己不该拥有的东西后，才能真正还原自己的本质。

国家亦如此。

今日的大多数英国国民远比早年殖民时代的英国人更平易近人，更受地球其他村民的喜爱，就是因为他们身上的那股宗主国式的霸气，已随着殖民地的丧失而消退。没有了殖民意识的英国人更接近人类的本性。

而本性是最受欢迎的。

英国人失去了殖民地，却还原了自我。

美国难道不会走这条由祖先亲自踏勘出的道路吗？

美国难道不会走向衰败吗？

美国人难道不会最终失去那些本不该存在的霸权和本不该属于他们的特殊利益吗?

那是一种衰败还是复苏?

不论是衰败还是复苏，那一天终究会到来，只因地球是转动的，而且是圆的。

美音是怎样形成的?

英国人和美国人虽然一脉相承、一张嘴巴出气、一个鼻孔喘气，但两国人讲话的口音并不完全相同。

一个讲英国之声，一个讲美国之音。

英音和美音有何不同?

总的来说英国人说话的语调是：深沉，深沉，再深沉；而美国人说话的语调是：粗犷，粗犷，再粗犷。英音听起来给人一种既抑郁又晦涩的感觉；美音听起来则给人一种既开朗又轻狂的感觉。英音听起来像是出自没吃饱饭或是底气不足的人之口；美音听起来像是出自打着饱嗝或是吃饱了撑着的人之嘴。

英音听起来保守；美音听起来自由。

英音一节节往下降；美音一步步往上蹿。

英音听起来十分沉闷，如同打不响的炮；

美音听起来万分清脆，脆得如同点射!

英音如老人之呻吟，最适于念悼词；

美音如雄鸡之高唱，最适于吵架。

英音沙哑；美音嘹亮。

讲英音用喉部，讲美音用鼻子。

喉部转起来如磨豆浆，鼻子扇起来如拉汽笛。

英音没“儿”音，美音不能没“儿”音。

英音带了“儿”音便没了绅士的风度；美音没了“儿”音就肯定会窒息，就没了讲话人的自由，就没了人权，就不人道。

英音是莎士比亚的语言，所以“沙”哑；

美音是林肯的嗓音，所以“铿锵”。

英国用英音向全世界播放英国人的心声，名曰“BBC”（British Broad-casting Corporation）；美国用美音向全世界播放美国人的肺腑之言，名曰 VOA（Voice of America）。

这两种声音被最现代化的通讯设备传播到全球各个角落，于是人们便自主不自主地熟悉了深沉、抑郁、晦涩、底气不足、保守、节节下降、沉闷、如呻吟、沙哑、嘀嘀咕咕、如磨豆浆、不带“儿”音的、反映英国人心声的——英音，和粗犷、开朗、轻狂、如吃饱了撑着的、一步步往上蹿的、清脆得如同点射的、如雄鸡高唱的、如拉汽笛的、带满了“儿”音的、铿锵的、宣泄美国人肺腑之言的——美音了。

同是英人的血统，却用不同口音讲同一种语言，乍一听没什么新奇，因为英伦三岛和美洲大陆分处大西洋两侧，不同地方的人讲不同的方言，仿佛是理所当然的事。

但细想起来，英音和美音不同又好像没有足够的理由和依据。

两三百年之前，当英国人坐船冒着千难万险来到美洲大陆时，应该是讲纯正的 BBC 音的，是什么因素使那些移民在短短的两百年间将 BBC 演变成 VOA 了呢？

算起来，中国广东地区的华侨扎根南洋或其他大陆也有一两百年历史了，从中国向海外移民的海外华侨总数有五千万之多，但中国人何曾在海外发明、发展了一种海外华人共用的海外方言呢？

好像没有。无论广东华侨在海外侨居多久，好像都仍旧操着原装的广东话、潮州话或中国其他地区的方言。

但移民北美的英国人却十分独特，他们发展了一种与原居地十分不同的VOA。

为什么？

是因为与土著的印第安人混居、融合？

不是。在很长的一段时间内，英裔白人未曾与任何土著人或黑人混合或融合，他们大多是在自己的种族圈子里生活的。

是因为身体结构的变化？因为鼻子长大、加长了？因为鼻子长大、加长了后才派生出了浓重的带“儿”音的鼻音？

好像也不是。的确，生理结构的变化会带动发音和音域的变化。如果您有儿子的话，请注意一下，在十二三岁长出喉结后，他的声音在几天之间便会从童声变成大老爷们的声音。我想英国人在移民北美后，大多数人的生理结构不会、也不可能发生儿子那么显著的变化吧！

带着这个十分严肃的问题，本人还专程去英国考察了一下“英国原人”的体型结构，试图与他们的美国后裔做一下横向的对比。其结果十分令人失望。本人发现：第一，虽然英人比美人略苗条一些，但鼻子的大小还是基本匹配的；第二，英国人说话的确个个都像BBC，都具备BBC的基本特色，都底气不足，都保守，都节节下降……

本人由此得出了英人、美人在生理上仍然同种的结论。

看来这不是个硬件的问题，是个软件的问题。

不是个生理的问题，而是个地理的问题。

不是个经济问题，而是个社会问题。

是个心情和感觉的问题。

遥想三百多年前，当那些人从窄狭的岛国、从阴霾的雾都，经过数十天的漂泊，冒着被大海吞没的危险踏上美洲大陆，看到了广袤的大地和山川，看到了飞流千尺的瀑布，看到了在荒原和河流之间奔跑的成群的野牛和奔马的时候，他们会发出怎样的慨叹！

他们会顿觉大陆之辽阔，他们会从肺腑中发出“啊！”的长长的感叹！感叹大自然，感叹新大陆。

在他们的心中会顿然奏响一曲壮丽的交响曲——《自新大陆》！

那时英国还是一个地道的、正统的君主立宪制国家，虽然君权已被从至高无上的地位下放，但封建色彩还十分浓重；而那些敢于并试图移民他乡的移民，大多数是那种保守而封闭的体制中的不得志者和弃儿。在他们的前半生中，他们厌倦了英国皇家的权贵、政府的造作和以等级制为基础的陈腐的社会体制；他们之所以远涉重洋，之所以背井离乡，都抱着一个共同的目的：发现新大陆，寻找自由，寻觅无拘无束的、自由的新生！

所以当他们踏上广阔的北美大地，呼吸到那由大自然的神灵酿制成的、新鲜的、不带任何人为造作成分的空气时，他们怎会不扩张开全部的肺腑，敞开全部的胸襟，张开鼻扇，并用十足的底气大喊一声：“Oh，America！”（“啊！美洲！”）呢？

读者注意到了吗？读者听清楚了吗？他们喊出的是什么声音？就是那种粗犷、开朗、轻狂、饱满、向上、清脆、嘹亮、铿锵、带着“儿”音的发自肺腑的声音，那就是VOA，那就是美音！

这可能就是美音诞生的缘由和美音形成的过程。

英音向美音的转变，似乎除此之外找不出其他可信的缘由。英音向美音的过渡可能不单是一种语言本身的变化，而且是一种社会体制变更和由此作用在人类心灵上的变化的产物。大自然为英裔移民解开了心灵上的羁绊，而获得心灵自由的人类在无意中改变了自己讲话的特征。

心灵改变了语言。

语言是什么？不就是人类的心声吗？

假大鼻子们

在英语世界里英音和美音如同两大恒星，而其他讲英文的国家，或以英文为第一外语的国家则如众多行星，以两大恒星为中心旋转，或近或远，或大或小。

加拿大是个美音的巨大行星，拥有近三千万讲“准美音”的英语的民众。

澳洲英文虽独具特色，但如果让其在英音和美音之间选择一个近亲的话，则澳洲英语更接近英音；

南非英文也更接近英音。

菲律宾英文属美音系统，该国的商店中也充斥着比美国本土比例更高的美国货。

新加坡人讲英文与英音极为接近，因为该地区曾是英国殖民地。

香港亦然。

印度人是亚裔民族中能将英文“练”得最熟练的民族，但似乎印度人总是难于摆脱英音的骚扰和被英国人殖过民的自卑。

印度人讲英文虽然无比清楚流利，但在其与英音接近的口音中，总是掺着一种说不清楚的怪味，可能是受母语 Gujarati 和 Hindi 的影响，也可能是受印度人日常饮食习惯的左右，因为印度人讲英语时所带的那股怪味听后会使人联想到咖喱的味道。

中国人讲英文的语调可以说是百花齐放，百家争鸣。

比较有意思的是早年中国国际广播电台向全世界播出的 Radio Beijing（北京之声），还有中央电视台的英语节目——CCTV。对以上两个节目外行实在不好妄加评说，因为两个节目的播音员都是十分杰出的英文专家，无论操美音还是操英音都讲得十分纯正；但有意思的正是在两个节目中美音和英音共存这一点上，因为这是用英语进行国际广播时的一种颇为独特的现象。不信您与其他国家的英文广播对比一下，就会发现这一点。

菲律宾的英语电台播音员几乎清一色地讲美音。

香港民间偏重英音，但英文广播以美音为主，可能是因为近些年香港人移民北美的人数增多了的缘故。

相比之下，CCTV 和 Radio Beijing 的英音、美音相互穿插的现象，就显得更加引人注目了。

一会儿英音，一会儿美音。

一个播音员用英音，另一个播音员用美音。

一会儿压抑、保守、节节下降，一会儿粗犷、开朗、步步高升；一会儿有“儿”音，一会儿没“儿”音；一会儿鼻音小，喉音大，一会鼻音大，喉音小；一会儿好像患了鼻窦炎，一会儿好像得了气管炎。总之，看中国的英文电视节目，能令人在短时间内尽情领略尽英美两种口音的不同特色和风采。

这可能是因为广播员们对英美两种声音的区别太敏感，太在意将自己的口音强行归划到其中一种中去的缘故。这就像“文革”时站队那样，谁都不想当中间派，谁都怕别人说自己立场不坚定，谁都怕人说自己的英文不正宗、不地道。

于是每个播音员的口音便都使劲向某一极端靠，形成了英、美两极。

而又因为每个播音员的体力毕竟达不到主持三百六十五天节目不下岗的强度，所以他们需要轮流替换。

于是电台中的英音、美音便如走马灯似的循环往复。

于是广大听众便看到了用两种不同口音轮流播送同一种语言的现象。

可能中国人听起来不觉奇怪和好笑，但以英文为母语的人会觉察到这种现象的有意思之处。

如果您到国外去旅行，发现该地的电视台在半小时内轮流用山东话和天津话播放中文节目，可能也会觉得好玩吧！

这种英音、美音来回转换的现象不仅在广播、电视中可以看到，在中国学校的英语教学中也司空见惯。大学教英文的老师们在与学生正面接触前，大都早已先后将自己的发音强行校正成英国派或美国派了。有的志愿当英国绅士，有的情愿当美国佬；而且都偷偷在私下有心或无心地苦练“投敌本领”，等将英音、美音练得能以假乱真后，便粉墨登场，向学生们亮相了。

学生们听课后会这样评论：

“这位老师真棒，一口纯正的美音！”

“那位老师讲的英文跟BBC广播似的！”

恐怕这种赞誉是每一个英文教师期望从学生们口中听到的最高评价吧！

总不会有哪位教师愿意听：

“嘿，这位老师英文说得没治了，跟日本人讲得一模一样！”

中国的英文广播和教育中存在英、美两音并行的“双轨制”

现象十分自然，因为英语本身就是一种两音共存平分秋色的语言。对此，任谁也无能为力。让五千万英国人统统改说美音，或让两亿美国人一下改口说英音，都是不可能也不现实的。本人只想说明因为英语有两大派系，给学习那种语言的其他国家的人带来了很大的困惑和困难，容易使人在两大派系之中无所适从，既担心"站错了队"，也担心站进了一队后又需要改队。当你在练就了一口纯正的BBC后到了美国，刚一张口就被讲VOA的美国人嘲笑，因而被迫再改口时，你就会知道再次站队的烦恼了。其实中国人无论苦练英音还是美音，都是一桩十分费力的事，用俗话讲都是"赶鸭子上架"。因为说中文与说英文原本就是风马牛不相及的两回事。

说英文要有鼻子大的生理基础，而中国人在这方面的基础设施先天不足。英美人的鼻子从构造上看颇像教堂中竖直而粗大的管风琴，说话时只要舌头一运转，便会使两个鼻孔——管风琴的两大管道——充分鼓足气息并达到双管齐下、双管共鸣的最佳音响效果。

而想用小鼻子达到以上音响效果就有些力不从心了。

水浅养不活大鱼。鼻子小的中国人使劲儿学"大鼻子"讲话，本有为难之处；当然并非不可能，但非下功夫苦练，搞好"三平一通"不可。

"大鼻子"讲中文也如此，用的是一股相反的劲儿。

本人窃以为，中国人学英文时没必要那么死乞百赖、死心塌地地往英音或美音上靠。不要"有条件要上，没条件创造条件也要上"。学英文只要能达到交流的目的便应满足了，千万不要去苦练"加长的鼻子"，去做那种费力不讨好、一厢情愿、自作多情的傻事。

个人学英文如此，广播电台是否也该如此呢？

学生应如此，教师是否也该如此呢？

其实，有时学生笑的并不是那些发音既不英又不美的教师们，他们笑的是那些长着标准的中华儿女的脸型和标致的中式鼻梁，说起话来却如同吹黑管的、自学成才的“假大鼻子们”！

二十世纪九十年代的“两个凡是”

有人讲不好外文，令人着急；有人外文讲得太好，也令人着急。

每年一到美国该讨论是否给中国最惠国待遇问题的季节，美国人总爱在电视上开展规模不等的辩论会。出席会议的都是对这一问题抱有极大兴趣的代表性人士。

其中有美国资深的中国事务专家们，也有“代表中国人”讲话的具有中国血统的各类人士。

大家都要明确表态：Yes 还是 No，好像不说清楚了就不让回家似的。

有趣的是，在参与辩论的众多人士中，总有一半美国人说 Yes，另一半说 No；而参与辩论的中国人却几乎无一例外地说 No。

这种会每年一度地开，参加辩论的人也一轮一轮地换，他们就同一个话题竟然已辩论了近十年。不仅每年辩论的结果几乎是一样的，而且格局也几乎是一成不变的：美国人 Yes、No 各半，中国人一致地 No！也就是说，被邀请参加辩论的中国人，几乎一致反对一个异邦给自己的祖国实行并不是优惠而只是平等的待遇。

在这方面似乎有的美国人比他们更爱中国，如基辛格博士。

在这方面似乎有的美国人更勇于站出来替中国说几句公道话，如布热津斯基先生。本文无意再帮着美国人讨论是否该给中国最惠国待遇的问题，本文只想讨论语言的问题。从这个角度看，值得一提的是，那些被邀去参与讨论的“中国代表”们的英文一年比一年有进步，一年比一年更纯正。七八年后的今天，他们中许多人的英文水平已与同被邀去的美国人相差无几了。

他们讲起了纯正的、地道的、不折不扣的VOA（Voice of America）。纯正、地道、不折不扣到了不看脸部分不清是炎黄子孙还是美国牛仔，是出自大鼻子还是出自小鼻子，是代表中国人还是代表美国人说话的程度！

他们不仅用纯正的美音要求美国政府毫不留情地制裁中国，而且还用比一般美国人更伶俐的口齿，去与那些同情中国或认为不制裁中国对美国更有利的美国人去辩护，而且辩论得十分激烈！

他们将美国人都推到不得不为中国辩论的地步上去了。

——用他们那无比正宗的美式英文！

以上是中国人外文讲得太好而令人着急的第一个例子，是美音的。

再谈英音的。

香港有个李先生，是民主党的主席。遵照民主的原则，在此本人不点名批评李先生。

印象中李先生是“两个凡是”信条的维护者。二十世纪九十年代哪还有“两个凡是”？有，那就是：“凡中必反，凡英必不反。”还有：“凡中国人说的话必反，凡英国人说的话必不反。”还有另一种解释，就是：“凡中国人说的话必不民主，凡英国人说的话必民主。”还有：“凡中国人说的话必臭，凡外国人放的屁必香！”

你要是不信，就亲自去请教一下李先生“两个凡是”的意思。我敢担保，如果你对李先生关于民主的思维提任何反对或是建设性的看法，李先生不仅会给你扣上反民主的帽子，弄不好还会跟你拼命！

“你敢说老子不民主！？”

李先生会用镜片下双目中放射出来的凛凛寒光将你吓死，直到你失去与他辩论的勇气，直到你最终承认只有李先生一人民主为止。

再说李先生的英文。

李先生的英文能力令本人震惊。

李先生的英文是英音，纯正的英音，纯正到能以假乱真、能到 BBC 去当播音员的程度。

真不愧是大英帝国殖民地上长大的英国女皇的子民！

最近李先生带着那口令非殖民地的居民望尘莫及的纯正英音走访了一些地方，如英国和美国。

李先生在伦敦召开了一个记者招待会，大谈“两个凡是”。按照“两个凡是”的逻辑，他预测香港一旦回归中国，就将沦落到不民主的、十分危险的境地。

李先生用那口英音向英国人民和世界人民大声宣告：

——香港完了，

——民主完了。

因为中国人要来到自己的国土上了。

因为香港人民要回到同胞的怀抱中了。

而香港一回归祖国，就必定要失去繁荣，如同儿子一扑进母亲的怀抱就必定要丧命！——按照李先生的“民主”逻辑。

李先生用他那口纯正的英音在伦敦这样说，在美国白宫也这样说；对外国百姓这么说，对克林顿也这么说。

好像前不久英国驻港末代总督彭定康（Patten）先生也按照李先生同样的线路走了一圈：先去了伦敦，后去了华盛顿，也说了与李先生几乎完全一致的话。其实彭先生那趟旅行和游说完全是浪费感情和经费，因为只要李先生代劳一趟就成了，反正两人说的是同样的话，用的是一个口音。唐宁街和白宫的主人们只要闭着眼睛，绝对听不出他们二人的区别。

黑人讲“黑话”吗?

一

这是什么话?有人一见这标题就会火冒三丈，就会指着笔者的鼻子大骂笔者搞种族歧视。“黑人同样是人，怎么会讲黑话?”——他们会这样指责笔者。

没错，黑人同样是人，而且与任何其他种族的人完全平等。谁持有与以上说法不同的看法，谁就是种族主义者。事实上，黑人在各个领域不仅不逊色于其他肤色的人种，而且在音乐、舞蹈、体育等诸多方面，其能力还远远超出许多其他种族。

奥运会上美国是公认的霸主。凭什么?不就是仗着该国黑人运动员多么?奥运会上的风头是美国人十分引以为自豪的，但没有黑人兄弟在奥运会上的杰出表现，那种荣誉感会不会大打折扣?

上届奥运会举办之前，为了卡尔·刘易斯是否应参加最后的男子四百米接力，从而成为全球最多的金牌得主，美国人在赛前全国议论纷纷。似乎那场全球人翘首以待的、由多国队伍参赛的四乘一百米接力比赛比不比、赛不赛已经完全无关紧要，最紧要的是究竟要派哪几位美国黑人运动员去领取那四块金牌。

美国人的信心竟如此之大，大到将四年一度的全球比赛误认为全美运动会了，要不怎敢肯定只有美国运动员才会拿金牌呢？不仅那么肯定，还在赛前就争上了；不仅争，还在全国范围内争得喋喋不休。

中国人有那么大胆吗？您听说过哪次在中国举办的国际比赛还没开始之前，中国的媒介就在电视和报刊上让全国人猜，究竟比赛的冠军姓“张”还是姓“王”的事吗？总得考虑一下还有别国运动员参赛的实情吧，总得想到还有叫什么“斯基”，或什么“佐佐木”的人拿冠军的可能性吧？

中国人肯定不会将国际赛事不假考虑地当成全国联赛或“全运会”。任何国家的人都不会有那么强的自信。

只有美国人会那么想，会那么猜。

美国人凭什么那么自信，凭什么那么牛？不就是因为有那么多杰出的黑人运动员吗？

刘易斯和阿里不都是黑人吗？

美国超级歌星迈克尔·杰克逊不也是黑人吗（尽管后来杰克逊将自己先漂白后包装了）？

以上事例充分说明，美国人的许多自信都是仗着黑人的出类拔萃支撑起来的。黑人在许多方面都是人类的精英。

二

再说“黑话”。

这里说的“黑话”不是指可疑的、不可告人的土匪黑话，而是特指北美黑人讲的话。

在北美的美、加两国，绝大多数黑人讲话独具特色，与其他所有的种族都大相径庭。

那是一种与众不同的口音，而只有黑人才容易携带那种口音。

那是一种粗线条的口音，带着几分沙哑；

那是一种随意的语言，带着几分洒脱；

那是一种不十分连贯的、短而多间断的语言，

富于跳跃性，富于冲击性，富于创造性。

这些特征只出自黑人之口。卡尔·刘易斯带着这种口音；美国著名黑人男喜剧演员 Cosby 带着这种口音；美国著名女黑人电影名星 Goldberg 也带着这种口音；“空中飞人”乔丹更带着这种口音。但从未听见过任何白人运动员、白人影星、白人政客带这种口音。

这种口音是黑人的专利。

三

北美黑人的“黑话”不仅是黑人的专利，也是一种难以解释的罕见的语言现象。因为口音和方言的区别从来都有着地区性，极少见过在同一地区中存在着不同的口音。

一个地区中的口音如同弥漫在该地区空气中的花粉，谁出生在那里，谁生活在那里，谁便会将那花粉吸进鼻中，就会讲带那种口味的方言，就会打带那种味的喷嚏。

无论是男人还是女人，无论是老人还是孩子。

只有一种人不会带上该地区的口音，那就是外地的移民。

还有根本无法改变口音的人。

但无论如何，在同一地区出生并成长起来的人，都有着基本一致的语言特征。这似乎是一条永恒的、放之四海而皆准的语言法则。

而用这个法则却无法解释，为何北美黑人讲自己独特的、带着特殊腔调的英文。因为绝大多数黑人并不是美国最新的外

来移民。他们几百年前曾经是，但今天绝大数黑人都是土生土长在美利坚合众国土地上的真正的美国人。

黑人并未生活在某个特定的城市和地区。全美各地只要有白人存在，也就有黑人的影子。黑人是与各个种族都相互融合的种族，是美国人口中除白人之外占比例最大的有色人种。哪里有城市，有乡村，哪里有人，哪里就必定会有黑人。

黑人早已融合于美国社会。

黑人与美国所有人共顶一个天空，共枕一块大地，共做一个美梦（美国梦），却说着一种“黑话”，一种自己的语言。

这种语言没有地域的限制——从北到南；

这种语言也没等级的阻碍——从明星到强盗。

为什么？为什么？为什么？

有人将之称为哈雷姆（Harlem）音，因为哈雷姆是纽约一个著名的黑人聚集的区域。

但 Cosby 先生是成长在 Harlem 的吗？ Goldberg 女士是在 Harlem 长大的吗？乔丹呢？

都不是。但他们三人却都讲“黑话”，都携带相近的口音，都说那种沙哑、洒脱、短而多间断、富于跳跃性的语言。

这难道不奇怪吗？

是因为在美国城市中黑人与白人分居不同的地段？是因为美国城市中一贯黑白分明，贫富分明，而黑人又由于肤色沦为贫困，贫困的处境又迫使他们与白人“分居”，这样久而久之，便形成了一个区域中与众不同的语言特征？

还是因为他们始终不愿与同一个天空下的白人交流？

都有可能。但好像理由又都不充分。

对了，还可能是因为他们来自非洲，因为他们的语言中似乎还存留着非洲的主要语言之一——斯瓦西里语的某些元素，存留着那跳跃的节奏。

美国黑人的“黑话”不正是一种音乐的语言吗？那样轻松，那样富于节奏感，那样奔放跳跃，带着热带的急躁。

那是一种粗糙的音乐，是鼓点，是音乐的胚胎。

美国近些年十分流行的那种跟说话差不多的时髦音乐 Rap，不正是先将黑人说话的节奏加快，再配上鼓乐后形成的吗？

可能那是一种传统，因为他们从非洲来美后祖祖辈辈都没有丢弃从非洲带来的乡音。许多其他种族的后裔大都在第二、第三代就将乡音彻底遗忘干净了，而黑人在几百年、几代人之后却没有遗忘。他们将非洲语言特殊的发音和节奏特征暗藏在他们的基因和流淌的热血之中，一代代悄悄地传了下来。

这些因素后来又被他们发掘并扩展成了音乐、舞蹈和“黑色”的幽默。

于是美国的艺术中便不可或缺地融入了“黑色艺术”，包括黑人用独特的嗓音演唱的歌曲、黑人用轻捷的步点跳的太空步舞和黑人用自己的乐观制作的喜剧。

没有黑色艺术，就不可能有完整的美国文化。

没有美国值得称道的文化，就难支撑起美国人全方位的自信。

没有迈克尔·杰克逊的美国文化还是风靡全球的文化吗？

黑人的文化成就了美国文化的丰富，而培育黑人文化的温床又是黑人独具特色的语言——“黑话”——那种按照语言的普通法则根本不可能存在的语言。

这是黑人的骄傲，还是黑人的悲哀？

黑人应该骄傲的是，他们几百年后还能在暗中、在不自觉中带着祖先从非洲带来的语言特色，还嚼着“妈妈的舌头”；黑人值得悲哀的是，几百年过去了，他们还未与将他们贩运到美洲的白人同讲一种语言，还没被主流社会所接受，还不得不在同一个城市中与白人、富人分居。他们创造了独特的文化，他们丰富了文化，他们支撑了美国人的信心；但他们在祖辈寄居了几百年的美国还持着“黑户口”，还讲着“黑话”。

这不是世间奇闻吗？谁应对此负责？是黑人自已吗？

再回到奥运会四乘一百米男子接力那个话题上去，众所周知，后来不仅卡尔·刘易斯没参加比赛，美国队也没拿到金牌。美国人白白争论了那么多天，最后金牌却让加拿大队拿走了。加队主力，在该届奥运会上创下世界百米最新纪录的贝利（Donavane Baily）在跑完后异常兴奋地对记者说：“We beat the Americans on their own court！（我们在美国人自己的赛场上打败了美国人！）”

贝利为加拿大争了光！

贝利为全世界出了气！

而贝利也是黑人，讲的也是“黑话”！

人种与黑人

造物主在创造人类时犯了两个不大不小的错误。

第一是将人分成了不同肤色的人种，于是产生了白人、黑人、黄种人、红种人等等。

仅仅如此不致酿成重大后果。因为无论人的肤色如何，大家都有同样的四肢和同样完整的大脑，各种族的人类是平等的。但这个平等却只维持到造物主犯第二个错误为止。

造物主所犯的第二个错误，是赋予了人类一种几乎共同的喜好，即对白色皮肤的喜好。当这种喜好被附加到第一个错误上去时，便产生了人类由于肤色不同而形成的审美尺度的差异，便产生出不平等和歧视。

人类对不同的观察对象有不同的审美观，有对颜色的不同喜好，并无永恒的标准。

人们不会厌恶太阳上的黑子，即便它是黑色的；

人们喜好穿黑色的礼服去赴宴，因为黑色能表现庄重；

人们愿意在夜色中漫步在莫斯科的郊外，因为那夜色能使人感到浪漫……

但在对皮肤颜色的审美上人类偏偏喜好浅色。这虽然不能说是一个放之四海而皆准的绝对真理，却算得上是一个普遍规律。

于是在中国的文学作品中便出现了“面如冠玉”“一白遮百丑”等明显偏好白色的词句；

于是美国的第一摇滚歌星迈克尔·杰克逊便将自己的黑色皮肤漂白了；

于是在人类按照皮肤的颜色划分的无形的等级台阶上，依次排列着白种人、黄种人、红种人和黑人。

这样的排列既是政治的、历史的、经济的，同时也是审美的。是后天的，更是先天的。这是人类的不幸，是制造人类者的不公！因为他（她）使人在出生的那一刻起就没有选择地被纳入到特定的美的序列之中。这就如同人天生被赋予不同的性别一样，一旦性别定下来了，他（她）的行为取向便会宿命般地受限于两性各自不同的价值范畴。

这更是黑色人种的不幸！因为按照皮肤颜色审美的无形尺度，他们生来就被排在最后一类。一个黑人自从出生那天起便要不幸地面对这一事实。从此无论他走到天涯海角，这个无形的尺度都将伴随着他。

这是一个十分残酷的事实。

在衡量一个人的价值前，便将贬低他（她）的尺度强加到这个人身上，这就叫做歧视。

人类彼此之间的歧视基于各种原因。有出于经济原因的，如说某一部分人穷，这是因为人嫌贫爱富；又如说某一部分人懒，因为人喜欢勤劳。没有好恶的选择便不会产生歧视。

人类对肤色的审美上存在着如前所述的喜好浅色的习性，这种习性的必然后果便是对比自己肤色更深的人种的歧视。

于是许多白人管黑人叫 Nigger（黑鬼）。

管中国人叫 Chink。

许多中国人也管黑人叫“黑鬼”……

当中国人管黑人叫“黑鬼”的时候，他们不仅歧视别人，而且同时还等于接受了别人对他们的歧视，承认自己是Chink。

在人类肤色调色板上白人处于受宠的地位，黑人处于容易被歧视的地位，即使他们不想歧视别人或被人歧视。

黄种人、红种人居于中间，他们可能被人歧视，也可能歧视别人。有时他们是被动地被歧视，而有时这种歧视是自找的，发生在他们歧视别人的时候。

当人被歧视、被别人强行加上一些被贬的条件后，要想通过后天的努力去改变这些谈何容易？

设想一个屋里坐着三个人：一个白人，一个黄种人，一个黑人。

假如那个白人是一个智商平平的人，人们不会说他优秀，但不会怀疑他可能变为优秀；

假如那个黄种人也是一个智商平平的人，人们也不会怀疑他会变为优秀，但他要比那个白人付出更大的努力；

即使那个黑人天资比前两个人高，人们也会一从开始就怀疑他是否可以变得优秀；如果他要想让人们最终承认他是一个优秀的人，他要付出比前两个人大几倍的努力。

但人的努力毕竟受自身体力、脑力的限制，所以很有可能那个黑人毕生积极进取，也无法证明自己比其他两人更优秀；于是他就显得最终不如那两个人，人们也就为自己对黑人的歧视找到了更充分的理论和证据。

这就是歧视产生和定型的过程。

这就是歧视的荒谬的逻辑。

自从人类分别走出自己原来生存的洲际之后，各种族相互接触的历史，便是一部相互歧视和反歧视的历史。各种族都通过改变自己的政治、经济地位，来消除被强加在自己身上的歧视。

亚洲人最初凭着日本人的“丰田”汽车博得了原来歧视他们的欧美人的尊重，又试图借着实现“二十一世纪是亚洲人的世纪”的梦想，在经济上证实自己的能力，降低这种歧视。

黑人的境遇最惨！整个黑人与其他人类接触的历史，就是一部被歧视的历史。

他们最早被白人像牲畜一样运到北美，他们做人的资格一直到二十世纪六十年代才被最终确立。在这之前的两百年中，他们没有受到应有的尊重，有的只是非人的歧视。六十年代后，他们又是美国各种社会灾害的受害者和传播者，如暴力和吸毒，于是人们在对他们的歧视上又加上了一条憎恨。是的，人们的憎恨并没有错，没有人喜欢暴力和暴力对社会的危害；但人们在责难他们时，却忘了是谁最早将一群快乐的人活生生地用船运到美洲，是谁剥夺了一个种族几代人受教育和做人的资格，又是谁不顾历史的原因，用现代文明的眼光去衡量曾被迫与文明隔绝了几个世纪的一群人，这种衡量本身就不公平、不人道，何况又要去用衡量出来的结果进一步去证明歧视他们的合理性呢？

北美的黑人曾是最被人歧视的一群人。

在这种世代的歧视下他们抬不起头，于是一部分人堕落了，破罐子破摔了。

于是他们不仅遭到歧视，还遭到憎恨。

这是他们更大的不幸，因为堕落并不是他们的本性；因为那些没离开非洲的黑人照样质朴，照样快乐；因为在非洲绝大部分都是黑人，没有人去歧视他们。

笔者深深同情黑人，尤其是北美黑人所遭受到的不幸。

笔者希望自己的同胞不要去歧视黑人，不要变相地承认别人对自己的歧视。

笔者痛恨一切形式的种族歧视，因为生活在北美多年的笔者受过这种歧视，深知被歧视的无奈和悲哀。

笔者无法改变上帝所犯下的第一个错误，但笔者呼吁人类通过自身文明的进化，去纠正上帝所犯的第二个错误，摒弃以浅色为美的既定的审美观，用人类独有的对灵魂的评价，去丰富衡量人类价值的尺度。

愿世界大同，愿众生平等，愿黑人族群昌盛。

吃祖先“白饭”的英语专家们

吃什么饭？吃 English——英文饭。

怎么吃？教英文。

凭什么本事？凭会说话。

还有？没了。

花钱吗？不，白吃。

在什么范围内？全球。

以上专指从讲英语的国家去往不讲英语、但又想学英语的国家教英文的教师们，在中国他们被尊称为“专家”。

这些英文教师们绝非是一小股散兵游勇，而是形同势力强大的“救世军”。他们来自英、美、加、澳、新等 English Speaking——讲英语的国家，他们奔赴世界各地教英文。

他们的身影出现在中国的各类大学、学院的讲台上、校园中；

他们的语音回响在日本的各类外语学校中；

他们出现在印度、新加坡，出现在世界上所有以英文为第二外语的国家的讲台上。

他们是被高薪聘到国外教英文的；

他们是被奉为神明站到教英文的讲台上的；

他们是带着人间最良好的感觉去执教的；

他们是世间可以通过最轻松的手段去获得良好感觉的那一部分人。

以日本为例。

在日本以教英文为生的外国人多得难以计数，因为日本的外语学校多如牛毛。

在日本教英文的“外人”（日语：老外）成分之复杂也令人目眩。有英国人，有美国人，有原大学教授，有原家庭主妇，有学生，有受教育不多的，可能还有根本没受过教育的。

无论他们的背景如何，有两点是必不可少的：

一、他们一定要是正宗的老外，要有黄头发和彩色的眼睛；

二、一定要会说话。

除此以外，其他都好说，如是否受过良好的教育等。从这层意义上来看，他们自出世那天起就已是“专家”。

日本人花钱请他们的目的，是想跟他们练口语，是与他们讲话；至于讲什么、怎么讲并不十分重要。碰上受过高等教育的人，可以学习上流的英文；碰上只会讲粗话的，则可以学到下流的英文。

所以只要会讲话，只要长着洋人的样子，在日本找份高薪的工作是不成问题的。

薪水高到什么程度？

记得八几年时老外每陪日本人聊一个小时的天，便可挣五千日元，相当于四十多美元；而在英美，一般白领阶层的小时工资为十至二十美元，最低平均工资才六至七美元。

相比之下，在日本教英文、陪日本人聊天的薪水，绝对称得上是丰厚了。

只是聊天，只是侃大山。

只凭一张嘴就可以找到工作！就可以找到为人师长、高高在上的感觉！

您知道在失业率常年没低于百分之十的英国，要找一份每小时合六至七美元的工作有多难吗？

您知道在美国为获得一份小时工资合十至二十美元的工作，要经过多大的努力吗？

您知道在西方国家，要想成为人们心目中的偶像，要想获得被人众星捧月般簇拥着的地位，要费尽何等的心机吗？

何谓众星捧月？

就是人人都想跟你说话——不论是男是女；

就是谁见你都有一肚子话要倾诉——又说不清楚；

就是谁都围着你团团转；

就是谁都以带着你出去示众而感到脸上贴金。

那是一种身为最后一只濒危动物的感觉；

那是一种大熊猫在美洲初次登陆的感觉；

那是身为四十个女人的唯一丈夫的感觉。

跟当皇帝似的！

而以上所有的那些非常的感觉，都可以通过在亚洲当英文教师一揽子得到。

要知道得到以上各种感觉中的任何一种，在北美和欧洲都是要付出极大代价的。

哪些代价？

要光着屁股在街上行走。美国有个大学学生实在想不出诱人耳目的良策，便采取了这个方法。

要杀人。据说当年行刺里根总统的人不是出于别的目的，只是想成名。

要自杀。有人因在杀人后仍未能吸引全社会对自己的注意，便索性在大马路中央向浇满汽油的自己点根火柴，将自己点了天灯。

第二天他虽出了名，虽然见了报，但已上西天的他却永远找不到被人崇拜的感觉了。

然而在亚洲教英文却不用付出那么大的代价，“专家们”只要动动嘴，便有资格在人们憧憬的目光下，在大街上踩着良好的感觉阔步行走。因为人人都羡慕你那张能讲 English 的天然的嘴。

本人对那些满世界行走、教完一个国家再换一个国家、被一群人崇拜一轮后又去受另一群人崇拜、扛着一张嘴周游世界的英语教师们，真是既羡慕又嫉妒，尽管本人也曾沦为他们的弟子。

可能不仅本人羡慕、嫉妒他们，世界上讲其他语言的人都羡慕、嫉妒英美人这种带嘴走遍天下，不愁吃不愁穿的特权。

在海外教中文的人也不少，但谁会付每小时四十美元与中国人聊天？如果真是那样，本人的文章写到这里就立即停笔，冲出门去找洋人聊天。

在亚洲教法文、德文、意大利文的“专家”也不少，也许亚洲人凭着他们的洋面孔也会付他们每小时四十美元的“陪侃费”，但对那些语言的需求量如何能与英文相比？中国人没事学意大利文做什么？去帮着支撑就要往下倒的比萨斜塔？斜塔需要那么多人去扶吗？那还不一下就倒了！

这是一种供求的原理，由于对英文的需求遍布全球，讲英文的人自然就奇货可居。

这是英美人的福气，是祖上的荫庇，因为是他们的前辈用海盗的勇猛精神将英文搞成了世界流通的普通话。英美人是在吃祖上的遗产，是蹭上辈人的车。上辈人使他们仅凭一张嘴便能天下无敌，便能如履平地。

然而……

如果英国的失业率再往上升呢？

如果亚洲对英语“专家”们的需求已经饱和了呢？

如果英美失去了世界主导的地位，英语失去了世界普通话的资格；如果中国人不学英文便能走遍世界呢（日本人已先做到了）？那时仅凭一张嘴的英语“专家”们还靠什么吃饭呢？还来得及改口吗？

北美人说话＝胡同里赶猪

是的，听美国人和加拿大人说话，的确有一种在胡同里看赶猪——直来直去，只有前进，没有退路的感觉。

北美人讲话直率，首先与北美的地理环境有关。

世界上恐怕没有哪个大陆能与北美比广阔，比平直。北美的平原是开阔的，北美的道路是笔直的，北美的天穹是苍茫的。

北美的人口密度是十分低的。

北美土地的幅员是十分辽阔的。

低密度的两亿多人生活在这块世界最大的地域上，便造就了北美人开朗的个性，也派生出北美人讲话时简易、轻率、纯朴和如同胡同里跑的小猪般憨直的特征。

中国人初来北美、尤其是刚到北美的中小城市时，许多人受到的第一个文化冲击并不是那些高耸入云的摩天大楼，也不是高速公路上不息的车流——那些中国也有；使他们感到最惊奇的，往往是北美城镇人烟的稀少。

怎么见不着人啊？——他们纳闷。

尤其是从王府井和南京路搭车直奔机场，在飞机上睡了一路，一下飞机就被用汽车拉进北美中小城镇的中国人，肯定会被一下见不着人弄得不知所措。

那仿佛是一种被什么人从闹市中绑架了后，又被蒙着眼睛拉到人迹渺茫的旷野中的感觉。

这就是北美的开阔。

这就是北美人讲话的广阔的背景。

孤零零地站在大地上讲话还有必要绕弯子吗?

在人迹罕至的原野上见到另一个人时，还有必要绕着弯子表现彼此相见的喜悦吗?

在美国大峡谷中对着蓝天下面黄色的山谷，还不是想骂谁就骂谁，想怎么骂就怎么骂吗?

Fuck（操）!

那时山谷中传来的回音也是十分激荡人心的。

这就是北美的豪放!

这就是北美人心胸的开朗!

这就是北美语言的特色。

北美开阔的天地改造了从世界各地、各个角落逃到这里的人们的原本性格:

抑郁、做作的英国人;

小巧玲珑的法国人;

浪漫的西班牙人，爱吃面条的意大利人，和爱讲传统的中国人……

他们无论原来的心胸如何狭隘（以英国人为代表），外表如何爱装饰雕琢（以法国人为代表），只要是一踏上北美这块人有多大胆，就可以跑多远的“三不管”的自由的大地，不出两代人，就不可避免地改变了在故国的本性，就自主不自主地由绅士、淑女变成了牛仔和泼辣的妇人，变成了“土老帽”——或曰带着野味的浪漫的大地的主人。

他们在改变了性格之后，便不可避免地将母语的语调也改变了。

由此英音在美、加变了味；

由此法语在加拿大魁北克走了调；

由此在美国待长了的所有人，讲起话来似乎都没规矩、没教养、没礼貌。

都大嗓门——在野地里练的；

都直着肠子——吃热狗（Hot Dog）吃的；

都旁若无人——本来就见不着什么人；

都热情奔放——也因为人少，因为物以稀为贵；

都如玩童——乃自然之本色；

也像强盗——是野牛群（Buffalo）中搏斗出来的；

甚至豺狼——是“与狼共舞”舞出来的（Dance with Wolves）。

以上诸点，归结起来像什么声音？不就是被在胡同中赶着迅跑的吱哇乱叫的小猪吗？

永远大写的“I”

一

英文的“我”——“I”，永远是大写的。

英文的“I”始终是站立着的，而且不管风吹雨打，不管大气候小气候如何，只要讲英文，只要写英文，只要English还在，I就在，而且会站立着存在，而且宁折不曲。

这满有意思的。

我也是无意中才发现这一点的。

“我”在其他拉丁字母语言中可大可小；

法语的“我”Je——je；

意大利语的“我”Io——io；

西班牙语的“我”Yo——yo；

德语的“我”Ich——ich；

俄文的“我”Я——я。

都能用大写，也能用小写，能伸能缩，能张能弛；唯有英文的“I”就只有一种写法，I、I、I、I……

英文中的其他人称代词也可大可小，“他”可“He”也可“he”；“她”可“She”也可“she”；“他（她）们”可“They”

也可“they”，唯有“I”不能“i”，唯有“I”唯“I”是“I”。

二

是大写的“I”造就了大写的“我”，还是独尊的“我”演变成了大写的“I”？

中文、日文中找不到大写的“我”。在东方文字中，每个字的大小都一律平等。尽管有人在某些译著中以大写的“我”字开头，但那也是极个别的模仿现象。中文的文字通常个头一般齐、一般高、一律平等。

中文喜用颜色区分文字的分量。皇帝的御批叫“朱批”，应该是红色的（我虽没见过皇帝的批条）；毛泽东语录不是红色的，便用黑体单独标出。

中文中没有大写的“I”，没有红色的“I”，没有站着的“I”。在中国，“I”——“我”时不时就需要跪下，连皇帝都要给祖宗下跪，所以“我”永远不能大写。

三

人权的概念是法国人发明的，却大书特书于美国。美国人的人权大写于宪法上——用英文的“I”。美国最大的人权是“我”，是“I”！没有对“I”的保护，没有“I”能自我保护的人权就不是最彻底的人权。

英文不规定一定用大写去保护“he”“she”和“they”，却加倍地突出了、放大了“I”——“我”。

没有“I”的最终权利意识就谈不上真正的人权。连“I”都受不到尊重，都不能为“我”说话，还会有“我”的其他权利吗？

以上是“I”的正面。

“I”的另一面是“我”的过度膨胀和为所欲为。

英美人在讲“I”的时候嘴张得极大。先张开大嘴，然后再拉出长长的一声“I——”。

“I——believe——（我确信）”

“I——don’t know！（我不知道！）”

“I don’t care！（我不管！）”

“I——”

一切都从大大的“我”开始，一切都以“我”为中心。何止是英美人，就连学英语的中国人在学了几年英文之后也容易染上大“I”膨胀、假装潇洒、假装什么都不吝的毛病。尤其是年轻的女子，一学上 English，一与外国人多说几句话，就满嘴“I、I”；而且还会学会一种听起来像小母猪哼哼的鼻音，并有意拐着向上挑那两个音，以之代替中文“同意”的意思。

都有毛病。

四

“I”不单单是“我”，“I”不单单是“I”，“I”是一种文化，是一种文明，是一种定型的思维，以及那种定型思维下以“I”为尊，以“I”为大，以“I”为中心的国家形态和民族气质。

“I”只能是大“I”，“I”不能用小写。

意大利人用英文行文时常常将“I”写成“i”，是因为意大利文中没有始终如一大写的“Io”，是因为意大利人有时矮小有时高大，无法保持永久的站立。

中文可能永远没有大写的“我”了。中国的文化自古是以国家的意志为先为大的文化。中国人为大写的“我”要付出太大的代价，要去重新修改、变革历史的基因，要为之流血牺牲；而需要用流血牺牲为代价换来的“I”——“我”，又往往是一部分人的“大我”和另一部人的“无我”，或是“我”的又一次被剥夺。

总之，中国人要想有“I”，要想有“我”，绝非仅是语言的事，也绝非是大写小写的事，而是观念的事；

而是文化的事；

而是国体的事。

这么大的事，本人的一个小“我”是无权议论的，是无法议论的。

我——“I”，还是走开为好。

“台语”

“台语”，就是台湾人自称为台湾话的闽南话。由于闽南话就是闽南话——不论是在闽南还是在台湾，所以本人在“台语”两字上加了个引号。引号通常用于人为的、是否应该存在值得商榷的事物。

本人以为“台语”是一个不应该存在的词汇。因为闽南话本来出自闽南，不会因为一到了台湾就成了另一种语言，就该冠以另一种语言的名称。

广东人无论走遍天涯海角讲的都还是粤语，并不因为广东人一到美国，就可将讲的广东话命名为“美语”；到了日本，就可以将广东话称为“日语”，那都是要被美国和日本驱逐出境的行为。

又如同无论可口可乐走到哪个国家，被哪些人品尝，它的名称都还是“可口可乐”，都是美国人发明的；不能说它一到中国就该被更名为“中华鳖精”，一到日本就应被更名为“日本清酒”。以上两种做法都是触犯中国和日本知识产权的行为。

都是要坐牢的。

如果到台湾闽南话便不再是闽南话了，那他们的宗亲——生活在福建南部的几千万讲闽南话的人所讲的话，又该用何种名称来命名呢？

难道也要将之称为“台语”吗？

按照这种逻辑推理的话，假如生活在海外的几千万广东同胞有一天宣告他们讲的不再是粤语，假如讲各类中国话的人离开大陆之后都宣称自己讲的不再是中文，那么，就该说几千万仍身居大陆的广东同胞讲的都不是广东话，十几亿中国人讲的也都不是中文了。

这不荒唐吗？

这不可笑吗？这可能吗？

所以说，无论可乐到了何处都仍是可乐，否则便真成了一桩“可乐”之事；

所以说，无论方言到了何地，都将永远是方言，否则就是戏言；

所以说，无论中国人走到何处，都将还是中国人，否则就是自欺欺人。

广东人到海外后仍是广东人；

闽南人到台湾后仍是闽南人。

台湾的闽南人如果不能否认自己的“身世”，就应仍讲“闽南话”；既然不能否定这一点，就应该否定“台语”作为一个语种存在的必要性。没有必要存在的就是多余的存在。

事实上将闽南话称为“台语”的本意，并非局限在语言定义的范畴，否则也不值得本人写这些文字来议论。

“台语”称呼出现的本意，是将台湾人作为一个有别于中华民族的族类划分出来，是“台独”用语。

世界上有中国人，便有中国人讲的语言——中文；

世界上有日本人，便有日文；

世界上有英文，便有英裔的种族。讲英文的英人后裔无论迁徒到世界哪块大陆，都从未否认过讲 English 的事实，还引以为荣。从未听说过澳洲人将自己讲的 English 称为 Australian。

因为那样做他们会伤祖宗的心，

也会为世界上所有英裔人所不齿。

如果他们真的那样做，英语作为一种语言就不会攀上今日如此高的地位了。

从这个意义上讲，那些矢口否认闽南话为中文，而将之改称为“台语”的人，其族群意识连英裔人都不如。他们不仅自行创造出一种并不存在的概念，而且做了一件伤大陆同胞心的蠢事。他们伤的首先是福建讲闽南话同胞的心，其次伤的是他们的祖先。当他们宣称不再讲闽南话的时候，就如同在向他们沉睡于闽南青山绿水间的祖上的灵魂宣告：

“老祖宗们啊！我可不再是您老人家的后代了啊！我讲‘台语’啦！”

他们的祖先一听这话准会一个跟头从祖坟中跳出来，大声申斥：“什么？什么是‘台语’？我怎么听不懂！”他们肯定会跟讲“台语”的不肖子孙们急。

否认与祖宗讲同一种语言的人不是不肖，就是搞不清来历的飞碟。

飞碟的英文说法是 UFO（Unidentified Flying Object）——“不明飞行物”。

UFO 的突出特征便是没有来历，便是没有来源可寻，从飞碟中走下的“外星人”所讲的，正是一种无法判断出处的、没有祖籍可查的语言。

难道不愿承认自己讲闽南话的台湾人也是乘飞碟来的吗？

恐怕不可能吧！

飞碟上能装那么多人吗？

台湾同胞如果不想当外星人，不想做福建祖先所不情愿看到的荒唐事，就要放弃“台语”这个根本不存在的语言概念和“非中国人”的概念，忠实地、骄傲地、大声地讲闽南话，堂堂正正地挺直脊梁做中国人。

这是祖先的遗愿，也是同胞的期待。

政治的语言和语言的政治

一

有时语言也挺可怕的。

有时语言远远脱离了交流工具的范畴，成了政治；有时政治会反过来服从语言，成为语言的工具和奴隶。

语言的不同可以分裂一个国家。

加拿大便是一个被英法两种语言折磨得快要疯狂的国家。在加国，语言是一根十分纤细的神经；是一根拴着国家命运、民族前途，拴着政治命脉、经济命脉的绳子；是个地雷，是个陷阱，是个无底的深渊。

在加国魁省——法裔独立运动的中心，法语是第一官方语言。在魁省，English 是二房，是小妾，是轻易见不得人的配角，是二流的语言。

加拿大是由英、法两大种族创立的国家，而法国人是在被英国人在战争中挫败后，才在以法国人为主的魁北克省接受 English 的。English 是法裔的耻辱，是拿破仑子孙的冤屈。法裔加人不情愿被英裔人统治，哪怕是被分治；因为英国人无法理解也承受不起法国人的浪漫，英裔人无法驾驭由拿破仑建立起来的法国人特有的信心和狂妄。

尽管拿破仑是个小个子。

尽管拿破仑后来被关起来了。

在加拿大那块世界上数一数二的疆土上进行的，并非是一场语言的战争，而是两个民族之魄的跨越若干世纪的争战，是两大殖民体系正在进行的最后一场争战。英国的殖民帝国崩溃了，法国的殖民帝国崩溃了，但民族的血液中仍然残存着争霸的淤血，往日的残梦中仍然回荡着相互剿杀的鼓号。

几十年来，英裔、法裔就是这样，在那块土地上为语言而争斗着：为语言的地位争，为每段话中英语、法语的比例争，为英语、法语学校的数量争。

在魁北克任何一位有身份的人——无论是政府职员，还是公司领导——在讲话时都要先说几句法语，然后再说几句英语，之后再说几句法语，如此轮换多次，仿佛是在做一种语言游戏。其实他们玩的是一种十分危险的政治游戏，玩的是一个省、一个国家的命运。

最先开始煽动魁北克独立的竟然是戴高乐将军！他在一次对加拿大进行的国事访问中，竟然忘了自己是代表法国来访的法国总统；他站在蒙特利尔的一个阳台上，挥动着他那顶著名的法式高帽，忘情地振臂高呼："Vive Le Quebec Libre！（自由的魁北克万岁！）"

他这一呼还得了！因为正是他，曾经挥动着同一顶帽子，高呼"Vive La France Libre！（自由的法兰西万岁！）"那是一句名言！

于是魁北克沸腾了！法裔人激动了！于是加拿大旷日持久的法裔独立运动便如火如荼地拉开了序幕。

戴高乐那句"自由的魁北克万岁"虽然喊得痛快，虽然找到了振臂一呼、应者云集的英雄感觉，但他忘了那不是在法国，而是在加拿大。加拿大不干了！由英裔把持的加国政府在听到了那句煽动反政府的话后，立即向法国政府提出了严正的抗议。加国的抗议使戴高乐收回了英雄式的冲动，带着随从灰溜溜地回到了法国。

尽管后来戴高乐去世了，尽管后来法国换了好几届总统，但法国支持魁北克独立的热情始终不减，法国盼望魁北克独立的心情似乎比魁北克人还急切！法国是操纵魁北克独立运动的总导演和总后台。有几次甚至魁省有关独立的公民投票的结果还没出来法国就抢先宣布承认魁北克共和国了！还有就是每次魁北克省长去法国访问时，都享受和加拿大总理同样的接待规格，其用意不是司马昭之心路人皆知吗！

法国人唯恐魁北克天下不乱！

因为什么？不是因为血浓于水吗？

加拿大英、法两种语言的争斗绝非是语种的争斗，而是疆土的争斗，是民族之战、洲际之战。美国竭尽全力要抑制法裔的分裂行为，因为加拿大是美国的后花园，而美国是由英裔统治的；法国则竭尽全力要使魁北克独立，因为魁北克的面积是法国本土的三倍，法国想通过建立一个欧洲之外的法语国家，达到间接扩充疆域的目的。

魁北克是加拿大的心脏，从人口和经济两方面看都占全加拿大的四分之一。如果地处加国中心的魁北克真的独立了，加拿大的版图就不再完整，就会出现心脏的破裂，整个国家就会分崩离析。

那场进行了近百年之久的语言战争本质上是一场政治战争，这场战争目前仍在继续，可能要一直延续到下一个世纪，甚至永不休止。无人知晓这场语言战争的结果，也无人能够预测加拿大作为一个国家的未来；但无论如何——魁省独立也好，不独立也好，只要不改变那两个种族的基因，只要英、法两裔还在一起居住，那块土地上两大族群的争斗便会一直进行下去，而且会传宗接代。

这就是语言的厉害。

这就是语言的疯狂。

不是有“疯狂英语”吗？也有“疯狂法语”。凡是失控的语言都会发狂。

语言是政治的替身。

二

由魁北克我又想到了台湾。台湾的“台独”与魁北克的“魁独”几乎同出一辙，而且都与语言有关。

使魁省有独立之心的是法语；

使台湾有独立之心的是所谓的“台语”。

魁北克人想独立出加拿大是因为法国人与英国人不同；但台湾想独立出中国本无种族上的依据，因为台湾人也是中国人，于是有人蓄意要制造出一种新的人种——“台湾人”来。

那些闹“台独”的人为了达到目的，便先从理论上制造出一门语言，再试图根据语言的不同推演出一个新的人种，一种新的文化，再顺水推舟地推出一个新的国家来。

这个模式虽然形同魁北克，却忽略了一个人工制造不出来的事实，那就是“台语”本不存在、台湾人就是中国人的事实。

人种是能由人制造出来的吗？又不是制造克隆羊！

换句话说，台湾根本不同于魁北克！法国支持魁省独立是因为“血浓于水”；大陆反对台湾独立更是出于“血浓于水”，因为海峡两岸人民血管中流的是一母所生的同胞的血！

台湾关心“魁独”，台湾想模仿“魁独”，但“台独”的性质在根本上不同于“魁独”，这个“根本”就是台湾与大陆本是同根，而英裔法裔却本是异族。本不是同根的加拿大英裔尚为了国家的统一与“魁独”进行你死我活的斗争，尚在关键之时动用坦克，搞全省戒严（一九七〇年），何况本是同根的大陆和台湾之间呢！

大陆反对“台独”是天经地义的，是顺乎情理的，是会不惜一切代价的。

语言虽有相对的独立性，但在国家利益面前语言无话可说！语言毕竟是国家的副产品。语言毕竟是只能动口不能动手的，动手的只能是国家。

一九九五年底，加拿大魁省搞了一次关于是独是统的全民公决投票，结果“统派”仅以百分之零点几的数字险胜。在那次“公投”之后我一见台湾朋友，他们就急切地询问结果，并且说如果成功了，台湾也想借鉴那种做法进行统、独的“公投”。

他们的想法令我十分不解，因为那是在玩火。

现在的台湾也是个语言的敏感地带，敏感得甚至较之魁北克有过之无不及。

在台湾的公共场合也要像在魁省一样，将国语和“台语”——闽南话轮流地说，政治性地说，似乎多讲几句闽南话就能证明自己是“台湾人”，就能向“非中国人”的境地多走几步似的。

那样做的确很费力，的确很累，更是十分地没意思。

那是在玩小孩子的游戏，是玩过家家，是自欺欺人。在同一种语言的普通话和方言之间搞“独立”“统一”，无异于一个荒唐的玩笑！

奉劝那些搞“台独”的人，还是放弃这种游戏吧！还是顺乎天理，顺乎人情吧！

分裂国家天理难容，离析同胞人情难容。

语言乃政治的一种形式，有时竟是政治中最事关重大的一种形式，是一束最明亮、也是最危险的火把。那把火玩好了会给人类带来光明，玩不好会自焚。

停止玩语言的火把吧，魁北克、台湾！停止那种以几千万生灵的感情为筹码的游戏吧！

下一个世纪应该是地球村整合的世纪，而不是分裂的世纪。君不见，连统一的欧元都诞生了吗？

德语印象

本人对德语语音的印象总的来说不好。

似乎世界上对德语持好印象的人也不多。

要想对德语形成初步的印象，其实并不需要去德国，只要听听德国人讲话，翻翻德文版的报刊就够了。

关于德国人讲话的声音，执不同母语的人有不同的看法，也用不同的方式形容。

英国人说德语的声音只适用于在军中发布口令；

法国人说德国人说话的声音如洗脚水在搅动；

意大利人说德国人说话的声音如狗叫。

首先值得说明的是：以上的各种说法都是本人亲耳听来的；其次值得说明的是：很难就一种语言的发音收集到这么丰富的贬意的描述。

以上引述的是关于德文发声的评论。

我自己的看法是——在听了希特勒的部分讲演片段和对之进行了一番理智的分析之后——德国人说话的声音的确不好听，至少不能算是最好听的声音中的一种。

有谁会在听希特勒讲话时激动得如痴如醉？

除了讲德文的德国人还有别人吗？

恐怕不会有吧！

如果还有，可能就是德国猎犬了。

应该指出的是，德国猎犬的叫声也是欧洲猎犬中最为凶狠和难听的。

其实不能说是希特勒讲坏了、讲砸了德文，而应该说是德文帮助了希特勒。要不是德文的发音使人听起来如同在处理废水的话，希特勒当年站在讲台上无论内心多么反动，无论意志多么坚不可摧，听起来也不会达到那般如狂犬吠日、令人毛骨悚然的程度。

是德文助长了希特勒讲演中法西斯的气焰。倘若当初希特勒用法文讲演，可能煽动性就不如德文那么强烈了。

我听过二战期间戴高乐将军用法文所做的讲演；

我也听过二战期间丘吉尔用英文做的演说；

我甚至听过二战战败前日本裕仁天皇用日文宣读的战败宣言；

还有墨索里尼的狂叫。

戴将军的讲话调子挑得很高；丘首相的讲话调子压得较低——二者都带着正义的基调。

从天皇的话音中根本听不出帝国主义的杀气——可能是因为他再也打不下去了。

“老墨”的宣言中倒是有几分法西斯的歇斯底里和丧心病狂，但由于他是用意大利文狂叫的，听起来犹如坏孩子骂大街，虽然蛮不讲理，但并不令人有多恐惧。

唯有德文不同。

唯有希特勒的讲演不同。

希特勒的讲演听起来如世纪的丧钟，如魔鬼的哭嚎，如精神分裂症患者的狂笑。

而那种声音竟能令千万人发狂，竟然将之传为上帝的福音！

难道那其中除了思想的狂热外没有对语言的偏好吗？没有对那种声音的崇拜吗？没有对那种语调的执迷和钟情吗？

令他们走火入魔的竟然是那样一种声音，竟出自那样一个嗓门。

那是一种只有德国人、只有讲德语的人才能为之忘乎所以的声音。

从这点上看，不能不说讲德文的人的语音鉴赏能力有限，不能不说德文语音中存在着某种冷酷性。

本人无意将德国人民与希特勒混为一谈，更无意将法西斯主义的狂言尊为德语。

本人只是想说德文语言的特色曾在不同程度上助长了法西斯主义。

欧洲二战期间，谁听见德文的声音而不联想到死神？

如果德国人在二战期内只讲浪漫的法文，那二战的历史还会那么写吗？

德文：语言中的“奔驰”

一

德语在欧洲语言中给本人的印象如同德产“奔驰”（Benz）牌汽车。前者为德国人使用的文字，后者为讲德文的人用手制造出来的交通工具，二者相映成趣。

世界上奔跑的各类车辆中，恐怕数奔驰车最牛了。这里所谓的“牛”，是指奔驰车具有野牛般的猛劲和韧性。

德语亦然。德语在欧洲的语言家族中也算得上敢打敢拼的语言，它是在历史的进程中一路拼杀下来后，仍能鼎立于西方文化中的佼佼者。德语无论从使用人数上，还是从文化的内涵上来看，都是一门无人可以藐视其存在的十分坚挺的西方语言。

德文虽不如希腊文古老，但比希腊文更有现代的实用价值；

德文虽不如意大利文华丽，但比意大利文更富哲理性；

德文是歌德用于述说“少年维特之烦恼”的语言；是黑格尔用来构建他“理性王国”的语言；是康德用于思考“纯粹理性”的语言。

当然，德文更是“奔驰”车生产者的思维工具，是二战后世界第三大经济强国——德国的思想手段，是德国经济快车“奔驰”下飞转的轱辘。

二

“奔驰”虽快、虽猛，但外观却十分单调。

在世界日新月异的各类车辆中，恐怕找不出如“奔驰”那般外观总是千篇一律，却经久不衰的车辆了。

印象中“奔驰”总共就有过几种车型，大约十几年一变，变了后就不轻易改变。

“奔驰”是一种十分顽固、保守的车。

德语亦然。

恐怕大多数听过德国人讲话的人都会因德语语音的单调和音色的粗糙而感到无聊和精神抑郁、沉闷，那种声音很难令人获得浪漫的心境和非非的幻想，只能令人联想到口香糖嚼到晚期的无味和结婚二十年后妻子昼夜的谆谆告诫……

幸亏歌德的《少年维特之烦恼》没被德国人读出声来，否则绝对不至于引发众多异国青少年那许多的胡思乱想；

幸亏黑格尔的《美学》没被制成声带，否则没人再会选修美学专业。

幸亏康德的理性没用到戏剧中去，否则用那种语言和思维排演的戏剧将会导致戏剧绝种……

总之，从发声学的角度来讲，德文绝对是一种十分单调的语言，然而，它却是一种经久不衰的语言——“奔驰”车不就是经久不衰的汽车吗？

三

“奔驰”的第三个特征是精工细作。

有人说奔驰是用手工一点点敲制而成的，与中国早先的“红旗”车一样。虽然那样说有些夸张，但奔驰的质量之高、做工之细，绝不可能百分之百地出自现代化汽车的组装线。每辆车上都有着某种人工的匠气，以及使“匠气”成型的“匠心”。

从这层意义上说，“奔驰”的制作过程是十分愚笨的。

就因为愚笨，才会被命名为“笨迟”——又“笨”又“迟钝”的意思。

德文亦然。

德文颇似用笨拙的手工精心制成的语言。

德文从词语的组成成分来看颇像英文。

德文可以说是英文的表兄弟，其中的许多词汇都与英文沾亲带故。

不妨举几个例子：

英文		德文
south	=	Süden
drink	=	trinken
above	=	über
next	=	neben

但德文的丰富性和美感却远不如英文！连英文都不如！

德文虽有 Der、Die、Das 做冠词，将名词分为阳、阴、中三性，但那种分类不但十分机械，而且很容易让人产生误会，因为它们有时仿佛可以变来变去！

在德文中男人——Der Mann 一词的冠词本来应该是阳性的 Der，但一变成复数，便会使用冠词 Die，变成了——Die Männer，而 Die 恰恰也是表示阴性的冠词，是用来表示女性的。

这意味着什么？无非是：

第一，语言的转变；第二，人的性别的转变。

是因德国男人可以随意从男性转变成女性？

还是德国女人本来就不十分确定自己的性别？

以上两种说法好像都不十分雅致。

不过有一个发现，却可以与广大读者分享，就是无论本人在实际生活中接触过的德裔女子，还是从电视上看到的德裔女子，体态都十分魁伟且富有刚阳气质。用俗话来讲就是说德国女人很壮。

的确个个都壮。

不知这发现能否反证德文中性意识不十分明确的现象？

德文虽有性，但却不清晰。

德文中的性与意大利文、法文、西班牙中的“性”相比，还不如没有。后几种语言的“性”——阴阳意识是语言之花，是美的象征，是美感的源头；而德文不清晰的、机械的“性”意识只能令人感到牵强、造作和强加的不快，尤其是在联想到德裔女子粗壮的体态时。

然而德文毕竟掺进了“性”——阴阳的意识，这一点要比英文进步。

德文词汇的构造除了性意识不坚定的缺点之外，还有令人难以忍受的一点，那就是相似拼音的人为重复。

翻开一本德文书，您不需懂德文，便能立即感到德文词汇外观的重复性和由此带来的视觉上的乏味。

德文一眼看去，充满了“en、enn、mmen……”一类的十分雷同的“部件”，它们都十分相像，看不出什么大的区别，如同五金店货架上陈放的外观、尺寸相差无几的螺钉和色调单一的机器零部件。

它们便是德文的“基本群众”。

它们便是德文的基础。

马丁·路德（Martin Luther）在十六世纪初改造德文时，做的是一项手工业者的苦活，他用世间少有的耐心，将那些零碎的、并不美观的语言部件们一小块一小块地联结起来，并强行规定了每一个组装件的意思，使它们机械地承担起负载德文语义的使命；换句话说，它们像一块块外观单一的小小积木，是马丁·路德用手工业者的精细将它们摆放成了哲理的载体。

创造德文似乎是一项唯有德国人才能承担的组装工作，因为这项工作需要太强的耐力；使用德文也似乎是一项只有德国人才能胜任的事，因为那种语言太枯燥，使用那种语言需要太强的韧性，外加铁的纪律。如果不是这样，有谁能够心甘情愿地将那些看上去十分相像、但意思有天壤之别的词汇区别开来并运用自如呢？

那绝对要求要死记硬背；

那绝对要求服从，要无条件地服从！

奔驰是世界上外观最简单的车；

德文是世界上构成最单调的语言之一。

但奔驰最结实，但德文最复杂。

能将最单调的成分集合成最复杂的整体，需要有无微不至的细致和一致服从的纪律。

纪律成就了奔驰的美名。

纪律成就了德文的理性。

正所谓单纯中埋藏着深奥。

正所谓笨拙中孕育出伟大。

——这就是奔驰中的德文。

两种“机器人”——德国人与日本人

一

德国在西欧，日本在东亚，两个国家两个民族，本来井水不犯河水，不该被放到一处相提并论。

然而，这两个国家、两个民族又好像值得被从东、西两个半球中分别提出来，评一评，比一比，论一论。

德国人和日本人虽远隔千山万水，却有着惊人的相似之处。

还是从他们使用的语言——德语和日语讲起。

德文和日文都是十分机械性的语言。

德文的机械性，如前文所述，在于它语言结构的精密和文字组合的匠气。

日文的机械性，亦如前文中所述，在于对同一种表达方式不厌其烦的、机械的、重复性的运用。

比如：日本人回家后一定要说上一句：“ただいま！”

这句话译成中文的意思是“我回来了！”

其实这句话等于是废话，根本就不值得一说。

难道不大喊一声“我回来了”，人就没回来吗？

本来是回家，又不是做强盗，有必要提醒每一个人注意吗？

有趣的是日本人无论男女老少，无论早晨晚上，只要是一走进屋子，便都来上这么一句。

有的人甚至明知家里没人，也大喊一声："ただいま！"

此外，日本人在吃饭前也一定要宣布一句："いただきます！"勉强翻成中文，意思是"我吃了啊"。

同样，有人自己吃饭，饭前也要这样嘀咕一句。

不知日本人在睡觉之前是否也要说上一句类似于"我睡了啊！"的话。

难说。但不知道那样的套话是否也适用于男女睡觉之前。

二

德文和日文是机械性的文字，发明和使用那两种文字的德国人和日本人也就难免机械了。

没有机械意识和头脑的人是驾驭不了机械性的语言的。

连工厂里的机械师都要技校毕业呢。

德意志民族和大和民族的共同之处，就体现在都具有机械式的思维和习惯这一点上。

德国人是西方的"机器人"，日本人是东方的"机器人"，而世界上真正能达到"机器人"级别的，恐怕也只有这两个民族了。

德国人和日本人的"机械性"首先表现在貌似的愚笨上。

与德国人或日本人短时间接触过的人很容易发出这样的惊叹："其实德国人、日本人并不聪明。不但不聪明，还大多笨得出奇！"

两国人的"先天愚"最先表现在口才上。

日本人只要一用其他语言说话便像患了口吃，吞吞吐吐的，羞羞答答的。

日本人先天不善言谈，尤其是用外文交谈。

德国人之中倒不乏口才好、口若悬河式的人物，如前文所说的希特勒；无奈德文不好听。不好听的话讲得越多，就越显得愚笨——机灵的人会那样滔滔不绝地讲别人讨厌听的话吗？

德、日两个民族的“愚笨”还表现在，离开了群体的德国人和日本人，其独立生存和工作的能力都要大打折扣，尤其是日本人，又尤其是离开了日本、出走到世界各地的日本人。

日本人在国外旅行总要成群结伙，如同幼儿园小孩被阿姨领着上街一样。似乎若不用一根绳子将每人的手串起来，就一定会有人掉队找不着家。

无论从哪个方面来看，单一的、分散的德意志人和日本人都很难说出类拔萃。

三

然而，德国和日本却创造出了二战后两大经济奇迹！两个国家不仅从战争的废墟上站了起来，还发展成了仅次于美国的第二、第三经济大国。

凭什么？

可能凭的就是那股“笨”劲；

可能凭的就是那种单一的重复性；

可能凭的就是那种机械性的思维和机械性的认真。

无人能否认，德国人和日本人做事是最讲认真、最认死理、最不会投机取巧、最墨守成规的。

并不是说在别的民族中就没有讲认真、认死理、不会投机取巧、墨守成规的人，而是说在德国人和日本人中极难找到不讲认真、不认死理、投机取巧、不墨守成规的人。

这两者间有本质性的差别。

前者是个别的，后者是全民族和全社会的。

如果将德国和日本比作两台巨大的、随着时代的节奏飞转的机器的话，那么五千多万德国人和一亿多日本人便分别是机器上无数精密的、用血肉之躯压铸成的螺钉和零件。他们虽外观愚笨但坚固耐用，虽没有丰富的思维但忠于职守，虽行动迟缓，但不会见异思迁。他们虽然终生只被安放在一个部位上（日本大多职工都是终身受雇于一个企业），但大都是那个部位上的最佳人选，并在同一个部位上尽心竭力，恪尽职守。

顶替他们的下一代人，是新一代的螺钉和零件。他们就这样一代代地更替，一代代为国家机器尽忠。

那是一种在别的民族看来不可思议的按部就班的接力运转，是一种愚笨和智慧、缓慢与高速的辩证的轮回。

没有个体的愚笨和妥协就无法形成整体的统一，就无法创造出整体的智慧；没有个体的迟钝，没有个体的忠于职守和兢兢业业，就无法保障整个机器的高速高效运转。

从这层意义上说，由“愚笨”的德国人和日本人铸成的德国和日本便是两台内耗最小、转速最高的现代化机器。

一个在西半球，一个在东半球。

从德国机器中开出来的是一辆辆飞快的奔驰车；从日本机器中滚出来的是一台台高质量的索尼、东芝牌电器。

无人能估量二战后从德、日两国——两台现代化机器中生产出的产品对人类物质文明的贡献究竟有多大，尽管他们的贡献是以出口本国产品的方式来实现的，尽管直接受益的是他们本国。

但间接受益的乃是整个人类。

它们曾经也是两台可怕的机器。

那两台机器曾经以同样高的效率制造过战争，用的是同样忠于职守、视死如归的部件们。

那两个国家虽远隔万水千山，虽人种有别，却结成了攻守同盟的“轴心”。

那难道仅是一种战略性的需要吗？

那难道不是出于相似的人性吗？

但愿那只是历史。

但愿东、西两部高效机器上出产的永远是和平物资。

那将为全人类造福。

为什么日本人、德国人倒着说话？

一

为什么？您问我？我哪知道！

要是知道我还会向大家讨教吗？

日本人倒着说话，是因为日本人将所有的动词都放在句子的尾巴上；德国人倒着说话，同样是因为德语的动词也时不时地被放在句子的最后。换句话说，就是在听日本人和德国人说话时，只要没抓到句子的尾巴，就有可能前功尽弃，就有可能根本搞不清，或搞错、搞反说话人的意思，再或者是整句话都白听了，因为没有动词！

没有动词还叫句子，还算得上人话吗？

至少不完全算。

所以读者们与日本人和德国人讲话时请千万小心谨慎，一定要咬紧牙关，用“将革命进行到底”的毅力将他们的每句话都听到最后，并回过头去与主语“挂钩”，从而搞懂整句话的真意。

那是一种倒置的思维——相对于中国人如此，相对于讲英文的人也一样。因为中、英文的语法结构基本相同，语序也大致相似。

对于日本人、德国人来说，这种“倒置”的说法是应该倒过来的，他们肯定会说讲中、英文的人“倒”着说话。

这也难怪，世界本无绝对的是非，本无绝对的正反，本无绝对正确的语法顺序。中国人、美国人说是“正”的，日本人、德国人偏说是“倒”的。

天下有王法吗？

没有。

不是绝对没有王法，而是没有绝对的王法。

二

日本人最烦人。日本人不仅说话时倒着说——指将动词放在最后，而且还将动词的否定变形也放在动词的最后。

什么意思？

就是说日本人在表达肯定或否定的意思时，不到最后的一瞬间是不会和盘托出的。

日本人从不明确表示“Yes”或“No”，即使表示出来了，也不直截了当地表示，而是非要等到最后的那一关键时刻。

当你问日本人是“Yes”还是“No”时，日本人会先“……”一阵，然后再“……，……”一阵、二阵、三阵……，这才按“Yes”的方向说下去，等到快说完的时候，再不知不觉地以“No”结尾。这样整句话听起来就满拧了，就与你最先听到的“Yes”的意思完全背道而驰了，就成了既不是“Yes”也不是“No”的、既非肯定也非否定的模棱两可、是非不明、立场不定、逻辑混乱，但十分礼貌得体，十分不明不白的——一句话了。

累吧？

需要耐心吧？

没脾气吧？

气死你吧？

这就是日文！

这就是暧昧的日文和暧昧的现代日本人！

不是有话好好说，而是有话倒着说，不是是与不是，而是是而不是、是也不是、不是也是，不“Yes”不“No”，不“No”不“Yes”。

总之，烦死了。

所以，与日本人讲话时千万要注意，千万要小心，千万要沉住气，千万要屏住呼吸，一定要坚持听到句尾！

与日本人打交道也一样！

千万要沉住气，千万不要盲动，千万要留一手，一定要不见兔子不撒鹰，一定要坚持到底，一定要坚持到弄清那个“葫芦岛”里卖的到底是“Yes”还是“No”的药后再动手，再后发制人。

日本到底有无再次争霸东亚的野心？

日本到底想不想书面向中国就二战的罪恶道歉？

日本到底何时放弃侵占中国钓鱼岛的计划；

不要急于说 Yes，也不要急于说 No。

要静观，要等到日本人将话说到最后，将真正的思想表达出来。因为不到句子的最后，不到世纪的最后，不到最后的时刻，日本是不会将肯定、否定的底牌明确亮出来的，日本国之心是不会昭然若揭的。

耐心等着吧！

三

德文表示过去，或者有情态动词的时候，也都把表示实际动作的动词放在句子的尾巴上。

听说有一次，一位中国人为一位德国来访者做翻译，那个来访者讲话特别热情洋溢，而且用的句子都特别长，有一个句子竟然长达五分钟之久。他在那句话中先用主语，再用定、状、补语，而且所有定、状、补语都用得十分考究、花哨，听得那位中国翻译也随之激动而热情洋溢起来！

五分钟之后那句话终于说完了，那个动词终于在最后一刻露出水面了，但翻译死活就是听不懂那个动词！

结果那句话就等于白说；

结果……就没什么结果了。

结果那位翻译什么也没翻。没动词怎么翻呢？

那位来访者致完辞后眼巴巴地看着翻译……

四

日本人和德国人都是极有组织性和计划性的民族，他们的组织性和计划性，以及机械性，是否来自于他们语言中严谨的语法结构呢？

将动词放在句尾需要大脑极强的组织能力。人说话时最先想到的应是主语，是“谁”干什么，其次便应是动词，谁在“干”什么，或“不干”什么，没有这两个关键环节，人是无法启齿讲话的。

中国人、美国人及讲中文、讲 English 的人开口便提主语，然后就迫不及待地将谓语动词和盘托出，将 Yes、No 迫不及待地“交代”给对方。这样做可能是怕事后忘了自己要说什么，可能是担心如果不急于表示 Yes 或 No，对方就会比自己更急，就会以为自己态度暧昧。

美国人可能不喜欢中国人，中国人也可能不喜欢美国人，但中、美双方很少会出现语言和态度的暧昧，以及相互理解上的弯弯绕，因为中、英两种语言都是直来直去的，都是先说Yes、No的，都是开宗明义就表示出肯定或否定的语言。

中美两国文字的逻辑是相通的；

中美两国在语言上可以相互坐直通车；

中美两国可以开战，但不会偷袭，不会玩珍珠港！

美日之间则不。身为第一、第二经济大国的两国年年打贸易仗，打了几十年，但美国一直未占到便宜。美国货在世界范围内所向披靡，就是眼睁睁地打不进日本市场。因为什么？就是因为日本人的No总是在尾巴上说，日本人从不直接Yes、No，日本从不急于拒绝美国，却总是将句子拉长，将腔调拉长，最后才在美国人的纸老虎屁股上轻轻地No上一下。

美国人哪有耐心听日本人将话讲完？

美国人总是在没听完日本人话语中最后的肯定和否定之前，就暴跳着做出否定或肯定的行动了。

将动词放在句尾、将答案放在句尾是日本人的自卫方式，是日本人的保护色。

日本人将锋利的触角藏在屁股后面。

能事先设计出否定或肯定的动词，并先沉住气，在句子的尾巴上才将之表达出来，需要很强的记忆力和语言的组织力，需要思维的严谨和纪律性。

但不需要浪漫。

但不需要幻想。

日本人有这种能力；德国人也有这种能力，所以日本人不浪漫，德国人也不浪漫。

日本人和德国人并不是不会幻想，而是只会做机械的、“轴心”式的整体幻想。

而世人最担心和最怕的，

——恰恰正是他们那种拖了很久后才突发的幻想。

我为何毅然放弃学习德文？

一

也出于必然，更出于偶然。

必然的是本人没有学习德文的心理素质——学德文需要太强的系统性、组织性和纪律性，外加深沉。做到前几点倒还不是太难，只要想想当年集中营生活的艰苦，人便会在不自觉中平添几分系统、组织和纪律性了；但要想做到最后一条——深沉，好像绝不是进进集中营就能练就的。

的确，世界的确有那种到死都深沉不起来的人。本人就属于其中的一个。

历史上不是有“含笑九泉”的英雄人物吗？可能那些人也属于至死都达不到深沉的那一类。不过，本人倒并不想跟那些到了九泉还深沉不起来、死后还嬉皮笑脸的人学；本人也想在有生之年深沉一下，于是本人就学起了德文。

本人听起了德语入门磁带。

刚听第一盘，本人就惊喜地发现了人们常说的英、德两种文字的相似之处。

如德文的Danke和英文的Donkey就好像是一对孪生的兄弟，都发十分相近的音，只不过它们之间的区别好像并非微不足道——

前者是“谢谢”的意思；

后者则指“驴”。

根据这一点可以推论：

第一，在不懂德文的英国人眼里，德国人普遍带有一种“驴性”；

第二，在不懂英文的德国人的印象中，英国人只有见了驴才会表示谢意。

同一个发音在两种语言中的意思差别竟然如此之大，真令人发指。难怪历史上盎格鲁 - 萨克逊人和日耳曼人总发生不可调和的争斗呢。

再回到“深沉”这个深刻的主题上。

由于有一定的英文基础，本人在经过了几周用磁带自学德文的苦行后，就已经基本上掌握了“驴”叫式的德文的许多基本语句和词汇了。

如见了女子就叫“蚝”（Frau，“女士”的意思）；

见了男子就叫“孩儿”（Herr，“先生”的意思）。

还有德国人表示深深谢意的说法：“Danke Schön”，如果将之直率地按照汉语的发音翻译，就是“裆特深”的意思。

为了在这一点上进行中德两种文化的比较性研究，本人还就德国人是否都“裆特深”进行了一番定向的观察——通过看德文电视。遗憾的是一般介绍德国文化生活的电视节目不知为什么，总是有意避开这个文化的“焦点”，总是有意不播放德国民众究竟是否“裆深”的画面。

不过德国小孩中倒是有穿开裆裤的。

本人在学会了 Danke Schön 一类的基础德语，并掌握了一定的深沉度后，就迫不及待地想说德文了，于是就引发了以下的一大串故事。

本人就是因为这些故事才放弃学习德文的。

那是偶然的一次遭遇……

二

那是在中美洲一个讲西班牙语的小国里。

本人去那里旅行，住进了一家旅馆。

旅馆里只住了本人一个东方人，还有——许多德国人。

那天旅馆组织全店的客人出去游玩，我们被分别装进了几辆面包车。

正巧，本人坐的面包车里也有德国人，而且，其中的一个正坐在本人的身旁。

机会来了！

“您……是德国人？”我用磁带中学来的德文小心翼翼地问，心里七上八下。

我怕他听不懂。

使本人喜出望外的是，他竟然只听一次就听懂了。

“Ja。”他说。

我也竟然听懂了他的回答，他说的是“是”的意思。

“裆特深！（Danke-Schön！）”

我兴奋异常地用刚刚练熟的“驴蹄子”狠狠地蹬了他一脚，我用德文向他表示了深深的谢意——只因他听懂了本人的话。

接下去，我便乘兴将从那盘磁带中学来的句型和词汇像撒驴粪蛋似的一股脑地向邻座的德国人头上砸去。

“您也是来观光的吗？”

“您什么时候来的？”

“什么时候离开？”

“您喜欢这里吗？”

“您是原东德的，还是原西德的？”

“二战的时候你在做什么？如果你那时还没出生，那你爸爸是干什么的？如果你爸爸那时也还没出生，那么你爷爷呢？……”

……

读者千万不要以为本人的德文水平很高，其实那些话现在本人已不会说了，因为已长久没有复习那些磁带了。不过刚才那些话当时本人的确能说，虽然不算太流利，虽然头几句话是用嘴、用德文说的，后几句则是在心里用中文说的。

导致本人后来一个劲地在心里嘀咕的主要原因，是那位邻座的德国人对本人头几句话的反映使本人既惊诧又不知所措。您想知道他是怎样回答本人问题的吗？

他竟然一连串地说了十几个“Ja”！

他说的是：“Ja、Ja、Ja、Ja、Ja、Ja……”

他的脸上竟然始终毫无表情！

他的心脏竟然好像始终没有跳动！

他竟然没激动！

他甚至没表示好奇、奇怪、疑惑、怀疑、不高兴、愤怒、失望……

他好像什么也没想，没想生气，没想高兴，没想反问，没想此地到底好玩不好玩，没想该不该回家，没想要骂大街，没想……他对我的话好像根本就没有过过脑子！

他只会说一个字——Ja。

他只会发一种声音——Ja。

我茫然了，我慌了！

别忘了，虽然他不是我第一个遇到的德国人，却是我第一个用“德文”试图与之交流的德国人。

我顿时有一种被从火炕上不由分说地抬起来，然后被扔进冬天露天粪坑里的感觉，——又臭又凉，又感到意外。

看到这里，读者们可能仍难以理解当时本人的心情：“至于吗？不就被人说了 Ja、Ja、Ja、Ja 了吗？有什么好大惊小怪的？”

请容笔者解释。

从逻辑和本人的实践经验来分析，那位德国朋友当时的反应的确是违反人之常情和外交习惯的，更违反人的尊严和面子——即使不按中国人对面子严格的标准要求。

不要忘了当时的时代背景。

当时我们都是在异乡。既是他的异乡，也是本人的异乡，而且从地理上来讲，应该更是本人的异乡。

本人当时是该车、该旅店中唯一的一个有色人种，唯一的一个“稀有动物”。

仅凭这一点，本人有胆子在一车半睡半醒的人中带头张口讲话，就应足以令身边那位也没入睡（而且还十分精神）的邻居感兴趣，足以能够带动他面部的肌肉颤动，足以令他心跳起来，足以使他的舌部跳跃，并与本人对话！

何况本人讲的不是别的，是德文！

是他的母语，是他的 Mother Tongue，是他的“妈妈的舌头”！

本人过去曾试图用不下七八种语言与不同种族的人交谈。无论是谁，当听到从与他迥然不同的种族的口中吐露出与他们一样的舌头、一样的“妈妈的舌头”，哪怕是“继母的舌头”时，无不会自然地、本能地流露出以下的情感：激动、好奇、感激、热情、受宠若惊、不知所措，然后表现出异常的亲热！他们几乎毫无例外地会问：

“你怎么也会说中文？（意大利文？上海话？）”

“你是从哪里学的？”

“你去过北京、罗马、上海……吗？”

“不对，你这个发音发错了，应该是……”

以上模式似乎可以套用到任何种族、任何场合。

只有以下两种情形例外。

第一是中国人听外国人讲中文时所表现出的超众的、超级的兴奋。

中国人一听到外国人嘴里跑出了中文，就立即表现出世间最伟大的惊奇，就立即要上前围观，尤其是见了能讲出奇流利的中文的外国人时，中国人表现出的好奇几乎一发而不可收。加拿大人“大山”在中国引起的哄动不就是一个例子吗？

那有什么好奇怪的？在中国人中能用外文说顺口溜的人不也大有人在吗？

中国人往往会因为不相信老外嘴里也能吐出中文来而感到惊讶。

当然，这与“大山”无关，这不是“大山”的过错。

第二种是以英文为母语的英美人。他们对外国人能讲自己的母语通常反应冷淡。

那是因为他们太自负，认为别人本应会说英文。

但即使这样，英美人在听别人开口讲英文时也会不失时机地、不痛不痒地夸上一句：“Your English is very good！”（你的英文贼棒！）

当然，有人说了英文却没听过人家这么夸奖，那应怪他自己的听力不好，没听懂那句夸奖的话，因为只要你一张口，只要讲的是英文，英美人肯定会这样习惯性地夸上一句。

总之，无论是中国人还是英国人，无论在听到别人讲自己的语言时表现出的是受宠若惊还是居高临下，只要是正常的人类就应该有哪怕是一点点的表示。

而我身边这位德国人——本人毕生第一次用德文与之交流的德国人，身在异乡的德国人，竟然就那么 Ja、Ja、Ja 地打发了本人的“德文”！

而且面无表情。

而且毫不表示奇怪。

而且无动于衷。

这能不使本人感到奇怪，感到莫名其妙吗？

本人第一次体验到了什么叫德式的深沉。那天的旅行就这样在 Ja、Ja、Ja 声中结束了。

当晚本人为了挽回白天所受的冷落、为了重振学习德文的雄心，又拉住了几个德国人练习会话。

没出本人所料，本人又受到了几次同样的冷落，又撞上了几次同样的深沉。于是本人当晚就得出了以下两条结论：

第一，没有那么高的“深沉度”是永远也学不好德文的；

第二，即使达到了那么高的深沉度，即使能讲流利的德文，恐怕也找不到愿意与你说德文的德国人。

带着这两个结论本人又思考了一夜，第二天就毅然做出了放弃学习德文的决定。后来呢？也就没再学了。

有愿买二手德文磁带的吗？

西班牙文：如歌的行板

一

刚送走德文，又迎来了 Español——西班牙文。

横着刚出去一个，又站着进来一个。

一个特深沉，一个特轻浮。

一个像坦克，一个如浪妇。

一提到西班牙文，有人便会联想到西班牙，想到斗牛和那些斗牛的勇士们。

其实照本人看来，那些人根本算不上什么勇士。因为他们是以成千上万的同类为倚仗，与一头孤孤单单的牛拼斗的。这头牛又没后续部队增援。只有将那种情景倒过来——让斗牛士与牛单练，而看台上坐着的都也是牛——的时候，那个斗牛士才算得上真正的勇士。不知今后的斗牛规则是否会按以上的观点改变——如果有人真的想当勇士的话。

假如读者们与本人一样对斗牛不感兴趣，而又与本人一样对西班牙文感那么一点兴趣的话，那么我们在此就不谈西班牙了。

我们改谈拉丁美洲，改谈中南美。

中南美是西班牙以外最大的西班牙语区，包括墨西哥、智利、阿根廷、玻利维亚、秘鲁、古巴、多米尼加等众多国家。如果谈西班牙文，就不能不谈中南美诸国，就不能不谈中南美的“拉美”人。反过来说，不谈中南美的拉美人，在这里花工夫谈论西班牙文就没什么意思了。

就是瞎耽误工夫。

众所周知，自称为“Latin”（拉美人）的中南美人最早是从西班牙跑到中南美去的，所以他们也说西班牙文。

中南美人虽然与西班牙人一脉相承，却不尽相同。

首先，他们中的许多是西班牙人与印第安土著人的混血；

其次，他们并不喜欢斗牛。

斗牛并不是中南美洲传统的“体育”运动。

可能正因为他们不喜欢斗牛，他们讲的西班牙文与西班牙的西班牙文才有所不同。至于二者究竟有何区别，恕本人不在此详述，只要读者将二者依次学习一遍，再对比一下，就清楚了。在此本人只能向大家透露一点，就是两种西语间的差别很小。

这里所说的“很小”，是以英音——美音、法国法语——加拿大法语之间的区别作为参照的。西班牙文到达美洲后并没有遭受到英语到北美后就被变味的厄运，大体上仍保持着原汁原味；唯一的区别只是在于，拉美人说话时比西班牙人嘴张得略大一些，更放肆一些罢了。

二

Español——西班牙文的特色何在？

先望一下文、生一下意。

Español 的中文发音是“依丝班尼奥”，如果将之用华丽的词藻稍稍润色一下，或可译为：“半夜鸡叫”，或者“夜莺的歌唱”。

没错，西班牙文听起来正如同夜莺动听的歌唱。

西班牙语也是歌的语言。西班牙语是语言中的轻音乐。

不知读者们是否听过用西班牙语演唱的歌曲？

如果听过，肯定便会记得用西语唱出的歌是多么的轻快，多么的飘。其实那根本就不应该被叫作歌，因为它们不是费尽心机编制出来的，那其实就是讲西语的人们说话的声音！换句话说，西班牙语一旦被改变一下速度，一旦被稍微加放一点作料，就很容易、就会不小心变成令人心旷神怡的歌了！

你说神不神。

西班牙语的发音短而平、快而急，这点颇像日文；所以日本人总说对日本人来讲，最容易上口的外文是西班牙文。

日文和西文的发音的确有许多相似之处。如它们每个基本发音都由一个单辅音和一个单元音组成；从每个西语的单词中，都几乎可以找到十分准确的与之对应的日文拼音。就以“西班牙语”一词为例，西语是：

Español，与之相对应的日文拼音可为：えすぱんにお。

在这个例子中，日文假名的发音几乎可以天衣无缝地标记西班牙文的发音。

尽管如此，我还是认为日文与西文貌似神不似，两者的发音系统并不完全相同。倘若完全相同的话，就无法解释为何讲西语的人那么容易操练英文，而日本人发起英文的音来那么笨拙的现象了。

其实西班牙文在世界语言中真正的亲戚是意大利文。

意大利语与西语的距离有多远？恐怕连北京话到天津话的距离都不到。

意大利与西语从语法到用词、再到讲话的方式基本上没有什么差别，二者的区别仅在语调上。意文的语调如北京话一样弯弯绕；而西语呢？只要用熨斗将意大利人的舌头熨平就能发好西语的音了。

所以读者们今后如果碰上意大利人时千万要注意，不要听他（她）说他（她）懂西班牙文，就大惊小怪地认为他（她）有多么的了不起。其实他（她）在蒙事儿，在假装渊博。

如果一个北京人说他能听懂天津话算得上渊博吗？

当然，以上告诫反过来也适用于号称懂意大利文的讲西语的人。

意大利文和西班牙文既然是近亲，意大利、西班牙两国既然隔海（地中海）相望，意大利人既然喜欢用高音唱歌，西班牙人也就自然爱唱歌了。

意、西两种语言都是音乐之声。

意大利语是高昂的美声，意大利人唱的是 Opera——意大利歌剧；

西班牙语是悠扬的吉他，弹唱的是浪漫的轻音乐。

意大利、西班牙两国和两国人就是在地中海涛声的伴奏下、在欧洲大陆上隔海一唱一和，又一同走出欧洲大陆的。

意大利人的歌声随着歌剧走遍了全球；

西班牙人的歌声也随着哥伦布传遍了中南美。

世上无人能把歌唱得像意大利歌剧那样洪亮；

世上也无人能把歌唱得像西班牙小夜曲那般飘逸。

因为 Italiano 和 Español 本来都是如歌的语言，本来都是如歌的行板。

佐罗与拉美人的性格

拉美人的性格像西班牙文。

西班牙文是语言中的轻音乐。

拉美人便是踩着轻音乐的鼓点、伴着轻音乐的节奏、带着轻音乐的风格，在地球的南半部连蹦带跳地生活着的——那群人。

说到拉美人，便不能不使人想到 Tango（探戈）舞的如风的激越；

说到拉美人，便不能不使人想到佐罗（Zoro）的侠气；

和——古巴的蔗糖。

拉美人是热血动物。

拉美人的血液中似乎含有上帝赋予的如火药般一触即发、一发就不可收拾的易燃剂，只要一碰上引火的媒介，就会情不自禁、不由自主地爆发。

那个媒介可以是音乐。拉美人不能随便听音乐，因为他们一听到音乐之声便会随之起舞，不论在任何时间、任何地点；

那个媒介可以是女人发出的“雌性”。拉美的男人根本不能与任何异性的人类接触，因为只要他们的感官探得了异性有关信息便会随之“起性”，便会随之“发情”，当然，也不论是在任何时间和任何地点。

拉美人的爱情和浪漫是一触即发的，而且如探戈舞般狂热，如探戈舞般尽兴，如探戈舞般激越。但拉美人的爱情和浪漫也同样如探戈舞般见好就收，如探戈舞般戛然而止，如探戈舞般在惊心动魄后只有回味，而不会拖着一条“剪不断，理还乱”的尾巴。

想到拉美人的爱的浪漫，就会想到《卡门》中的卡门，就会想到《巴黎圣母院》中的吉卜赛女郎，就会想到堂吉诃德式的鲁莽……

而拉美人便都是堂吉诃德的同宗，而且是与原本浪漫得只需用一块树叶草草遮盖一下屁股的印第安土著人混了血以后的堂吉诃德们。他们迁移到一块没有法律、没有王朝，只有蓝色的海洋和无边的热带雨林的南美洲大地。

他们能不浪漫吗？

他们有理由不浪漫吗？

他们有理由不唱着狂热的歌，跳着奔放的舞，无拘无束、无法无天地浪漫吗？

他们是堂吉诃德的化身，他们的血管中流淌着的是堂吉诃德的滚烫的热血。当年在西班牙的君主制国度里，堂吉诃德只是塞万提斯（Cervantès）笔下的一个浪漫的、自由的梦；在拥挤的欧洲大陆上，西班牙人当年只能随着作家的笔去想象自由的天空和无拘的浪漫。真正使西班牙人实现了堂吉诃德式的英雄和浪漫的不是塞万提斯，而是哥伦布。

是他带着西班牙人走出了王朝；

是他带着西班牙人跨越了大西洋；

是他带着西班牙人登上了中南美那块在热浪中沸腾的新

大陆！

那虽是印第安人的不幸，却是西班牙人的大幸；虽是印第安人的灾难，却成就了西班牙人浪漫、自由和狂热的梦！

西班牙人的斗牛士精神随着风帆，被传到了中南美，传到了新大陆。

他们在新大陆上开辟了更广阔的斗牛场，在纵横万里的热带原野中追赶起了奔腾的牛群。

他们找到了真正的敌手——大自然中比牛更凶猛的真正的野兽。

他们的好斗和勇敢的天性，在与大自然残酷的拼搏中得到了真正的锤炼。从那一天起，他们便从一群在狭窄的街道中被牛追着呼号乱跑的西班牙小子，或在封闭的斗牛场中穿着红妆哗众取宠的白面童子，一下变成骑着烈马在热带森林和庄园中纵横飞奔的、勇敢而风流的真正大侠——佐罗了！

他们一到拉丁美洲便忘了斗牛。

他们再也没兴趣斗牛了。

他们玩起了更刺激的游戏——与天斗、与大自然斗。

可以说是哥伦布成就了堂吉诃德式的梦，或者说是拉丁美洲的辽阔，为塞万提斯塑造堂吉诃德那种放荡不羁的英雄人物提供了想象的空间。

本人不是历史学家，无力考证二者之间的关系，但有一点却可以为以上论点提供佐证，那就是哥伦布是在十五世纪末（一四九二年）发现新大陆的，而《堂吉诃德》是塞万提斯在十七世纪初写成的。即使史实证明美洲大陆的发现与堂吉诃德的诞生没有必然的因果联系，本人也愿大胆地认定，佐罗就是堂吉诃德在中南美的化身，是堂吉诃德式的自由象征。那种自由正是时代的勾勒者——作家的创作灵感。

十五世纪末，随着哥伦布的风帆拉开了两大移民浪潮：一群是从英吉利海峡扬帆西去的讲 English 的英国人，他们后来到了北美，建成了美、加两国；另一群是从西班牙斗牛场中冲出去的勇士们，他们冲进了中南美，创建了中南美诸国，英雄佐罗便是他们理想和性格的化身。

噢，Zoro！

美国与古巴——大象与松鼠

富而肥胖的美国如同一头大象，巍然横行于世界舞台上。

“美洲象”乃全球动物界之超级巨星。美国乃世界之超级强权，无人可敌，无人敢与之抗衡——自从曾与之争霸的超级北极熊前苏联活生生地解体之后。

然而，无论苏联解体前还是解体后，无论东欧诸国“自由”前还是“自由”后，无论世界上是红一半还是红一点，令美国这头超重巨象最为畏惧、最为不安、最恨之入骨的并非是远在天边的北极熊，也不是东方的卧龙，而是美国眼皮底下的小国古巴。

古巴曾令美国人惶惶不可终日。古巴曾在二十世纪六十年代初将苏联的导弹架在了美国的家门口；曾令美国人现了天下大眼的也是古巴。古巴曾将由美国一手培训并派到古巴去颠覆该国的雇佣军全部生擒活捉，并在全球人的眼前曝光……

美国如大象，细而长的佛罗里达州便是那巨象伸进大西洋的象鼻子；

古巴如小松鼠，漂浮于墨西哥湾和加勒比海之上。这小而灵巧的松鼠不偏不正，正好死死地顶在“美洲象”那硕大的鼻子跟前。

哈瓦那与迈阿密隔海相望。

美国与古巴隔洋对峙。

自从一九五九年由卡斯特罗领导的社会主义者取得了古巴革命的胜利之后，两个国家就顶头对峙至今，几年来古巴一直在美国的鼻子下面挑逗美国，一直锁着美国的大鼻子在世界舞台上游戏，而美国却一点脾气都没有。

因为大象虽大，却最怕小松鼠。

因为大象的体魄虽坚不可摧，却有两个不大不小的漏洞——两个鼻孔。

那两个鼻孔正是大象最薄弱的环节，因为一旦被小松鼠钻进去，就会要大象的命。

那两个洞令北极熊无能为力，却正适合于小小的——松鼠。

古巴正是那个世界上唯一能钻进“美洲象”鼻子里的小松鼠，因为古巴恰恰就趴在那个鼻子跟前。

别以为美国不想踩死古巴，美国曾派出过无数“义勇军”前去“灭鼠”；别以为美国在“灭鼠”时没下大气力，美国利用经济、政治等各种手段对古巴进行了长达几十年之久的封锁、禁运。“大象”毫无保留地使用了它所掌握的一切伎俩，包括吼、跳、用鼻子横扫，在地上打滚，用尿浇、用头撞……却怎么也治不服那小小的松鼠。

因为松鼠太小，太灵活。

因为古巴人太坚强。

因为古巴人讲西班牙文。

因为古巴人是佐罗的后代。

而他们的领袖——卡斯特罗，正是那今世的佐罗（Zoro）。

卡斯特罗的确有着佐罗般的英勇和机智。卡斯特罗先生用他的英勇赶走了美国殖民者，创立了古巴共和国；接着又用他的机智躲过四十多次由美国人组织的暗杀；之后又曾几次奇迹般地“显形”于美国的街头，出现在联合国的讲坛上，用他那高亢的富于感召力的声音、用 Español 向美国和世界宣称：古巴人民决不向任何霸权低头！

小松鼠决不向大象认输！

正义一定能战胜强权！

卡斯特罗一九九五年在联合国五十周年的纪念会上做完讲演后，他所受到的推崇是英雄般的，是佐罗式的。全场的世界各国首脑几乎全体起立，为他鼓掌，向他致意，向他送去对英雄的赞美。

当时他已年愈七十。

连美国人——“大象”，都禁不住向小小的、不屈的松鼠送去暗自的敬意。

在联大讲演后的第二天，美国电视台在黄金时间采访了卡斯特罗。我第一次听到了他西班牙语的声音。

我虽听得一知半解，却能从他那清晰的吐字和拉美人特有的易激动的面部表情上，看到他那如堂吉诃德、如佐罗般的侠气和正气。

卡斯特罗就是用拉美人特有的佐罗的侠气和坚毅，外加浪漫，博得了世人的尊敬和全球反对霸权的人民——甚至他的敌人——的同情！

那似乎是一种超出理念、超出社会制度、超出斗争本身的人性和人格的力量。

人们似乎忘记了为何美国总和古巴过不去，为何古巴总令美国费尽心机；人们只记得一点，那就是——今日只有一个小小的、贫困的古巴仍敢藐视全球无敌的庞然大国美国，而也只有古巴从未向美国做过任何甘心屈服的姿态。

人们可能已经忘记了所有古美两国争斗的缘由，但人们却难以忘却，只有松鼠敢与大象周旋，只有卡斯特罗敢公然指责美利坚合众国的总统。

在众目睽睽之下。

在九死一生的险境之中。

那不是一种人格的魅力吗？

那不是一种精神的力量吗？

那不是一种佐罗式的英雄气概吗？

将来可能有人会去怀疑古巴人和卡斯特罗为之奋斗的制度和理念，但人们却绝不会怀疑古巴人和卡斯特罗在为捍卫自己的理念和制度时所表现的始终不渝的顽强。

连美国人都不会。

美国人在古巴人的顽强面前束手无策。美国人可以毫不犹豫地派兵去巴拿马生擒活捉该国的总统，将其运回美国审判，但美国人却没有胆量那样去对付古巴和卡斯特罗。美国人没有那种气魄。美国人的胆量抵不过古巴人的意志和卡斯特罗人格力量的震慑。美国人不敢面对全球对古巴人和卡斯特罗的同情和尊敬。那种同情、尊敬以及人们对正义的潜在的支持，令美国人望古巴而兴叹，望哈瓦那而却步。

凶猛的大象在正义的小松鼠面前无计可施。

古巴人并非没有为他的坚毅而付出代价。

古巴人所付出的代价是惨重的。

古巴人为了与美国抗争一直站在经济的贫困线上。

古巴的经济在长年的禁运下一直处在崩溃的边缘。

——如同北朝鲜。

然而，古巴人是乐观的，因为古巴人是堂吉诃德的后代。古巴人的天性与所有讲西班牙语的拉美人一样天然热烈、浪漫、奔放！

古巴人是讲着西班牙文、跳着探戈舞、弹着吉他、玩着爱情，与世界第一强国——美国对峙和周旋的。古巴人似乎根本没理会，也没意会到，他们是在玩着怎样一种虽是正义但极为惊险的游戏。他们一边喊着 Viva la revolución！（革命万岁），一边和着节拍踩着舞步，扭着屁股，哼唱着世上最高亢、最快乐的歌！

这就是古巴式的革命，这就是拉美人天生的浪漫。

美国人能挤垮苏联，但美国人却无法征服古巴；

美国人能对付强权，但美国人却无力面对——浪漫；

因为浪漫是无敌的。

因为浪漫本身就是最强大的力量。

因为这种力量正是大自然的本色。

谁有力量征服大自然？

是大象还是美国？

“搞掂”广东话！

一

“搞掂”是个广东话的词汇，“掂”发（diàn）音。

当我问广东朋友“搞掂”是什么意思时，他笑着答道：

“就是 OK 的意西（思）嘛！”

后来不知为何“搞掂”被搞到了内地，摇身一变变成了“搞定”，因此近几年举国上下都跟着“搞定”起来。

如把假货卖出去并收到了货款，就算“搞定”了；

如小姐们先将男宾按摩得卧床不起，然后再取其小费，也算“搞定”了；

还有腐败的官员被拉出去一毙了之，也算“搞定”了。

人都上西天了，还不算 OK 吗？

最有趣的是听上海人使用“搞定”这个广东外来语。

上海男人早先是看不起广东男人的，但万万没想到自己竟然也会有拾广东男人的牙慧、跟着广东男人学说“搞定”的这一天。

当上海男子围着熨得平平的围裙，仔仔细细地将一盘豆芽菜清洗干净，再专心致志地将其炒制成一盘冒着热气的熟菜，然后谨慎地将之端起，屏住呼吸小心翼翼地送到已经等得不耐烦的、花枝招展的妻子面前，并将其摆好后，他们会在内心做一次长长的深呼吸，轻轻地对妻子说：

“侬看，终于搞定了！”

二

广东话是中国人的“第二普通话”。

这种说法不免会遭到议论。但对此有非议的人一旦到了海外，就会苟同本人的愚见了。海外是广东话的天地。

在地球上的任何一个角落，只要有华人，便会有广东人；只要有广东人，便讲广东话。广东话是海外华人的第一“官方”语言。诚然，在海外不乏有广东话的挑战者，如潮州话、闽南话、客家话，但那些都是游击队式的方言，无法与作为“海外”官话的广东话分庭抗礼，更无法取而代之。

广东话是海外中国人的普通话，海外华人有五千万之多，足可敌得一国而有余，所以将这么多人讲的一种共通语言称为“普通话”，似乎并不过分。

何况还有中国第一特区——香港呢！

香港人使用广东话的事实，无疑为“搞掂”广东话的地位提供了定位性的依据，使其地位，包括政治地位，超过任何一种地区性的方言。

政治服从于经济，语言又是政治地位的折射，这就无怪乎广东话的地位大有挑战中国真正官方语言——普通话之嫌，也无怪乎广东话对中国现代语言具有超出任何方言的强大影响力了。

二十世纪八九十年代中国话的调子似乎是由广东话敲定的；

邓丽君的靡靡之音最早来自香港；

北京“面的”的“的”以及全中国的“的”，也是“的”自香港。

还有数不清的由广东话“搞掂”的大陆生活用语。

在二十世纪八九十年代中国流行的众多新潮用语中，除了“下岗”是由内地人发明的之外，其他只怕都来自香港，来自广东话。

一是因为香港富有；

二是因为广东话能够出海，讲广东话的人有钱；

广东话能通向外面神奇的土地，而外面之所以神奇，也是因为似乎比里面富有。

从这层意义上说，广东话在中国之所以流行得如病毒性感冒一样，是因为中国人太势利，是因为中国人嫌贫爱富，是因为中国人好赶潮流，而中国人赶的往往都是富裕的潮流。

为何山西话及山西人的特殊用语没能在全中国风行起来？

为何人们从不用陕西话去唱卡拉 OK？

还不是因为讲广东话的人比讲山西、陕西的人话囊中更饱满吗？

每次在上海听到上海年轻人用特意学习的广东话唱粤语歌曲时，我就不禁在内心发笑。我笑上海人竟能放下那般的高傲，去逢迎一种他们原本不屑一顾的方言；我更笑他们在那屈尊的过程中所表现出的执着和刻意的努力。

北京人又如何呢？

北京人纨绔的本性抵不住广东话的冲力！

更有甚者，广东话还要驾驭北京话哩！

广东话先把北京的出租车全都异化为“的”，然后又通过北京中央级别的辐射力，将“的”向全中国辐射开去。

“第二普通话”的用语先转化成第一普通话，然后又借助第一普通话的权力和渠道传播向全国。

这就是广东话用语在中国所向披靡的诀窍。

任何方言用语都可望成为官方语言中的一部分，并最终被“扶正”，但前提是必须具备能成为“官话”的资格。

广东话用语成为官话的条件，是说广东话的人有钱，有钱后便有了势，有了势后，官方就不会将其拒之门外了。

普通话犹如一辆公共汽车，虽不是谁想坐都可以坐，但坐上去了就可驶向全国。有钱的粤语花钱买票坐上去了，就顺道将粤语词汇冠冕堂皇地推举成全国通用的普通话了。

还有粤语的歌。

以及粤菜。

还有蛇。

三

中国人在海外的形象基本上是由广东人“搞掂”的；

中国话在海外的发音也基本上是由广东话“搞掂”的。

由于绝大多数外国人都没来过中国，也由于百分之九十以上生活在外国的中国人都是由广东省出去的，因此，外国人眼中中国人的形象就自然而然地被“搞掂”于广东人，外国人对于中国话的概念也就顺水推舟地落实到广东话头上。

这就形成了一个误区。

这就造成了一桩百年的冤案。

这对整个中华民族不能不说是一种曲解，因为广东人毕竟只是中国人的一小部分，因为广东话毕竟只是中文中的一种方言。

何况广东人的性格并不能代表山东人的性格；

何况广东话的腔调无法代表江浙一带的吴音。

这里本人无意戏言广东人的性格与广东话的发音，本人的用意在于指出，中国人在国外的整体形象是由侨居在国外的广东侨民百年来搞定的，而且一旦被搞定后就很难改变。中国有十几亿人，但在外国人的眼中，中国人所喜好的职业大多没超出广东华侨从业的范围，他们印象中的中国人不外是餐馆里操刀的厨子，是手持剃头刀的理发师，是手持剪刀的裁缝——中国人是手操“三把刀”的民族。

广东侨民背井离乡，到异国他乡去从事“三把刀”产业本属无奈，但因此将对一个民族的印象都“搞掂”成“三把刀”，更是中华民族整体的不幸。

将对中文的总体印象定位于广东话，也并不是一桩值得中文庆幸的事。从语音学的角度来看，广东话并不是中文各类方言中最动听的一种。中文的普通话是一种四声分明的清脆的语言；江浙、上海一带的吴音，也是能与西班牙文、意大利文相媲美的轻音乐般动听的语言；相比之下，鼻音厚重的广东话听起来就不那么入耳。广东话多以惊叹号般的重大尾音收场，从话中根本听不出中华正宗文化的优雅；然而，恰恰是广东话被历史选为中国语言在海外公认的代表，被在世界各国人的耳中如雷般贯彻。

地球村中对一种语言的整体印象绝非一桩小事，它关系到一个种族在村中的整体形象，甚至关系到一个国家的整体地位。

世人尊重法语文明，因为世人皆知法文是一门动听的语言；

世人以机械的目光观看德国人，因为德语是举世闻名的难听的语言。

以上可以说是世人的成见甚至偏见，但世间有何种见解比成见和偏见更容易被人们坚定地持有，人们又需付出多大的努力，才能改变业已固化了的成见和偏见呢？

何况西方人本来就歧视黄色人种！

百年来西方对中国人及中国语言的歧视，是中国人挥之不去的梦魇。这种歧视多是来自于偏见，它部分缘于被百般欺凌的中国大陆瘦弱的母体，但更多出于流落他乡，到外面去谋生的广东同胞之悲惨境遇。流落到外乡的广东人本不算广东人中的精英——因为精英当初无需到海外去谋生——所以出海本来就是他们的不幸；更不幸的是被当作代表中华民族的唯一群体——凭他们那本已直不起来的瘦弱的脊梁。

那脊梁上重负着外人对整个民族的审视和裁判；

那脊梁上重负着祖国全体同胞对他们的期望。

谁都让他们争光，谁都不许他们丢人。

因此那个脊梁就塌陷下去了。

只因那副担子太沉重。

可怜的广东侨民们；

可怜的永远无法被历史“搞掂”的广东话。

四

本人初次与广东话遭遇是在海外唐人街的餐馆中，是从推着早茶餐车、嘴里唱着“凤爪”和“糯米鸡”的华侨小姐们的口中。

那次只是初识，但之后一听广东话就听了近十年之久。在国外生活过的大陆人，无一不是一到海外就掉进了广东话的圈子，无一不是在唐人街粤菜的香气中熏陶过来的。

至少是在周末。

因为唐人街是海外华人的家。

于是大家便对广东话耳濡目染，于是大家便更深地理解了广东籍华侨。

后来我也买来了一部专听华语广播的收音机，也在办公室中，在“老外”成群的地方大鸣大放起广东话的“新闻联播”。我将唐人街搬到了办公室里。

因此我就能听懂广东话了。

我发现广东话竟是一种极为务实的方言，正如讲广东话的是一个极为务实的群体。务实得可爱，务实得让人哭笑不得。

唐人街上的广东人是以勤劳而闻名于世的。世人因广东人的勤劳和超常的适应能力，将“Hard Working（吃苦耐劳）”的美名送给了一切的中国人。其实中国人并非人人都勤劳，像广东人那般勤劳的人大多只生活在中国南方，但中国人还是集体地被定义为“Hard Working”的种族了。

那个美名是高歌“糯米鸡”的广东姑娘挣来的；是整日摸爬滚打于唐人街餐馆的广东大厨、二厨们挣来的；

是讲广东话的华侨们祖祖辈辈、前赴后继地用血汗挣来的！

他们百年来打的不只是自己那份养家糊口的工，还打了为整个中华民族挣“吃苦耐劳”美称的工，

——倘若“吃苦耐劳”仍算是美德的话。

总之，务实地讲着生硬的广东话的人，用他们的行动而不是语言，表现了、展示了中国人作为一个种族的魅力。

他们必须用行动，因为广东话不动听，确切地说，广东话

不是一种用来表现美、歌唱美的语言。

但广东人却是应该被用歌来赞美的一群创造出美的实业的人。

尽管他们吃蛇。

蛇也是该受赞美的；

因为蛇是龙的前身。

可敬的讲广东话的广东人！

脏话与精神文明

他妈的！不知道人为什么要说脏话！但好像世间根本就没有没说过脏话、没骂过人、没在讲话中带过脏字的人。

如果有的话，可能就是菩萨，因为菩萨从来就没有张嘴讲过话。

地球上存在多少种语言，就肯定有多少种带该种语言特色的脏话。在骂人的方法上，可以说各种语言、各种文化都有各自的手段，正所谓："各庄有各庄的高招。"

北京人骂人时总爱带个"操"（cào）字，这个字的肮脏用法连稍微文明、正规一点的字典上都找不到，因为一般的字典上 cao 的发音只到三声就截止了。

可能是因为就怕见到第四声。

"操"还有另一种更下流的写法，上面是个"入"字，下面是个"肉"字。

上海人骂人好像相对文明一些。上海人骂人从不进行直接的人身攻击，更不去追究被骂人上辈的责任；上海人骂人专爱强调在时间上的精确性，而且一般骂人都是在刚吃完午饭、在打着嗝的松懈状态下进行的，他们骂道：

“十三点！”

正好在下午一点整，分秒不差。

真想准确地考证一下，为何上海人认为说“十三点”会是一种对人的侮辱和贬低，起到等同于“他妈的”和“操”的骂人的作用。其实从北方人的眼光来看，“十三点”还是满动听的，不就是午休的时间吗？

上海人将午休时间与“笨蛋”“愚蠢”等概念联系起来，弄不好是受了西方人和基督教的影响。因为基督文化最忌恨出卖耶稣的第十三弟子犹大，所以信基督教的都不愿住第十三层楼上。十三是个不吉利的数字。

如果上海人的脏话“十三点”真是从这个含义上引申出来的话，那么就更没什么值得被骂的人感到不适的了，相反，应该为此而庆幸。

因为连被骂都是带着文化背景的；

因为连被骂都是带着教义的；

因为连被骂都是严守时间的！

上海人的“十三点”如果真是从基督教义引申出来的话，则真不愧为骂人语言中的杰作，为“海派文明”的象征，可令北京人和北方人相形见绌、自惭形秽、无地自容。

与上海的“十三点”相比，北京人的“操”未免也太肮脏、太露骨、太令人毛骨悚然了。因为它字面上太直观，太他妈的不精神文明了。

何况有极大一部分北京人一天根本不止“操”上一次、两次、三次、四次呢？

何况有人竟一、二、三、四次地将之与被骂人的母亲无情地联系在一起呢？

“我操你妈！”他们竟然那样不假思考地骂出这种天理难容的脏话！

真为我的北京老乡们脸红。

与之相比，上海的“十三点”多么地文明！

谁说要比较城市的文明程度就一定要去翻看《北京日报》和《解放日报》，看那上面谁喊的口号最文明？

那种报刊上字字文明、句句文明、统统文明。

要比就要比脏话！要看谁骂得最干净，要比谁肚子里的坏水最纯净，最卫生，最容易处理！要看谁的脏话最干净！

从这个角度来看，上海的“十三点”最文明、最值得推崇、最值得发扬光大、最适于全国普及！

如果人不说脏话就不能生存，不说脏话就根本不能排泄腑中的废气，不能由此真正地、名副其实地精神文明的话——

我禁不住要大声疾呼：“十三点万岁！”

这是一句文明的口号。谁不想当十三点，谁就必须跟着本人这样欢呼——为了全中华民族的精神文明。

注意！此时上海海关大楼上的钟正好敲第十三下。

骂人的真理

中国人骂人，外国人也骂人。

中国人讲脏话，外国人也讲脏话。

中国人善骂娘，外国人也骂娘。

无论东方西方，无论白人黑人，脑袋上都开着一个深不可测的洞——嘴。只要有嘴，便难免说话；只要说话，就免不了不说好话，而骂人正是众多坏话中最难听的那一类话。

脏话是不满的表现媒介。既然不满，就不会选择好听的、干净的说，而不干净到了最高层次，便成了脏话了。

脏话如粪坑中掏出的大粪，而那大粪生于人的腹中，是人的排泄物。只要心中有不满，只要腹中有恶气，只要心情不好，就一定会讲脏话，就一定会吐脏字，就一定会骂大街。除非是哑巴。

哑巴也讲脏话——在他们的心里。

讲脏话是人权，是人的自由，是人的需要；因为人不可能没有不满，不可能没有要骂人的需要和冲动。有不满不能发，有冲动不能实现，就是限制人的自由，就是侵犯人权。

人不讲脏话要造成压抑，社会不讲脏话要形成矛盾，国家不讲脏话要引发战争。

连赫鲁晓夫在联大做讲演时都满嘴喷粪，他的直率狠狠地打击了美国的霸气。

骂人是不满的一种有效而合理的排泄渠道。人腹中有大便不排会将肚子撑破；人心中有火气不排会引发更可怕的行动。试想：

——倘若赫鲁晓夫当年在联大不那么跳脚大骂，而是在西方毫无准备的情况下，直接将火气付诸行动，将悲痛直接引发为力量的话，那么第三次世界大战不早就打起来了吗?

所以说，有时骂骂人是一种和平的举动，是一种文明的象征，是一种能代替和回避肢体冲突的行为。

辽宁大连人就好骂人。两个大连人只要看对方不那么顺眼，就会不惜一切代价、不顾一切场合地破口大骂对方，说对方是“彪子”[①]。但大连男子无论骂对方多么“彪”，“彪”多少回，都很少会动手打架。

山东男子则正好相反。山东男子骂人好像也用“彪”字，但山东男子用“彪”字绝对吝啬、绝对保守；大多数山东男子只要见对方不顺眼，哪里还有心思，有时间去骂上几个“彪子”？早就一巴掌、一老拳地招呼上去了——先将对方的口封了再说。

《水浒传》中的英雄们就是这样的。

不这样就不是山东人，就不是山东好汉！

本人的祖籍碰巧也是山东。

读者们小心着点。

这就是大连人的“彪”和山东人的“拳”的区别——大连人用嘴表示不满，山东人用拳头排泄怒气。

---

① 傻子的意思。

这就是骂人的好处和说脏话的文明。

由此看来，骂人的大连人要比打人的山东人文明、进化了一些，尽管大连人中的多数也是山东人的后代。

一代胜似一代，青出于蓝。

以上范例是否可以证据确凿地阐明以下几条放之四海而皆准的真理呢？那就是：

有屁还是要放的，有话还是要说的；

有好话要说，有坏话更要说；

有想骂人的话呢，

——不说他妈的能憋得住吗？

中西骂法赏析

本章讨论的主题是几种重要语言中的骂人方法。

关于中文的骂法，由于中国各地方言太多，骂的方法太百花齐放、百家争鸣，就没必要在此一一赘述了。即使写出来一些，可能也会为某一部分读者不齿，因他们所掌握和了解的脏话肯定会胜过本人，搞不好会被他们用更新潮的脏话臭骂一顿。

不过，在中国各地的脏话中，有一点不能不提，那就是中国东北地区骂人的语言最为丰富，也最脏。关于东北人如何、为何会骂人，本人还会在另外一篇文章中做专题式的论述；这里只想将东北方言在中国脏话文明中的显著地位顺便提一下，否则东北人肯定有人会说：

“他妈的巴子的，有眼不识泰山怎么的？！”

关于中式脏话，仅简单讨论至此。

再说英文代表队的主力。

英文中骂人的种子选手应都出于美式英文（VOA），而不是出自英式英文（BBC）。这主要是因为美国太强大了。强大的美国也需要通过骂人来表现它的强大。

这并不是说英国人就不会骂人，不会使用不干净的语言。

英国人尽管由于珍爱贵族和皇家的血统，热衷于绅士派头和绅士思维，骂起人来都有点不大方便；但英国人一旦见了难以忍受的事，也每每临时放下绅士风度和气度，讲几句不干净的话，用几个不卫生的词汇。英国人最常用的脏话是 Bloody（血淋淋的、血了吧唧的），如：Bloody person（血乎乎的人）Bloody weather（血乎乎的天气）Bloody government（血淋淋的政府），等等。

总之，英国人喜好在一切他们不喜欢的事物面前加上“血乎乎”的修饰词，以表示他们的不满和愤恨。按此原则，他们中如有懂中文的人读了此文，也会按惯例骂上一句：

This bloody Chinese writer！

（这个血淋淋的作者！）

反正都是血淋淋的。

英国人用鲜血来骂人、侮辱人，也自有其根据。因为血是一种能令人听了胆战心惊并起到威慑作用的东西。中文中不也有“血口喷人”一说吗？

与英国人比起来，美国人的骂人技术可就高超多了。

美国共有两个代表性的国骂。

一是 Shit，二是 Fuck。

一个是“臭大粪”；一个是不良的性行为，等同于“操”或“入肉”。

其中 Shit 是从 Bullshit（牛粪）一词简化而来的；Fuck 呢，则是来自人类繁衍的本能。

北美（包括加拿大）英文中的 Shit 一词使用的广泛程度和普及程度，一直都是令本人长期以来百思不解的。

因为本人来自以“他妈的”为国骂的中国。中国人骂人偶尔也动用一回“臭大粪”，劈头盖脸地往被骂的人头上排泄一堆浊物；但中国人不到万不得已时，是不那么乱用口腔来排泄粪便的，因为嘴是指定用来吃饭的器官，老用嘴来排泄粪便还需要臀部干什么？

好像北美人并不大介意这一点，否则怎么会出现人人用嘴Shit，时时用嘴Shit，处处用嘴Shit的奇特现象呢？

北美人使用Shit一词的频繁度和随意性真令本人大开眼界。

有人听到飞机失事的消息时，要不由自主地说一声“Shit”，以示震惊；

有的父母听见小孩哭心烦，也“Shit”一下。

可见Shit使用范围之广泛。

北美的第二种国骂是Fuck。

Fuck如前述，等于北京话的“操”，用科学点的方式来解释，就是“生育前的一种必要的性行为”的意思。

当然，试管婴儿除外。

北美人说Fuck，与北京人说“操”异曲同工，这本不应见怪；因为按照弗洛伊德的精神分析方法来判断，应该说用Fuck骂人是一种超出了骂人范畴、在某种程度上宣泄人类性本能的语言行为。

在这方面，中国人、美国人、加国人都是人，都有权用口头表现本能的欲望，本无可非议。关键是Fuck和“操”的表达渠道有所不同。

北京绝大部分的“操”者都是男性，而北美“Fuck”的运用者则男女各半。

男的在事业上失意要 Fuck！女的逛商店买不到理想东西也要 Fuck！

男的可将 Fuck 脱口而出；

女的也可漫不经心地 Fuck 一回。

毫不示弱，完全平等。

平等得跟抽烟似的。北美女烟民好像比男的还多。

开始本人对此颇不习惯，但久而久之也就见怪不惊了，尤其是发现许多美国女影星、女政治家也偶尔在电视上 Fuck 一两回之后。这充分说明，北美女人已经先于别国的妇女取得了人类再生产的主动权和自主权了。是否应该为之欢呼一下？Fuck！天知道！

从以上几个例子来看，似乎在中、美两种语言的骂人竞赛中（如果举办的话），双方派出的代表总的来说势均力敌，旗鼓相当。

中国人有“臭大粪”，美国人有牛屎——Shit。

中国人有“操”，美国人有 Fuck。

美国人骂的水准略占上风，因美国队中男女兼备。

然而，好戏还在后边。中国队的主力——国骂“他妈的！”还没出场呢。

中国的国骂绝对无人可敌。中国的国骂令美国人无技可施。因为美国人骂人从不把母亲拖累上。美国人骂人从来都定点地骂，从不殃及他人。

是美国人不孝？还是中国人不恭？

是美国人将生身母亲忘之脑后，连骂人的时候都不挂念一下，还是中国人在骂人时有意提醒一下对方要尽子女的义务？

无论如何，中国人爱骂娘，而美国人不骂娘是无可争议的事实。骂娘是中国人发明的专利，是中国的“国粹”;而在那“国粹”——“他妈的”后面，还真反映着中国文化中不忘自己来历、不忘本的特征呢。

何况有人的孝心更重，骂人时连再上几辈人也捎带上呢!

他们骂:“我操你姥姥!”

他们骂:“我操你祖宗!”

这种骂法的确会让美国人感到望尘莫及，因为美国历史太短，根本没祖宗可骂。

听说法国人在骂人上比美国人有更深厚的传统。他们也骂“臭大粪”——Merde，此外还有大意为“你妈的大粪”的骂法。

可能是由于法国的历史比美国更悠久的缘故吧!

“巴格牙路”：世间最肮脏的字眼

“巴格牙路”在日文中是混蛋、笨蛋、蠢蛋、智力不全或不甚发达的意思。

“巴格牙路”在日文中是一句典型的用来骂人的语言，堪称日本人的国骂。

严格地讲“巴格牙路”只能算是骂人的话，而不能算是脏话，因为“巴格牙路”从字面上看并不脏，在日文中应书写成：

“马鹿野郎”（ばかやろう）。

另外，日本人在国内骂人时并不总将“马鹿野郎”四个字都用上，而大都只用前两个字“马鹿”，发音与“巴格”相近。

如上级见下级做错了事，要“马鹿”（巴格）一下；

如被说了“马鹿”的下级回家后，发现老婆没在他食欲最旺盛的节骨眼上将饭端到他的眼前，也要气不打一处来地“马鹿”一下；

再例如，被骂了“马鹿”的妻子见她家的狗在她被丈夫斥责的时候在一旁摇着尾巴幸灾乐祸，便也会在丈夫离开现场后，对着那狗狠狠地“马鹿”一下。

以上几个被“马鹿”的都是“混蛋”，只不过在等级上有所不同罢了。

值得称道的是，在日文通用的骂法中，从未见过如英语的Shit、Fuck和法语的Merde那么脏的、与大粪和性行为相联的脏话。或许是因为笔者从未与日本讲脏话的阶层接触过，所以不大知晓在下层社会中语言到底脏到何种地步；但从电视中来看，在日本的贫民和黑社会中通用的粗话，大多是听起来卷了弯的，类似舌头根接了电源后在高频刺激下发出的嘟噜、嘟噜声，偏偏没有类似于“去你妈的！”或Fuck一类的脏话。

这只能说明日文是字面上比较卫生的语言，却不能说明日本是高度文明的国家——

一谈到“巴格牙路”就不得不提到日寇侵华。

一提起“巴格牙路”，就不会不联想到日本鬼子的凶恶。

“巴格牙路”虽是句骂人话，但从语言文化的角度分析，却远远超出一般骂人话的范畴。

因为历史上似乎没有哪一个国家的国骂像“巴格牙路”那样，在另一个国家被普遍知晓；

因为历史上似乎也没有哪一个民族像中华民族那样，对“巴格牙路”恨之入骨、谈之色变、心有余悸。

中文的“他妈的”未曾被任何他国的国民所熟知，而且似乎英文的Fuck、Shit也没被他国国民所忌惮。

甚至德文也没有在被德国入侵的国家中留下哪种梦魇般的语言的记忆……

唯独“巴格牙路”例外。“巴格牙路”在中国能令老人色变，令中年人想到国耻，令幼童联想到日本鬼子那血淋淋的刺刀……

几亿中国人！

这是语言中罕见的现象。

这是日本民族的创造？还是日本民族的耻辱？

这是历史的伤痕，还是历史对军国主义的鞭笞？

遗憾的是当代日本人并没意识到这一点。大多数日本人根本就不知道，他们的“马鹿”在中国和其他被日军蹂躏过的国家人民心中留下了多么深的蹄印，因为侵略的历史早已被从日本教课书中删除了。

教课书可以删除，但人们的记忆不能删除。

官话不大好记，但脏话却极易传播，尤其是带血腥味的脏话。

“马鹿野郎”——“巴格牙路”将永远与日本军国主义者的形象挂钩！它将永远成为人们对日本人的印象中不易褪色的污点；侮辱过、骂过人的人，留给被侮辱过、被骂过人的印象，永远是肮脏的。

爱不易忘记，恨更难抹平！历史无情地证明：“马鹿野郎”是世界上最血腥、最肮脏的语言。

日本人有信心让人们永远忘记它吗？

职业语言戏谈

职业语言是只有人才会说的。

您见过动物中有分职业的吗？

您听说过有在森林中专门分工指挥交通的老虎吗？

如有的话，就不是真老虎了。

那是纸老虎，是美帝国主义。

只有人类才会分工，才会将不同的事让不同的人去承担，才会有职业。有了职业的不同，才会有职业性的语言。

只有人类才有专门分工在岗楼上当警察的，才有讲警察该讲的话的人。老虎有那个耐心在岗楼上站着吗？

警察讲什么话？警察讲话的特色何在？

警察讲话严厉。警察爱训人。

警察有时根本就不用讲话，就会吓你一跟头。

所以在众多拥有职业的人中，警察的话最少。

讲话最多的是教师，尤其是中小学教师。

教师讲话的特点是滔滔不绝，而且不知疲倦，所谓“诲人不倦”。但讲的人不倦，听的人却十分容易感到疲倦。

本人就属于容易疲倦的那类人，早年上学时经常在课堂上被老师点名叫醒。

记得那时老师们也要面子，课堂上叫醒学生时并不直截了当地叫，因为那样会给人留下一种因他们讲课不精彩学生才睡觉的令人难为情的印象，所以他们叫人时经常旁敲侧击、指桑骂槐。

“有人真是春困、秋乏、夏打盹啊！”有一次本人就是被一位老师用这种突然上扬的声音吵醒的。

“这是上什么课啊？”本人听到第一遍“警钟”后仍未完全从梦的意境中苏醒，还有些迷瞪。

后来是全阶梯教室几百号人全部集中在本人脸上的目光将本人彻底惊醒的。他们的目光在教室中搜索了好半天，最终集中到了半睡半醒的本人头上。

除了教师之外，讲话滔滔不绝的还有说相声的。

好像说相声的没一个是沉默寡言的。

如果有的话，肯定就是那些“已故著名相声演员”了。

凡是仍健在的相声演员都很健谈，都会臭贫。

讲话不仅有职业特色，而且还有职业需要的，是飞机上的Captains——机长们。

好像所有飞机上机长的声音都有一种平稳而自信的格调。

他们在飞机起飞的时候总是用那种声音对乘客们宣布：“Ladies and Gentlemen, I am the Captain……”（女士们，先生们，我是机长……）

那种声音必须平稳，否则就不能保证飞机的安稳；

那种声音必须自信，否则人们便会担心飞机从天上栽下来。

可见职业语言的重要性；

可见“说的比唱的还好听”有时也是必要的。

声音必须平稳和郑重的职业语言好像还有以下几种：

火车乘务员的语言；

宇宙飞行员的语言；

还有，太平间管理员的语言。

晴海之声

在众多带有职业性的语言中，给本人留下印象最深的，是日本女人在做商业推销时所用的声音。

日本东京有一个著名的工业展览中心，叫做“晴海”。

在晴海看展览时总能听到一种非常奇怪的声音，那就是女推销员们口中传出来的“佳音”。

她们总是站在最显眼的地方做产品宣传，总是用那种职业性的声音介绍她们所要介绍的产品。

这本无奇异之处。

奇异的是她们讲话时用的那种语言和语调、包括宣讲时脸上的表情，都是——假的！

都是人工的，都是特制的。

那种声音十分职业化，职业化到在日常语言中绝对听不到的程度，职业化到令人根本不相信人还能那样说话的程度。

那是一种极其特殊的日语；

那是一种非常奇怪的语言；

那是一种专门为办展览、为做商业宣传而定型特制并定点使用的语言。

那绝对是大马路上听不到的语言。

因为只有商业演讲员才用它；

因为只有女性商业演讲员才用它；

因为只有办展览、搞推销时才用它。

那种声音很甜，很柔，很纯；没有杂音，没有瘪音，没有低音。

它十分动听，十分有鼓动性，十分适合于用来烘托气氛，十分适合于用来造势，使人听后油然产生一种：

马上就去买；

不买就别走；

走了就完蛋——的感觉。

那种声音的确是人类发声学上的一种杰作，因为那种声音无论从发声学的哪个角度上看，都是最无可挑剔、最不可抗拒的声音，只因它是经过特殊训练才练就出来的一种声音，而且是根据最科学的发音原理设计出来的一种——假声音。

正因为那声音是假的，所以听起来虽然动听，但十分做作，虽然娇媚但不真实，虽具煽动性但不感人。

听到那种声音后会令人联想到：

日式插花的工艺；

日式茶道的功夫；

日式庭院的工整，以及——日式的微笑。

以上所有都代表着极强的匠意和极勉强的真实。

晴海展览厅中女性的声音是一种绝唱，是根据商业推销的需要刻意制作并强行培训出来的一种虚假的声音。

那种声音虽完美但不真实，

虽动听但极为残酷。

因为那本不是自然的人和自然的女性应该发出、能够发出的声音。

那是一种声音的异化；

是一种人性的异化；

是商品对妇女自然发音的无情的改装和改变

——为了取悦听众，为了取悦男子。

我这话虽难听，但真实，但人道。

菲律宾语：东西方文化血乳交融的文字

菲律宾语用拉丁文拼写是“Tagalog”。

菲律宾语是由西班牙文与原土著居民使用的语言相混合后产生的一种语言，所以用的是拉丁文的字母，发的是西语和“土语”混杂的音。

这里恐怕有必要先解释一下“土语”上的那个引号。

在北美，印第安人被称为“土著”——Native 居民；

在台湾，高山族被称为“土著”或“原住”居民；

在日本，阿依努人被称为“土著”居民；

于是在菲律宾，西班牙人到达吕宋诸岛前居住在那里的人也被叫做“Native”居民了。

其实，依本人来看，那些被称为“土著”的、原本生活在那些土地上的居民和他们使用的语言，根本就不应该以“土”字相称，或者冠以“土”字。因为在城市人的概念中，“土”字往往都是与“落后”“原始”一类的概念相联系的；但仅凭那些民族最早就居住在那里的土地上一点，就根本不应该将之不分青红皂白地归到“土”的那一类中。

后来的人才真正“土”呢！

不土、不走投无路能往别人的地盘上跑吗？

英国人是因生活所迫才跑到北美的，因为英伦三岛太狭小；

西班牙人也是无可奈何才漂泊到吕宋岛的，因为在本土上发不了财！

而那些原本居住在吕宋岛的所谓“土著”人，虽然有些直到今天还过着风餐露宿、茹毛饮血的生活，还“顽固”地生活在远离现代城市文明的“保护区”中，但难道那不是生命之本然状态，不是大自然赋予的生活方式吗？

难道人类只有披上西装，才会最终脱离“土”的状态吗？

西装是什么？是欧洲许多穿衣式样中的一种而已，如同中国人曾穿过的马褂、长袍。当数以亿计的东方男子都穿上了西装，都以穿西装为荣的时候，被“异化”的程度绝对不下于让全欧洲的男子都穿上长袍、马褂。那到底是一种“洋”，还是一种“土”呢？

——与那些誓死不改变本然的风俗和生活方式的“土著人”相比。

因此说，“土著人”和“土著”的语言并不“土”，即使“土”，也不能用世俗的“土气”的“土”来约定它。如果一定要以“土”字名之的话，那么这个“土”字的语义应是“土地”的“土”，而自然界中最伟大最广博的，正是土色的大地。

泥土是生命之本。

Tagalog 就是一种“土著”和“现代”相结合的语言，是东西文化有机的组合。

Tagalog 是土洋一体的语言，是刚柔一体的文字。

菲语听起来极像西语，因为菲语中有许多西语的词汇；

菲律宾人中有许多人看上去也极像西班牙人，因为他们的血液中流着西班牙人的血。

菲律宾人是世界各类人种中唯一的一个在血统的成分上同时携带东西、亚欧两种源流的人种。

两股血流使他们共具东西两种特性。

西方的血液使他们眼睛硕大——与一般亚裔种族相比；

东方的血液使他们的性情温柔——与一般西裔种族相比；

西方血统使他们开朗、豁达；

东方血统在他们的豁达中糅进了含蓄。

他们身上既有西班牙斗牛士的豪气，又有东方君子、淑女的尔雅，更有热带“土著”居民特有的自然和随意。

菲律宾人种和语言就是这样一种带有多种特色的多元文化的结晶体。所以说，要想知道什么是真正的“土洋结合”和“东西兼容”，就要去菲律宾，要交菲律宾朋友，要学 Tagalog，因为那种东西交融不仅是文字上的，而是血缘上的。Tagalog 就是东西方血乳交融后产生出来的文字。

菲律宾人：全球打工仔

一

“打工”通常是指做体力活，虽然后来有人将之扩展，把在不当老板的状态下所做的一切工作都统称为“打工”。

连美国总统都算是打工的——如果按照扩展了的“打工”概念算的话。

本文中暂且将“打工”定义为原意的“打工”，指做体力活的意思。

于是所有的“打工”的人便与早年的“劳动人民”同义了。

改革开放后中国出现了许多新名词，专用来描述到外省做工的“劳动人民”，如“打工仔”“打工妹”，如“流动人口”“盲流”，如……

在各类打工的仔、妹中，以安徽小保姆和四川妹子最为著名。印象中好像前者没有不敢进的家，没有不敢带的孩子；后者没有不敢干的活，没有不敢吃的辣子……

以上是中国“劳动人民”的故事。

再说外国的，全球的。

世界范围内有没有像中国的打工仔、打工妹一样满地球游荡打工的？有。谁？菲律宾人就是其中之一。

如果说安徽保姆、四川妹子们只是在中国范围内以师团的规模、在九百六十万平方公里的国土上四处转战，寻找工作机会的话，那么菲律宾人的“打工”范围便遍及全球，其规模便是以集团军为单位的。

菲律宾人打工的身影在地球上无所不在；

菲律宾人打工的工种在世界上无所不包。

对于他们来说，整个世界便是一个没有国界的工地。

二

在世人眼中，菲律宾人似乎总是与“佣”“劳”等字眼联系在一起的。

在香港，他们的女人被称为“菲佣”；

在台湾，他们的男人被称为“外劳”。

他们的劳工队伍出现在沙特阿拉伯的钻井台，出现在北美的工厂，出现在全球范围内各类富人的家中……

并不是说中国人、印度人或其他种族的人就没有在国外“打工”的，中国人也在世界各地的各种场合以各类方式打工，但他们的打工范围往往是特定的。中国人大多在中餐馆中打工，他们打工的工种也往往是单一的——刷碗或端盘子。

本人就是一例。本人的打工工种更专一，就只是刷碗，从不端盘子。

而菲律宾人则不然。菲律宾人在国外所打的工种总是与现代化、集团化联系在一起。男的大多是在现代化的工厂里集体做工，女的则如安徽保姆那样集约化地从事家庭服务业。他们就是这样垄断了香港的保姆业，也就是这样，将北美的许多工厂的重活全揽了。

他们是名副其实的跨国打工正规部队。

菲律宾人为何能走遍全球，打全球的工？

一是因为菲律宾本国没有庞大的工业基础，无法吸收剩余劳力。菲律宾需要依赖国外的劳工市场缓解本国高失业率的压力。事实上，菲律宾每年很大的一部分国民收入，便是数以百万计的国外打工大军向国内亲属寄回的外汇；换句话说，菲律宾的经济发展离不开外出的打工仔、妹的血汗钱，他们带回的外汇成了国民经济高速增长所需的变相的“外资”。

第二个原因便是语言上的了。菲律宾之所以能如此大规模地进军外国劳工市场，必不可少的一个条件就是菲律宾人几乎人人可以讲英文。英文是菲律宾的官方语言，具有与 Tagalog 平等甚至更优先的地位。

英语是今日世界的普通话。能讲英语的菲律宾人就是凭着这个在亚洲诸国中少有的天然条件，毫不犹豫地冲向世界各国的劳动力市场的。

香港人之所以多以菲律宾妇女为家佣，是因为既方便与她们用英文沟通，又能让孩子与她们练习英文；北美的工厂之所以愿意雇菲律宾人当产业工人，是因为他们与北美人没有语言交流上的障碍。

这里并非是说所有国家都应以英语为官方语言，都应向国外输出劳动力；本人只想证明，讲英语的菲律宾人在对外输出劳力这方面占有得天独厚的优势。在这层意义上，菲国应该是一个因语言的优势而实现经济起飞的国家。而它之所以具备全民讲英文的条件，除了曾为英国殖民地的历史原因外，更因为该国的母语——Tagalog 本身就是拉丁文的变形。菲律宾人本身就有西方人的血统。菲国人冲出亚洲走向西方，既是出走，又是回归，是落叶从天而降的归根。

虽然菲国人以潮水般的数量外出打工，但并不意味着菲律宾贫穷和落后；恰恰相反，与亚洲诸国一样，近十年来该国的经济发展突飞猛进，“小吕宋”已被建成与欧洲中等先进国家不相上下的美丽而现代化的群岛。

当人们从太平洋上遥望马尼拉那些在椰林中巍然耸立的现代化摩天楼群的时候，可曾想到，它们都是由百万远在天边的菲国打工仔、打工妹们用一双双勤劳的手托起的吗？

杭州话：西子湖畔的笑声

一

也许我的耳朵有些偏差，也许我对杭州迷恋，也许我对西湖太痴情，反正，我印象中的杭州人总是笑着的，我耳畔回荡着的杭州人的话音总是带着笑声的，总是那么轻松，总是那么明丽。

杭州方言——杭州话是带着笑声的语言。

杭州话第一耳朵听上去是生硬的，尤其是在双眼被那美得使人神魂颠倒的西子湖水打湿了之后。那时我直在心中为西子湖喊冤。我认为杭州话的生硬配不上西子湖水的轻柔，杭州话中土质般的生硬配不上西子湖水中的绿。

因为那时我只看到了小巧的孤山；

但第二眼我看到了整个西湖；第三眼我看到了“苏堤春晓”后面的后西湖，以及那绿色的山。

西湖一下广大了，我的胸怀一下扩展了，也就不觉了杭州话中的生硬。

杭州话的那坚实的质感取材于杭州四周的山岭，取材于孤山、玉皇山、杨梅岭……所以杭州方言虽坚硬却不刺耳；虽质朴却不粗野。因为有西子湖的水。因为有龙井的茶。

用西子湖的水泡制龙井的茶，再掺进孤山、玉皇山、杨梅岭土石的质朴，就成就了杭州的方言，成就了杭州人的性格。

美、质朴中带着沁人的水汽。

二

杭州方言中的笑声也是从西子湖畔传来的。

是从雪后断桥上西子姑娘们的嬉闹中，从夏夜“楼外楼”的杯盏中，从柳浪边夜莺的歌喉中……传来的。

那是灵隐的钟鼓，是苏东坡的诗，是人类的放纵和开心！

——面对那天赐的一汪湖水。

——面对天上飞的白鹭。

那笑声中传来的是解放和升华。

可惜的是，偌大的中华只有杭州人被上苍赐与了西子，只有杭州人被娇养进了西子的情怀，也只有从杭州人的口中，才能吟出那一串串让人笑让天笑、让人开心让天开心的，自然中摇啊摇出的快乐的方言。

那是杭州人的福分呢，还是没有西子湖的其他人的悲哀？

杭州人讲话时总是带笑的，因为他们总是站在美的边缘，而在美的边缘的人就应该是笑着的。

至少，在他们想哭的时候，抬眼看一看那纯而丽的西子湖，他们就哭不出来了。

世上哪没有想哭的时刻呢？

但世上谁又有福分，在那一刻到西湖边上去接受大自然的美的抚慰呢？

只有杭州人有。于是杭州方言听起来就像笑声了。

三

我原想杭州话应比上海话软，因为杭州的水是软的。然而我错了。

我原想杭州话应远离北方方言的体系，因为杭州是江南。然而我又错了。

杭州话比上海话硬，比北方方言软。杭州话是带着吴音的山东大葱，是南方方言中的北方话。

是山水各半的方言。

山水各半，软中有硬，柔中带刚，南中有北，不也正是杭州人的性格吗？

杭州人比上海人自然开朗，比上海人开心，杭州人又比以山东人为代表的江北人细腻多情。

造物主将北方人的真实和南方人的细心揉成了一团，再加上点诗意——就塑成了一簇簇在西子湖边游乐着的杭州人，其中有白居易、苏东坡，有郁达夫、秋瑾、鲁迅；有文有武；有真杭州人有假杭州人，有本不生在杭州却自认为是杭州人的杭州人，也有本不是杭州人却被杭州人当作杭州人的杭州人，更有到过杭州别离杭州梦寄杭州客死杭州的杭州人……

四

四年前我第一次到杭州，在第一眼看到西子湖的瞬间就完全听懂了杭州方言。

这令与我初识的杭州朋友吃惊，我也同样吃惊。

因为我第一眼便读懂了西湖。

杭州方言是西子湖的水韵，我便听懂了那韵律中的声情了。

“江南忆，最忆是杭州”……

孤山脚下祭秋瑾

一

记得那是一九七八年夏我上高一的时候，一个与我十分相好的同学在一个星期中经常缺课，并行踪神秘。那正是阴雨绵绵的夏季，他经常是下午才匆匆走进教室，往往淋得像落汤鸡一般。

“你这几天到哪里去了？”一天下课后我背地里问他，担心他经常缺课会开罪老师。“这几天去了几次西山碧云寺！”他兴冲冲地说。原来他近期读了许多辛亥革命时期的书，为当时志士们的传奇故事而倾倒，便三次蹬脚踏车冒雨去香山碧云寺凭吊孙中山衣冠冢，并观看辛亥革命展。

“孙文、黄兴、林觉民、鉴湖女侠秋瑾！”

他一一列举着英雄的名字。在讲到秋瑾的名字时，他眼中流露出对女英雄一种少年特有的敬慕。十七岁正是多梦的年龄，是寻找英雄并试图以英雄的方式去实现各种梦想的年龄，更何况是寻找一位侠肝义胆、传奇式的女英雄呢？

“上西山！”第二天下午，我们三个男生便在那位同学的带领下“悄悄地”离开教室，蹬上脚踏车，带着一杆气枪踏上了寻找女英雄的征程。香山离市区三十余里，我们沿着运河飞速行进，在路上和乡间留下了一串串清脆的车铃声和阵阵的歌声。

秋瑾的那张手持短剑、自题为“鉴湖女侠”的照片便是那天在碧云寺辛亥革命历史陈列馆内第一次看到的，但看到那张照片时的心态已经依稀不清了，只记得那天傍晚我们三个热血沸腾地离开陈列馆，将脚踏车子“掩埋”在碧云寺的草丛中，扛着那杆用来壮胆的气枪，在夜幕和自己歌声的伴随下，一口气爬上了碧云寺后西山的最高峰。

那是一个十分壮丽的夏夜！星空显得离大地很近，绵延起伏的燕山山脉在星空下像黑色的盘龙，用躯干紧紧地锁住望不到边的华北大地。山后望去是时隐时现的点点灯火，那是被西山隔开的又一个小城镇。三个少年席地而坐，面对着灿烂的星空，慷慨激昂地抒发辛亥式的少年豪情，编织着未来的英雄梦幻。我们梦想成为广州黄花岗誓死如归的七十二英烈，我们更是无限崇拜手持短剑的传世女侠——秋瑾。

“秋风秋雨愁煞人！”少年们反复吟唱着女侠那悲壮的词句。那诗词载着十七岁少年们的真诚和梦幻，随晚风飘向远处的群山、平原和近处睡意中的城郭……

物换星移，时光飞逝，转眼间又一个十七年过去了。

时间已到了公元一九九五年。

十七年后西山顶上的夏夜应更加壮丽迷人，夜色下灯火依稀的小城应已是高楼林立、灯火通明。十七年前夜色下指点江山的少年们却已天各一方。一位好友去了武汉，听说在那里经商；另一位持枪的同学东渡扶桑，听说娶了个东洋女为妻；我则因种种原因出国十余载，一直侨居海外。

十七年来又做了许多各种不同的梦。它们有的实现了，有的破灭了，有的被时间冲淡、遗忘，而有的却因故地重游而被重温，被唤回。

西山顶上那个仲夏夜之梦，就是我今年因商务三次回国时被重温，被唤回的。只是并非在北京碧云寺的西山，而是在掩埋秋瑾遗骨的杭州西子湖畔，在孤山脚下。

二

我是被一阵儿童动人的歌声引导着来到秋瑾纪念碑旁的。

今年四月一个春意盎然的早晨，我正在孤山脚下的西子湖边缓步而行，一阵清亮的童声合唱顺风传来，十分悦耳。我沿着歌声传来的方向走去，便看到一群正在唱歌的小学生，同时也看到了他们身后那座白色的纪念碑，看到了纪念碑的主人。那正是鉴湖女侠秋瑾。

这是一座汉白玉制成的秋瑾立像。秋瑾的表情和装饰使我回忆起当年在北京西山的那张秋瑾像。纪念碑后面记载着女主人的生平，是古文体的，且碑文已有些模糊不清。

时值清明，孩子们是在老师的带领下来给烈士扫墓的。他们个个颈上戴着红领巾，神情肃然，并显出成人的悲壮和沉痛。他们的悼念安排得紧凑有序：一会儿在管乐的伴奏下齐唱悲歌，一会儿三五成群高诵对烈士的颂辞。湖边陆续走过的游人和湖面浮动的游船，丝毫不影响孩子们歌声的悲壮和宣誓时的执着。

“秋风秋雨愁煞人。”孩子们高声朗诵着秋瑾的诗。我一直伫立在孩子们的身后，观看着他们的演出。

这是十七年后我第一次又听到鉴湖女侠的名字；

这是一九七六年与中学同学举着花圈在天安门纪念碑前举手宣誓后，第一次又看到清明节烈士纪念碑前的宣誓；

这是多少年后，第一次又重新听到童年时熟悉的、曾唱过多少遍的少先队队歌，以及那曾宣过多次却又被忘却过多少次的誓言。

这是多年来，第一次看到组织得这样井然有序的仪式，第一次看到这么多人的脸上——即使他们都是孩子——带着如此执着、如此真诚的神情。那是一种可迅速传递给周围的人并为之感染的执着和真诚。

这是许多曾有过的朦胧记忆和感觉的又一次重现，却又让人难以追忆起那最后的一次是如何消失，在何时消失，又为何消失！

也许它们属于历史，随时光而消失；也许它们仅属于一个民族，随着大陆的尽头而消失；或许它们只属于童年，随岁月而消失……

的确，他们是群孩子；的确，毕竟是在他们的童年。

当教师宣布扫墓结束，孩子们对纪念碑行完最后一个礼后，悲壮的神情便从他们的脸上蓦然消失，现出童年的天真和欢乐，争相奔跑着上山做游戏去了。片刻间他们的身影和欢笑声便消失在孤山的松林中，留在他们身后的仍是那座无声伫立在草坪上的秋瑾白色立像。

过了一会儿，我也告别了秋瑾纪念碑，沿着美丽得带几分醉意的暮春的西子湖，继续缓步踏春而去。

三

今年初冬的时节，我又一次来到西子湖畔。

一天上午我沿着苏堤散步，走到“花港观鱼”附近时，意外地发现那里有一个秋瑾纪念馆，便走了进去。

这是一座不大的纪念馆。冬日的阳光从窗外投进来，使室内的陈列物披上了一层淡而祥和的底色，似乎有意使参观人感到被纪念者女性的气质。

馆内参观者寥寥无几，显得十分冷清。

我边参观边走，走过被纪念者生平介绍部分、早年受私塾教育部分、苦闷婚姻部分、赴东洋求学部分，之后，我的脚步在一幅照片前停住了。

这就是那幅秋瑾自题为“鉴湖女侠”、手持短剑的照片！

这就是好友在碧云寺看后为之倾倒，仨少年逃课驱车直奔西山以求一睹的女侠的照片！

十七年后已是成人的我惊异地发现，它竟是一张奇美的妇人肖像。

也许是刚从日本回国不久的缘故，肖像的女主人身着一件看去颇像和服的宽格上衣，高高盘起的浓发也颇似东洋流行的发型。那是一张江浙女子典型的长圆秀美的面庞，大而清秀的双眼，沉静若水的眸子，整个肖像呈现出一种由平缓曲线勾勒成的静态、柔和的美。

这是一幅足以与蒙娜丽莎媲美的妇人肖像，它同样显示出女性安祥的美。然而不同的是，秋瑾眼中没有流露出蒙娜丽莎发自内心的微笑，有的却是隐隐的痛楚和惆怅；更不同的是，秋瑾的手上不仅没有蒙娜丽莎那令人称道的柔美的曲线，相反，她手中紧握的是一把锋芒逼人的短剑！

这是一幅由极其柔美和极其锋利所组成的、极不和谐的画面；

这是一幅使人同时产生对美的幻想和对残酷的畏惧的极端矛盾的画面！

秋瑾形象的秀美来自于她故乡的青山绿水；秋瑾和式的妆饰

上落着她远渡东瀛追求强国之道上的仆仆风尘；秋瑾那双忧郁的眸子倾诉着她返乡途中看到国家被列强宰割、民不聊生惨状后的忡忡忧心；秋瑾手中的利剑放射着她出闺阁加入同盟会、誓杀强虏、重建中华的凛凛威风。

出身书香门第的秋瑾凭天然的美貌足以露出蒙娜丽莎般神秘而永恒的微笑，但她却毅然放弃了暖阁的悠闲，而将目光投向墙外破碎的河山和痛苦的民众，于是她脸上原有的微笑变成了痛楚，变成了仇恨；她那只与蒙娜丽莎同样曲线纤细的、本应绣花的手伸向了宝剑，伸向了短枪！

那是秋瑾所情愿的选择吗？是的，当然是，她是自愿加入同盟会的；但那又绝不是一个妙龄少妇在天然本能下的选择。秋瑾参加同盟会以前，从少女到出嫁时期的照片都非常文静。她早期留下的诗词是十分善感和婉约的。是令人惆怅的秋风秋雨荡涤了她闺阁中的平静，是她深深的同情心和对道义的追求激发她义无反顾地做出了女扮男妆、以短剑和短枪的暴力形式驱除鞑虏、恢复中华的选择。

这是一幅远比蒙娜丽莎更美的女性的肖像！

因为女主人公的美不是神秘而是博大的，她无需乞求别人的爱，却在内心饱含着无限的怜悯和母性的博爱。

这竟是秋瑾投身革命之后绝无仅有的虽手持宝剑但仍身着女装的遗照！

之后的秋瑾彻底地告别了红装，她身穿各式男装，以利剑和短枪与男子一样投入到推翻清朝统治的腥风血雨的暴力之中。她的书信中、诗词中的柔情，也被壮怀激烈的男子式的豪放所取代。那以后秋瑾成了彻底的大侠！

成了开枪的战士！

四

我继续观看陈列物，希求在纪念馆中再找出一幅秋瑾女装的照片，最后终于发现了一幅；不过准确地说，它不是一幅照片，而是一幅速写。

它被刊载于一九〇七年七月十六日的《晨报》上，记录的是七月十五日凌晨秋瑾就义时现场的情景。

它的作者应该是一个目击者，很可能就是参与杀害她的人之一。

那是一幅令人心碎的画面！

画面上的街道是就义者原籍绍兴府的一条街道。因为是清晨，街上几乎没有行人，有的是前后两排手持兵器的清兵；而夹在中间的便是三个行刑刽子手和这次行动的对象——在一次攻击行动中受伤被俘而被判斩刑的女侠秋瑾。

秋瑾是身着女儿装，或者说是被强行脱去男装，穿着女儿内衣，被夺去男式帽子，披着一头原本秀美的长发而被处以斩刑的！

她那身着白袍的躯体俯卧在街道的地面上，衬出她娇美的体态。她的头枕在一块长木上，眼睛微闭，似乎感到十分的舒适、安祥。而她头上高悬的是刽子手的斧头大刀。她的长长的浓发被另一个前头站立的刽子手拉在手中，她那俯卧的白色的躯体与被拉在刽子手手中的长发，形成一条黑白相连的曲线，与手执利剑那幅照片呈现出同样的女性柔和的美。所不同的是，她此刻正横卧在街头，正等待着头上高悬的巨斧！

秋瑾就是这样英勇就义的！

她是在多年女扮男装后最终以女性的身份，以原本女性的美，去迎接死亡那一刻的！

她是在没有同志，甚至没有围观观众的情形下，孤独地告别人世的。因为那是在凌晨，大地还在沉睡！

她在临行时更没有同性的陪伴，因为刽子手和持枪的兵士都是男性。想必他们当时也是怀着一种异样的心态，去处决这个曾以男性的身份同自己激战、但又是一位美丽的异性的敌人的！历史应该永远记住九十多年前中国南方那个小城的血色清晨！因为那一斧砍去的是一颗高贵而美丽的头颅，那斧头终止了一颗企图以超越自我性别的方式去挽救民众的母性爱心的搏动，那是对美和善的最残暴的摧残！

秋瑾是本应以女人的方式、女人的装束和女人的手段去救国的，无奈她所希望改变的一切都是由男人操纵的——执枪的清兵、批准她死刑的浙江巡抚，甚至她的同志们都是男性。于是她就毫无选择地以男子的方式参加战斗了。

是秋瑾以她的母性的血和女性的美震惊并唤醒了小城沉睡的人们。她用血激励举国上下无数的男子投身于反清的革命浪潮之中。终于在秋瑾就义后不久的一九一一年，他们推翻了一个摇摇欲坠的封建王朝。

一个由男子建立、男子统治的王朝的强暴和不合理，在一个弱女子的血泊中被反证，从而加速了它的灭亡。

人类历史的许多荒谬，都是在和秋瑾一样，同属女性弱者的血的反证下，被认知和否定的。

秋瑾的血证明了清朝的暴政；

江竹筠的血证明了国民党政府后期的腐败；

张志新的血证明了十年“文革”的荒谬；

卓娅的血证明了德国法西斯的残暴……

这是怎样一种残酷的过程！因为这个过程的代价是秋瑾等母亲们的美丽的生命！还有什么比这更大的代价吗？

愿人类永远放弃荒谬和暴力，永远珍惜文明与和平，永远将美丽和生命归还给母亲们！

为了西山夏夜崇仰她们的少年；

更为西子湖畔歌唱她们的儿童！

一九九五年

Hebrew、Yiddish：使犹太人复活的语言

一

犹太人是二战后被逼着复国的。

恐怕人类历史上没有任何民族有过犹太民族那般令人可怜可悲、可歌可泣，而又可敬可佩的历史。

无数的犹太人，穷的、富的、尚没脱下纳粹集中营囚衣的、面带死色的，被整船整船地运往曾是他们祖先国度的土地——以色列。

他们要再建一个家园。

他们要恢复一个家园。

他们要再建、恢复一种曾经存在、曾经辉煌，又几乎濒临灭绝的文明。

还有它的语言——希伯来文（Hebrew）。

Hebrew 是曾用来表述犹太教义的语言，而犹太教又是基督教的前身。

上帝的儿子耶稣基督本身就是犹太人。按逻辑推断，他应该是会讲希伯来文的——不，他应该只会讲希伯来文。

然而他被钉死了。

然而他被上帝用来拯救人类了。

——按照《圣经》的说法。

那时正是公元元年，是按西历记述的人类历史的开始。

Hebrew——希伯来文呢?

Hebrew 也随着耶稣基督死了。

耶路撒冷的神庙是公元七十年被破坏的。犹太人的亡国，犹太文明的解体，犹太人全球性的流离失所，全球性的寄居，全球性的被歧视、被排挤，也是从公元七十年开始的。

Hebrew 也随之离散，随之瓦解，随之被带到全球各处，又随之被遗忘了。

以色列亡国了；

Hebrew 也亡了。

二

然而，流浪全球的犹太人并不甘于亡国。他们并不甘心让 Hebrew 失传。他们要保留住 Hebrew 的文字符号。他们要让 Hebrew 的基因代代相传。他们要伺机复国！而 Hebrew 的字符是他们复国的资本，是犹太人的基因。

于是，就有了 Yiddish。

按照《韦伯大字典》，Yiddish 是“Jewish German”，即“犹太人德文”。它是一种“用希伯来字符表述的德文”，是“通行于东欧犹太裔移民”的“High German”——高级德文。

本人不禁发笑。

不禁肃然；

不禁感叹历史的荒唐；

不禁对犹太人的顽强和执着肃然起敬。

好一个“犹太德文”！

他们是在寄居的他国继续使用祖先遗留下来的Hebrew的；

但他们只保留了Hebrew的字母。他们用希伯来文的字母去标写寄居国的语言。

而他们使用Hebrew标写的欧洲语言不是别的，却是German——德文。

他们却又偏偏是被德国人几乎斩尽杀绝，从而不得不挤在返乡的船上，回以色列去复国的。

是不是上帝在牺牲了耶酥之后还要拿整个犹太民族去做牺牲，去做拯救全人类的祭品？要不何以将犹太人的命运，将Hebrew安排得如此费解？

犹太人——寄居在欧洲的犹太人，就是这样带着仅剩下希伯来文字符的Yiddish，在二战后回去复国的。

等待着他们的，是阿拉伯人的仇恨。虽然希伯来文与阿拉伯文同属Semitic（闪米特）语系，二者使用外观极其相近的符号。

三

犹太人在历经劫火后复国是下了狠心的，是雄心勃勃的，是彻底的。他们要复原犹太文明，复原犹太文明中曾有过的一切，其中包括Hebrew——希伯来文。

据犹太人说，他们建国初期，Hebrew已是一门只有文字没有声音，只有上古经典可考，却无人可以口头操作的语言。

那是一门已经死亡并风干了的木乃伊般的语言。然而犹太人偏偏要让它活复，要让Hebrew复苏成与任何现代语言一样的、能写能说能唱诵的活生生的语言。

在若干世纪之后。

这是一项前无古人后无来者的工作，是一项不可思议的程序。它的难度如同使失去记忆能力若干年的人重新追忆丧失记忆前的往事；如同让干枯的尸体重新产生生机。

仅凭语言基因的碎片；

仅凭在东欧使用过的Yiddish中Hebrew的符号。

可能人类历史上只有犹太人会尝试修复一种既往的文明和语言。因为只有犹太人——一个曾参与过人类初始文明建设的民族彻底地亡过国，彻底地迁徙，又几乎彻底地被毁灭。

古埃及文字丢了，埃及人使用了阿拉伯文，但埃及尚在；

连古巴比伦国还有萨达姆·侯赛因在看家；

中国文明被人“殖”过，但中国人不可能举国人搬迁；

印度人也不可能全体移居海外。

犹太文明虽不能与以上几个文明相提并论，但犹太历史也是悠久的历史。按照犹太年历计算，公元一九九八年应是犹太人的第五七五九年（《韦氏大字典》）。不算短吧！然而犹太人亡过国。犹太人要想不再被追杀就要复古，就要放弃不伦不类的Yiddish，就要重操Hebrew！

真是够难的。但关系到生死存亡。

这是人类语言史上绝无仅有的一章！Hebrew的复苏关系到一种文明、一个国家、一个民族的复兴和生存。

二战后全球的犹太人从世界的各个角落远眺耶路撒冷，他们企盼着从那里再次传来Hebrew的福音。

四

他们成功了！以色列人没有辜负他们同类的企盼，他们成功地复活了希伯来文。希伯来文目前已与其他任何正在使用的语言一样，成了可说可写可用于争吵和表现喜怒哀乐的活的语言。

Hebrew 又复活了。

犹太人在半个世纪的炮火中成功地重建了古国，也成功地使 Hebrew 起死回生。

他们是如何将一种没有声音、没有人会说、没有现实意义的古语，在短短的九十年中发展、普及成一种通用的语言的？

笔者不得而知。笔者会继续抱着极大的兴趣去追索，但笔者知道，那一定是一项要求全民有统一意志、统一决心和统一服从的工程。

要知道学好一门外国语言也要十年的工夫，何况数百万之众去学习、使用一种全球谁都不会说，只有千年前祖先们才使用过的语言呢？

也许只有亡过国的民族才得以成就这项工程，只有遭受过灭绝性屠杀的民族才有这般的意志和决心，去完成这项跨世纪、跨历史的工程。

本人无意赞美犹太民族，也无意推崇以色列国；本人在此只是对希伯来文的复苏和 Yiddish 在欧洲的畸形存在，发出语言学意义上的惊叹。

听说在今天的以色列，Hebrew 与 Yiddish 仍然并行使用。使用 Hebrew 的“老”居民与仍然使用 Yiddish 的东欧最新移民之间，也存在相互排斥的冲突。对此又该作何解释呢？

还是请犹太人爱因斯坦回答吧。他一定会说：“那是相对的冲突。”

我会一百万个阿拉伯语词汇

一

我早先在北美曾在L公司给一个黎巴嫩人当了两年下属，还有两三个黎巴嫩血统的同事。那时办公室内总共只有五六个人。除了上述诸君之外，还外加一个虽不是日耳曼人却受过日耳曼教育、具有日耳曼式思维习惯的丹麦女人。

哦，再有那个曾被关进纳粹集中营、后来又到北美求生并迅速发了家的犹太老板娘。

她并不常来，却常偷听我和几个同事的谈话——躲在女厕所里。

在如此的工作条件下，坐在我前面的黎巴嫩上级和坐在我后面的两三个黎巴嫩同事，就迫不得已地使出他们的看家本事——讲阿拉伯语了。

本人费了以上这么多笔墨，来介绍既没人有兴趣核实又没人有机会核实的本人早期工作场景（后来老板娘破产了，后来L公司关门了），只是想说明一个十分简单的事实：

本人受了两年的阿拉伯语的腹背夹击；

本人练了两年的阿文听力；

而且是在迫不得已、情不自愿、无可奈何的前提下练听的——和那位德意志式的丹麦女人一起。

不是有人大力提倡创造学习外语的语言环境吗?

我倒有了建议——送他们到黎巴嫩去。

因为L公司已经倒闭了，已不存在那种封闭式的语言环境了。

因为我的那位上司及两三位同事已经失踪——至少对本人而言。

那是有志学阿语者的遗憾。

二

直言不讳地说，阿拉伯文听起来算不上动听的语言。我之所以这样认为，也许是由于我那两年听阿语时的心境不佳，也许是因为但凡上司的话听起来都不动听。

本人被阿语前胸后背地夹着议论，真如同身处两边对着开火的军事阵地。我的黎巴嫩上司和同事明知犹太老板娘会在暗中偷听，却能肆无忌惮地谈天谈地、侃战争骂老板娘，可见阿语是一种防御性和攻击性都很强的全攻全守的语言。

用阿语见面相互问候时，要说一句听起来相当于英文：Key Fuck 的客气话。Key 在英文中是“钥匙”的意思；Key 的发音在法语中可写为 Qui，是“谁”的意思；“Fuck”又是英文中的脏字“操”的意思，所以为了永远不忘却那句话，我就按“谁操”去记忆并理解那句话了。

于是每天见了黎巴嫩上司和同事时，我的脑海中就首先闪现出“谁操”的中文，再将之分别音译成法文英文的意思，再热烈地脱口问候一句：

“Qui Fuck！”

……

"Mie！""Mie！""Mie！"

他们回答说。那一定是对我热情问候的回答，听起来跟英文的"Me，Me，Me"（我、我、我）似的。

从那以后，我见了阿拉伯人就来一句"谁操！"，他们不仅说"我"，而且还夸我的阿拉伯文讲得很好。

以上是一个真实的故事，虽然听起来十分低级趣味并且有些对阿语文化不敬，但那种特殊境遇中的迫不得已的低级趣味，却变相地增加了中阿民族之间的了解和友谊；而使本人在不会书写阿语的情况下张口吐出了阿语，不也是一种初级的记忆语言的方法的尝试，不也没白白地"谁操""我操"了几年吗？

人在最初接触一种陌生的语言时，往往是将那种语言的发音强行转换成自己的母语进行记忆的。中国人最开始学习外语时，也常常先用中文的发音去套换外文的发音来帮助记忆。除了发音之外，还套换词汇、套换逻辑。

语言之间的逻辑套换是使用另一种语言时最常见的现象。受过中文母语教育的人，将文章写得与只受过英文母语教育的人一模一样，几乎是不可能的事。China Daily 上的许多英语报道和文章，让人一眼便能看得出来是出自中国人之手，是按中文的思维、逻辑习惯写的。

因为语言中的逻辑是无法相互置换的。

中国人按中文的思维逻辑体系思考、行文；

英国人或以英语为母语的人以英文的思维逻辑思考、行文。

语言的底下是逻辑，逻辑的底下是文化。文化只能沟通——通过翻译和模仿，却永远无法相互置换。可被其他文化置换的文化就不是拥有独立资格的文化。

中国人写的英文总是中国式的；

日本人写的英文总是日本式的；

至少，总能被挑剔出中式思维和日式思维的痕迹。

人的思维痕迹如同胎记，是随母体而来的。而语言的母体就是母语，就是 Mother Tongue——“妈妈的舌头”。

对不起，又扯远了，还是回到 L 公司中的我和与我相互用 Qui Fuck 问候的黎巴嫩同事们中间吧！

三

有一天我对我的上司说我也会阿拉伯文，具体地说就是会一百万个阿拉伯语单词。

从战火中逃到北美的原贝鲁特居民听了我那句后，先是瞪大看惯了坦克的眼睛，紧接着就用如同战火纷飞的激愤的言辞斥责我亵渎阿拉伯文明，并说阿语根本就没有一百万个词汇。

我脸不变色心不跳，镇静地先用笔写了一个 1，又写了一个 2，再写 3、4、5、6……10。

由于都到这时了他们还没看懂，我便干脆先写了一个 1，再在 1 的后面加上一个 0、两个 0、三个 0……一直到六个 0。

1，000，000——一百万。

“还有必要再往上加吗？”我问。

“难道这不是一百万个阿语词汇吗？它们不是阿拉伯数字吗？”我又问。

我的上司和同事都是受过高等教育的，听到这里他们便一齐恍然大悟，同声笑了起来。

这里需补充说明的是，L 公司的犹太老板之所以喜欢雇用阿拉伯人是因为犹太人与阿拉伯人在中东是死对头。他痛恨阿拉伯人，他想用当阿拉伯人老板，支使、利用、奴役阿拉伯人的方式，间接地在北美达到报复阿拉伯人的目的。他之所以总在我的背后机动地安置两三个阿拉伯人，是想通过定期从三个人中炒掉一个的战术，达到使剩余的两个惶恐终日的目的。

够坏的吧！

因此我背后的三个阿拉伯人每个月都被炒掉一个，然后再进来一个。L公司对于本人来说，颇似一个中东战场的微缩景观，而独自身临其境的本人，则成了中国派驻中东战区的特别观察员。

需要再补充说明的是，从语言的分类角度来看，犹太人使用的希伯来语——Hebrew，同Arabic——阿拉伯语本来都属闪米特语Semitic语系，在语言的属性上阿拉伯人和犹太人本应是一家。犹太人和阿拉伯人在中东闹到今天这样的你死我活的程度，可以说是亲族之间的自相残杀。

一提起犹太人，便不由想到了Anti-Semitism——“反犹主义”这个在二十世纪打上了深刻烙印的词，无论你喜欢不喜欢、情愿不情愿、自觉不自觉，都逃脱不开。

二十世纪可以说是没有犹太人就不成世纪的世纪。

二战的起因与犹太人有关；

原子弹与爱因斯坦有关；

二战后整个世界的东西方划分，是犹太人马克思的理论的付诸实施。

没有犹太人马克思，会有苏联，会有柏林墙，会有南北朝鲜，会有中越战争，会有中国的“文化大革命”，会有阶级斗争，会有“左派右派”……吗？

共产主义的按需分配、吃大锅饭的社会结构，似乎也就是部分犹太人以宗教为背景的生活方式的扩展。至今在以色列，仍有与中国五十年代搞共产风最火时几乎完全相似的犹太人部落。那里没有货币流通，那里人人平等，那里都吃大锅饭，那里按需分配……

马克思在勾勒他的理想社会形态时，是否参考了那些犹太人部落的生存方式？对此可能谁都无法做出肯定或否定的答案；但马克思拥有犹太人的血统、有着犹太人独有的思维和文化的基因却是事实。

没有犹太人二十世纪就会重写。

没有 Bill Gates（比尔·盖茨），会有 Window 对全球计算机的垄断吗（据说 Bill Gates 也是犹太人）？

没有犹太人索罗斯，会有东南亚金融危机吗？

索罗斯竟然一个人重写了二十世纪末的亚洲和全球的历史。

二十世纪的历史，以犹太人马克思开头，以犹太人索罗斯收场。

Anti-Semitism 虽被理解为“反犹主义”，但这个词组的直译却应是“反闪米特主义”；由于阿拉伯语也属闪米特语系，可以说把阿拉伯人也兜进去了。

您说阿拉伯人冤枉不冤枉！

阿拉伯人重写过历史吗？

也写过，而且正在写。

四

对于以 abcd 字母书写的西方文化而言，同样使用拼音文字的阿拉伯文化几乎是一个禁区。阿语的字母看上去就像是用楔子钉成的，而阿拉伯文化就像用栅栏圈成的雷区，使用 abcd 的英美等西方国家既想进入又怕踩上地雷。

那里有油，所以他们想进去；

但那里有楔子，他们不敢进去。

于是就有了以色列。以色列的国教是犹太教，而基督教的前身是犹太教，所以对于西方国家来说，以色列是基督教在中东的一个在宗教上有相似性的国家——相对伊斯兰教来说。

东亚以汉字方块字为代表的文明也有自卫的墙，那墙就是用方块字砌成的。西方文明想翻越这道墙几乎是不可能的，因为方块字太难学。但西方文明最终仍在东方落了脚，并在许多方面同化了东方，是因为东方人自己打开了城门；也是因为那道墙太长，太长的墙就容易出漏子，墙的局部就容易被攻开口子——越南被拉丁化就是一个例子。

abcd 文明对东亚的同化是成功的，因为东亚人在某种程度上甘心被西方同化。东亚被西方同化的过程以西方血腥的侵略为开端，以东亚人放下武器敞开怀抱为终结。东亚人想要学习西方，想要通过学习西方达到超过西方。

但 abcd 在阿拉伯地区的遭遇却大相径庭。

西方文明在中东曾多次以多种形式进行过侵略、同化、渗透，却都以血腥为开端，以血腥为终结。可以说，在苏联解体后，今日的世界就是 abcd 文明与阿拉伯文明在血泊中相互厮杀着的世界。

近几十年来大多局部战争都是发生在中东，而哪场战争与以色列无关？哪场战争不闹得血肉横飞？

对于西方国家来说，阿拉伯文明是沙漠中奔跑的又蛮又强壮的骆驼，是腰上捆着炸弹的勇士，是顽固不化的异教徒！

因为他们是伊斯兰教的信徒，是穆斯林！伊斯兰教和基督教似乎是两种永远无法共存的宗教，如果用传统的、严格的定义来分析目前世界上存在的三种最古老的宗教的话，那么——基督教已退化成了文化；

——佛教也已世俗化、功利化了；

仍然真正体现原始宗教精神的宗教，便只剩下伊斯兰教了。

定义宗教的尺度是生命。

最早的宗教信念是与生命共存的，信徒要准备为信仰而献身。

基督教、佛教的弟子中，还有肯愿为信仰怀揣炸弹或赴汤蹈火的人吗?

以前有，唐僧就是一个。但现在没有。

当今世界唯一的、严格意义上的宗教只有伊斯兰教。

abcd 可以同化一种文化，可以改变一个民族的习俗，但无法同化和改变另一种宗教。

宗教与对生命的信仰有关，很难改变和同化。

于是就有了中东与西方血腥的对峙。

西方曾与苏联、东欧进行过冷战；而与中东的阿拉伯国家进行过和正在进行着的，却是一场火爆的“热战”——虽然是局部的。

阿拉伯人的战争是非功利的，是玩命的；而美国人玩的战争是功利性的，是奔石油去的，所以总打不赢。

abcd 可以在二十世纪的后半期以非强加、非暴力的方式同化汉字的东方，却无法用同样的方式同化楔形的阿语国家，最根本的原因可能就是宗教。

东亚的固有宗教——佛教和道教等，都是柔性的、包容性的，是容忍性、吸收性很强的宗教；而伊斯兰教则不然。阿语的文明是非妥协性的、认死理的、无法轻易与基督教文明在相安无事的状态下共存的文明。

西亚和东亚同样有着语言文字的墙，一道是楔子变的，一道是方块字的，在与 abcd 对撞后却开出了两朵形态迥异的花；开在沙漠上的花是血红的，开在中原上的花是现代的。

这就是语言与宗教的相乘效应。

如果一种文明与另一种文明之间只隔着语言的墙，它们之间是可以相互影响和相互同化的；但不能再加上宗教。语言再加上宗教合筑的墙，就已不是墙，而是山。

西欧文明能进入并植根东亚，是因为 abcd 与方块字之间只有墙；而在中东他们面对的是壁立千仞的悬崖。

文明的悬崖。

“Qui Fuck！”

“Mie！”

会数数的中国人

一

看了这个题目的同胞且勿恼火！不要以为我是在说您不会数数，或是将您会数数的事有意夸大，夸大到您以为我是在嘲讽您，因而憎恨我的程度。

中国人几乎谁都会数数，会数数对中国人来说如同会吃米饭馒头、会打嗝放屁一样。对于中国人来说，会计算一般的数字是理所当然的，是人的基本素质。

然而，同胞们可能谁都没意识到，或没太注意到，会数数是中国人的一个绝活，是中国人所擅长的。在世界那么多种族中，中国人在有关数字概念的问题上，是具有卓越的特异功能的。

本人在到北美以前从没意识到这一点。可能所有在北美生活过一段时间的中国人，都是后来才发现自己有数字方面的特异功能的。

第一个提醒我中国人在数字上出类拔萃的，是我的一位犹太教授。

那位先生绝顶聪明，有着超出一般人数倍的IQ——智商（据我估计）。

有一天他在谈到东南亚经济话题的时候大发感慨，说华人之所以能控制东南亚经济的命脉，是因为华人善于计算，华人在这方面有任何民族都望尘莫及的天赋。他说几百年前华人最早下南洋的时候，就已经懂得什么叫折旧（Depreciation）了，这在当时是一件十分了不起的事。

犹太教授说这话时眼中泛着聪慧的光。

那是很多年前犹太人给我上的一课。当时我并不十分在意，只以为他在课堂上夸中国人聪明是出于礼貌、出于客气。

记得我二十多岁的时候曾被一个八岁的男童夸了一番，说我特别聪明，我差点揍那小子一顿。

那以后我又跟犹太人打了近十年的交道，有犹太先生，有犹太同事，更有犹太老板。多年之后我才认识到，犹太人并不是八岁的小孩，犹太民族之所以能垄断北美以至全球的经济，是因为他们的智商的确高于其他民族；而从一个犹太人的口中说中国人善于计算、说中国人会数数，绝对应该是有据可考，千真万确的。

还记得那位教授的额头很大，仿佛满脑子盛的全是智慧，他的记忆力之强令本人望尘莫及。他记得中国人善于计算，善于精算，那该不会是记错的。

聪明的犹太人！

二

与北美白人相比，中国人的确个个是华罗庚，个个是陈景润，个个是便携式电脑，个个是袖筒里藏的计算器。

北美白人在数字上的奇笨远远超出了我的意料和想象。我甚至怀疑上帝在制造北美人时有意在数字方面留了一手，有意留下了补白的缺憾，要不人如何能那么笨呢！

一道连中国小学生都会心算的加减乘除题，在北美可能要让大学生来解决，北美人一提起 Math（数学），就如同日本人提起英语的口语，有一种本能的惧怕；就会像二十世纪七十年代中国人提起再婚一样，一提就心里发怵，就立马会想到万丈深渊。

有一次我和几位同事合伙算了一道题，题目是一百减去百分之五十后再减去百分之五。经他们一算，本人吓了一跳：他们四个人竟然运用了六七种算法，并且得出了六七种不同的答案。最后他们请我帮着算，我马上算出了结果，却无法向他们解释，因为他们根本就没有关于数字的悟性。

我最后是这样解释的：

如果你有一百个手指头，减去百分之五十就意味着先砍去其中的五十个……

“那么如何再减百分之五呢？”一个自称在大学全班 Math（数学）第一的同事问。

“再乘以百分之九十五不就得出来了吗？”

“为什么？”大家异口同声地问。

“你们要先把剩余的五十个手指再看成一百个，然后从一百个手指中再砍下五个。但你们千万要记住，这次你们已经没有一百根指头了，而是五十根。记住！这回砍的是五十根中的一百，而不是一百根中的一百……”

我也越说越糊涂了，一边吐沫星子横飞、语无伦次地讲，一边在心中大骂：

“天底下怎么竟有这么笨的人啊！ My God！（我的上帝！）救救这些孩子们吧！”

三

北美人好像不会减法，只会加法。北美人总是以加法代替减法。

如果你去店铺里买六元五角的东西，并给了店主十元钱，店主不会采用减法，不会说十元减六元五角等于三元五角，而是倒着加。他拿出一把零钱，一点一点地加到十。

他是这样加的：

“六元五角加五角等于七元”（并先给你五角）；

“七元加一元等于八元”（再给你一元）；

“八元再加两元等于十元！”（再给你两元）

“OK？”他问，并双手一摊，摆出一副又完成了一桩重大运算的得意的样子。

“OK。”我手捧着他分三次计算后找给我的三元五角钱，忧心忡忡地离开了那个小店，边走边心里想：“My God，救救这个孩子吧！”

四

以上只是说明北美人不长于计算的最一般的例子。如果将北美人在数字上笨拙的事一一列举出来，那简直是罄竹难书；相反，如果将中国人擅长计算的事一一列举出来，那也是举不胜举。

在北美的学校中只要是与数字有关的课程，中国学生总是名列前茅；

在北美的电脑公司中中国人极多，多到几乎只用普通话就能上班的地步；

在赌场中你可看到许多中国人当“庄家”发牌，甭管地点多么偏僻；几乎哪里有赌场，哪里就有中国人坐庄，哪里就有中国赌徒。赌徒姑且不论，但当庄家一定是出色的精算家，是应在数字上胜过赌徒们一筹的。

海外在数字上拔尖的中国学生，毕业后当高薪的计算机公司职员，当赌徒，当庄家，这足以证明中国人是会数数、是精于计算的民族。在众多移民北美的少数民族中，如中国人这般在数字方面出类拔萃的民族，好像绝无仅有。

当然，东方的其他种族，如日本人、韩国人也擅长精算，但以中国人最为引人注目。

为何中国人如此精于计算呢？

五

从文字的角度来看，中国人擅长计算是由于中文在数字表达方面的简练。中文是我所知道的文字中最适于表达数字的语言。这一点与其他语言稍加比较便可一目了然。

用中文说："一千"，

用阿拉伯文写："1000"，

用英文需说："Thousand"。

中文说："一万"，阿语写"10，000"，英文说："Ten Thousands"。

"十万""100，000""Hundred Thousands"。

"一亿""100，000，000""Hundred Millions"。

……

与阿拉伯文、英文相比，中文是最简易的表现数字的语言。

再与其他欧洲语言相比，中文简直就是表现数字的天才的语言了！

没有比法语和德语在数字上更笨拙的语言了，法语和德语可以说是数字上的白痴语言。

用法语说“72”，要这么说：

“Soixante-douze”。

“Soixante”是“60”的意思；

“Douze”是“12”的意思。

怎么讲？就是“60”加“12”等于“72”的意思！法国人在一个数字中竟然动用了加法！

还有法语的九十一，是“Quatre-vingt-onze”。

“Quatre”为四；

“vingt”为二十；

“onze”为十一。

怎么讲？法国人的九十一是先乘后加出来的，是“四乘二十再加十一”。

一个数字中竟包括了复合的算式！

最笨的是德国人。德国人表现数字的笨拙连法国人都会笑掉大牙！因为德国人不仅也用加法，还倒着加！

德国人说二十九时是这样说的：

“Neunundzwanzig”。

“Neun”为九；

“Und”为“和”；

“Zwanzig”为二十。

怎么讲？是：“九和二十”的意思！德国人倒着加！

这是一个十分简单的数字。

如果用德文心算二十九加一百三十九的话，那么德国人一定要用这样的方式心算：“九加二十再加一百再加九再加三十”，才能最终得出一百六十八，即“一百加八再加上六十”的结论。

还能再笨吗？

可能，日本人也聪明不了多少。

日本人从不会逐字地读出“一九九九年”，而必须将底盘一并托出，说：“一千九百九十九年”，还没等读完，二十一世纪都快到了。

都挺累的。

六

中国人善于心算。中国人心算得快，是得益于中文数字语言的直观和简练。简练便于快速在心中重新排列，简练便于记忆，便于快速地组合。

可以说整个汉字圈中的人：中国人、日本人、韩国人、越南人，都得益于汉字便于记忆数字和易于心算的特长。东亚人自古以来就在世界上以算术见长，以数学能力闻名于世。

东亚人的数字能力还要归功于自幼在学校中所受的数字强化教育。东亚的儿童无一不被繁重的算术功课压得抬不起头来。但这只是东亚人长于数学的一个方面，不能不说汉字的功效从根本上造就了东亚人数学的大脑。

德国人能在压力下打仗，但德国人可能永远不擅长心算，只因德文根本无法用于心算。

法国人不用压力就可以浪漫，但法国人口算不了加减乘除，因为法文本不是用于“斤斤计较”的语言。

东亚人受益于数字，受益于超常的计算本领，而且受益无穷；因为现代经济是商业的经济，商业经济的关键是利益的计算。东亚经济高速起飞可以说是东亚人擅算的结果。东亚的华人之所以能控制该地区的经济，一半是由于勤俭耐劳，一半是由于善于计算。

东方明珠上海就是在上海人超常的精算中算出来的；

犹太人的“全球经济魔术师”的名声，也是从精打细算中得到的。

精算的本领标志一个民族的智商，精算是现代经济不可缺少的手段。

然而，过度的精算也是不值得提倡的。精算的聪明有可能被过度的精算抵消。

犹太人就是一个例子。犹太人因精于计算而在世界范围内攫获、积累了巨大的财富，却也因过于精算而招致了全球的骂名。

东方人在世人眼中精于计算，却又常常失于精算；东方人聪明，却往往被聪明所误。

这是一个大账和小账的问题。东方人善于算小账，却不精于算大账，美国人虽然不会数数，却发明了比人脑更高效的计算手段——电脑。

人脑能算得过电脑吗？

小算盘能算得过大算盘吗？

东方人、中国人善于数数，却在数学总体发展上逊色于西方；中国人在个人智商上应该高于德国人，但德国人合伙造出的奔驰汽车却风靡中国。

看来数来数去还是会算大账为好。

当然，小账还是要算的，不算能从店铺里把东西买回家吗？

不是人话的计算机语言

一

计算机语言不是人的语言。

计算机也有语言。在这样一个世界中谈语言不提计算机就算是落伍，会招致计算机的报复，会招致人的嘲弄，会得罪千年虫，会停机，会 Return——回车到零的世界。

计算机简直太可怕、太不容忽视，也太嚣张了。

这本书就是用计算机打出来的，所以有必要谈一谈计算机——Computer，谈一谈 Computer 的 Language——语言。

二

计算机有 Basic 语言；

有 Fortune 语言；

有 C 语言；

还有 C+ 语言；

更有 C++ 语言。

今后还会有什么，恐怕无人能一一将之列出，因为在那张单子被拉出来的同时，新的语言又已诞生，那单子又已被刷新了。

计算机的语言不是人话：不是English，不是French，不是中文；但计算机之间对话的方式似乎跟人没什么两样。

这个星球上有五十亿人，也有数以亿计的Computer。五十亿人之间每天在对话，计算机之间也每天在相互交流；人扛着数十亿个头脑交流，计算机也用形似人头的电脑说话。从某种意义上看，这个世界已不是人的世界了，而是计算机的世界。

十九世纪中国人的形象是拖着辫子跪着的；二十世纪中国人的形象是穿着西装站着的；二十一世纪中国人的形象则将是在电脑一旁坐着的。如今不坐在电脑前、不将手放在Keyboard——键盘前打打字，就好像不是正常的人了。

总之，电脑已占领了这个世界。

三

电脑的程序语言和电脑之间用于相关交流的语言，还有Internet之间的网络，它到底是一种什么性质的语言，是一种什么性质的存在？本人无法做出一个确切的答案。我只知道那些语言都是由讲English、French或中文的人类创造的，编制的。它们原本应是人的思维的一部分，应该是人话的一个分支；但那些语言一被制成之后，就再也不受人类的管制，再也不听人话了。它们成了一种独立于人类的特殊的语言，只有计算机才能驾驭和使用它们。它们不听人话，因为人脑的硬件比不上计算机电脑的硬件，人脑的记忆力远不如电脑的记忆力。人脑是脑浆子制成的，是糊状的；而电脑是集成电路块制的，是固体的。

计算机的语言之间也有翻译的问题，也有兼容不兼容的问题。

计算机语言比人的语言更具通用性，Basic就是Basic，Fortune就是Fortune，C+就是C+。计算机的语言之间没有人的语言之间的种族问题、文化问题和权利问题。

自从人类发明了计算机语言之后，人类就又多了一种语言，一种共同的语言，一种超越舌头、头脑、肉体范畴的机械的、非人的语言。计算机的语言也是一种“世界语”，是传统语言概念之上的“世界语”。

中国人懂C+，英国人也懂C+，中国人和英国人用C+串通起来了。

Basic最早使用的编程语言是English，Basic与English里通外合了起来，人的语言和机器的语言串通了起来。

计算机与人脑的本质差别——我认为——是它记忆精确和规模庞大，它可以以第一次、第一级的精确记忆为基础，去进行第二次推演，精确地记住第二次推演的结果；再以第二次推演的结果为基础，进行第三、第四次的推演和记忆，以至无穷。

计算机的记忆和演算能力是积累的，具有相乘效用；它是阶梯式、连续式的，是一次二次精确地积累并相乘下去的。

是不费气力的。

人脑根本无法与计算机比记忆，人的记忆总是停滞在初级水平，人无法精确、全面地记忆外界输进人脑的信息。一个人可以试图在初级信息的基础上做第二次逻辑的推演，但由于初级的记忆并不全面和精确，所以人总是犯第二次推演和行动的错误。人永远无法像计算机那样进行精确的第二次、第三次、以至无极限的记忆，然后进行第二次、第三次以至无极限的推演和再推演，因为人脑在中途会不断地犯记忆的错误。

一个人用大脑能记住自己子女、父母的生日，但人无法记住以十万、百万、千万计的人的生日。

人脑更不可能先将百万人的生日全部精确地记住，再进行第二次、第三次的组合和分析。

因为人脑是浆制的、是稀粥状的。

人如果需要进行百万次的记忆，就必须依靠书本，依靠档案，依靠人脑的挑战者——电脑。电脑与人脑的本质区别不在计算，而在记忆。人也可以计算，但无法进行庞大规模的记忆。

人创造了电脑，但无法驾驭电脑，因为电脑的记忆能力和速算能力远远大于任何一个单一的人脑，大大有别于传统的记忆和演绎的范畴。

人创造了一种怪兽——电脑，一种人使自身相形见绌，无法企及、无法与之比试的高级怪兽。

世间本无神，是人类造出了神，神一被人类造出，就反成了人类的主宰；

世间本无超人，是人类自己造出了超人——电脑，电脑一旦被人类造成，人便成了电脑的奴隶。

电脑已独立于人类；因为电脑的存在范畴不仅远远大于人脑的范畴，而且使用完全不同于人脑的操作程序。

人已不能操纵电脑，电脑要由电脑自己操纵。

用电脑自己的语言，用电脑自己的指令。

人无可奈何。

四

早就有人讨论过人类的异化。

人的异化——非人化起始于机器的发明。机器的出现代替了人类的四肢。

从那以后人便“失去了”四肢。人的四肢与机器相比，已无更多的优势。

人的第二次本质的异化——我认为——起始于电脑的出现。与电脑相比，人脑已无更多突出的优势。

被解除了四肢和大脑双重特长的那部分人，已不再是有用的人了——如果他们不会使用机器或电脑的话。

在机器和电脑面前，他们已无任何可骄傲之处。

于是第一部分人的命运只有一种——失业，或曰“下岗”。

机器先使一部分尚有体力但不及机器的人下岗，电脑再使另一部分尚有脑力但不及电脑的人下岗。

于是人便无法在自己的作品前自在地存在了。人在自己的宠物——机器和电脑面前感到恐慌和畏惧。

人被其创造物所排挤。人性被物性所置换。人被异化了。

人的“电脑异化症”起始于二十世纪中叶，并一直会延续到二十一世纪。

人类的下一个世纪将是在与电脑的奋战中寻求生存，寻求保留人的本性的世纪。

人类可能最终要毁于电脑，毁于被电脑指挥的核武器。

人脑可以仇恨、可以产生毁灭另一个国家和另一个族群的罪恶幻想，但仅凭人脑做不成那种事。电脑却可以。电脑既没有人性又没有知觉；它十分冷酷，可以毫不犹豫地发出彻底毁灭人类另一个族群的指令。

救救人类——从电脑的手中。

Fortune 语言不会给人类带来真正的 Fortune——幸福，却会将全人类送进地狱！

痛失安南——从越南话想到的

一

当代中国人只要一提起越南，大多会有一种大哥看学会作恶的小弟弟——既恨又爱的感觉。中国人早先深爱过越南，唱过一首“越南中国，山连山，水连水”的歌；后来中国人又痛恨过越南——拖着从老山归来半残的腿，唱着“血染的风采”。

后来，我也几度去过越南，带着从“山连山”到“血染的风采”相互交错的浓浓的好奇。

二

出发前摆在我眼前的是一团由拉丁文字母 a 、b 、c 、d 外加上下圈点横杠的乱糟糟的东西——那就是越文（Việt Văn）。那一堆乱码加拉丁 abcd 字母，在中国人的眼中是遥远而怪异的，使中国人一看便本能地想到血染的风采，那无疑是一种异国的文字和异种文化的隔膜。

这种隔膜是中越之间语言上的一座布满地雷和猫耳洞的老山。

我小心翼翼地踏上了越南的国土。

那是一九九五年，那时西贡的飞机场十分简陋，使人想起

“文革”时期的养鸡场。而且，机场四周还有在夜幕中依稀可见的苏式战斗机。

二

西贡十分繁华。

西贡街头到处可见能使我想到地雷和猫耳洞的、由 abcd 组成的越文。

那分明是欧洲的拉丁字符，却在长得与中国人几乎完全相同的越南少男少女的黑眼睛、黑头发和黄皮肤的上下左右移动——少男少女们骑着摩托车，飞快地行进在由拉丁文字母组成 abcd 的海洋里。

那是一系列飞速流动的镜头。

东方人在由拉丁字母组成的文字中穿行。

与中国人有着同样长相的东方人。

这在拉丁的国度里并不奇怪，然而西贡是在遥远的东方，在四周没英文没法文没西文没意大利文和以上人种的龙的故乡。

三

我住的那家旅店名称的后两组字母，被写为：“Khách Sạn”。

我问我的越南朋友 Khách Sạn 是什么意思，他说是 Hotel（旅馆）的意思。

我听后并没留意，也没留心去追问 Khách Sạn 与 hotel 之间的关联。

后来我们又一同去逛街，在西贡大街上的各类招牌上，有许多与 Khách Sạn 类似的以辅音开头，元音夹中，又以辅音收尾的看上去似曾相识的词语。

我们来到一条名为 Quốc Phòng 的马路，越南朋友告许我 Quốc Phòng 是 National Defence 的意思，那在汉语中是“国防”的意思。

他又在路边的书摊上买了一份报纸，报纸的名称是 Giải Phóng，他说那是 Liberation 的意思。我想了想，那应是“解放日报”的意思了。

我反复地默读着那三组字。

“Quõc Phòng” = “国防”。

“Giải Phóng” = “解放”。

“Khách Sạn” = “旅店”。

我在默读中隐约感觉出了越文的发音与汉语发音的某种连带关系，那使我既好奇又兴奋。为了证实这种越汉语之间的相联关系，我在与越南朋友告别后匆匆赶到了书店，想买一本越汉字典。但那书店中没有越汉，只有越英字典，而越英字典中全部是拉丁文的 abcd，根本没有方块字的影子。

最后我翻到了一本越日字典。

那是一个令我惊喜的发现！只见字典上的拉丁文字母与日文中使用的中文汉字一一对应。开始我以为越汉两种文字的对应是局部、少数的，但越往后翻越按捺不住心中的惊讶和震颤——越汉两种文字竟对应得那么完美，那么工整，几乎工整到了天衣无缝的程度，我哪是在翻看越日字典，分明是在翻看一本将汉字和汉语拼音倒置过来的中文字典！我激动地找到 Quõc Phòng 的“国”字，“Quõc”就是汉语拼音的“Guó”字，是带口音的“国”字。

在国防的后面有一连串的带“Quõc”字头的词组，它们是：

“Quõc Sǎc” = “国色”，指“美人”，

“Quốc Tê ” = “国际”，

“Quốc Văn” = “国文”，

“Quốc Vương” = “国王”，

……

而“Giải Phóng”就是“解放”；

“Khách Sạn”不是“旅店”，而是“客栈”。

我住的竟是“客栈”！

在越南！在二十世纪！

“解放”了的“客栈”！

我如获至宝地带着那本越日字典，又回到车水马龙的被灯火轻骑和少男少女蓬勃的生命煽动得如火如荼的西贡的美得醉了的街道上。在夜的灯火中再一一看过那一组组虽是拉丁文字，却似曾相识的文字。

我的心一下豁亮了！

我一下认出它们来了！

它们分明是貌似拉丁文字的中文！

“đại Học” = “大学”；

“Ngân Hàng” = “银行”；

“Bác Hồ” = “伯胡” = “胡伯伯” = “胡志明”！

Bác Hồ是西贡最繁华街道上树立的一尊雕像的名字。

胡志明是越南的国父；

他也精通汉语。

而Vietnam——越南就在中国的南边。越南在历史上有过许多国号，为何最后叫了越南呢？是因在“越”的南边吗？（“越国”是中国古代一个南部邦国的名称。）

我不得而知。

但有一点我知道，越国南边的越南就在中国边上，它无论如何也不应该、也没有理由使用那种令人看上去异样的拉丁文字。

越南与拉丁文字的发源地——欧洲，既不山连山，也不水连水，完全是风马牛不相及的事。

那么越南又是因何使用现在这种拉丁字母加横竖撇捺标音的文字的呢?

我去问历史。

四

法国人为我做了答案。

法国人是一八〇二年左右进入越南的。那时的越南已经有了千年的使用汉字的历史，而且那时越南只使用汉字。广义地说，那时的越南是中国的一部分，它叫“安南”。

河内的古庙、古炮台上的对联题字都是用汉字书写的。越南那时的历史也是用汉字书写的。一直到十九世纪初，越南的文化、文明都应该是按照汉字的法则，以汉语的思维规律形成和沿袭的。

然而，法国人扛着长枪从海上远道而来了，带着抢掠和殖民的野心，以及 abcd 的拉丁文字。

他们抢了越南！他们殖民了越南！这以后，为了使被抢被殖民的对象与他们同化，不，毋宁说为了减少他们在陌生、神秘的方块汉字中生存的不安和恐惧，他们与殖民政府狼狈为奸，残酷无情地强行取消了越南人使用了千年、喜用了千年的中国汉字符号，将汉字全部换成了 abcd，换成了他们熟悉、看上去不会产生恐惧和不安的拉丁字符。

这就叫强奸民意；

这就叫强加民意；

这就叫强奸历史；

这就叫割断历史。

法国人“帮助”越南人拉丁化的过程，大约是在二十世纪初才逐步完成的，他们一同创造了越南文，一同割断了与方块字，与中华文化的长达千年之久的渊源。越南文和越南人从此从汉字文化圈中“独立”“解放”了出来。

那一定是一个十分不情愿，十分难舍难分的过程。在电影中，二十世纪五十年代初西贡的赌场中仍可看到用中文书写的“东西南北”庄家的字样，那证实直到五十年代初，越南人仍未心甘情愿地彻底地割断将之与汉字母体文化联系在一起的脐带。

那一定是很疼的。

是法国人鼓动他们去割断那根脐带的，用的是从遥远的法兰西递过来的无情的冰冷的剪刀。

法国人之所以怂恿越南人将文字拉丁化，是因为他们惧怕永远无法解读的汉字；

越南人之所以虽不情愿却半推半就地接受了文字拉丁化，是因为他们在潜意识中有一种脱汉——脱离中华文明、脱离中国大哥控制的夙愿。

法国人想用abcd彻底殖民越南；

越南人想借用abcd与中国隔出一道高墙，与中国分家。

二者一拍即和。

于是“越南文”——拼音化了的中文就这样诞生了。在短短的半个世纪中，在遥远的东方，不可思议地诞生了一个拉丁化了的国家，出现了abcd充斥街头的奇景。亚洲的越南人一夜之间彻底西化、欧化了：abcd代替了赌馆中的“东西南北”，和尚赤脚念着由abcd书写的佛经，男女老少用abcd喜庆地往门上张贴农历春节（越语叫‘Tết’）的楹联……

再到后来，越南人除了给自己的新生儿女起名时要按中文的原意寻找吉祥的字眼之外，就不再使用和喜爱中文了。汉字成了圆明园一样的废墟，只在庙宇、古城的断垣残壁上，可以零星地看到它们的影子。它们寂寞地陈列着千年的历史，发出可怜的叹息。

对着我，一个远道而来的依然使用汉字的人。

五

我在abcd的西贡的街道上缓行。

我无论如何都难以将自己视为与其他行进中的越南人有所不同的异类。中越两国国民从人类学角度上看几乎是完全相同的。越南人与中国的云南、广西一带的居民几乎是同宗。越南话从发音角度来看，与广东的潮州话几乎异曲同工。所谓“越文”中的绝大多数名词，可以说就是中国南方方言用拉丁文字母拼音的标写，用俗话说就是带有浓重口音的汉语拼音，只不过在语法上被法文化了。法国人将法语中把形容词/定语放在名词后面的规律安放到被拼音化了的汉语上，就形成了越文的语法上的特色。

以“胡伯伯”——“Bác Hồ”为例。“Bác”是“伯”字的发音；“Hồ”是“胡”字的发音；“Bác Hồ”是按法语的前后次序组成的。被念出来，就不是“胡伯”，而是“伯胡”了，听起来象是“拔河”。

六

孙中山在他的《三民主义》中说："安南（越南）和缅甸本来就是中国的领土。"

安南是如何被割让给法国的呢？"中国的军队（清军）在镇南关、谅山大胜，法国几乎全军覆没；后来中国还是求和，法国人便以为很奇怪。"后来法国人对中国人说："中国人做事真不可思议……你们中国战胜之日，反要割地求和，送安南到法国，定种种苛虐条件，这真是历史上战胜求和的先例。"（孙中山《三民主义十六讲》）。

反正安南是丢了，是白送给法国的。

既然法国白得了便宜，就舍不得轻易丢掉；为了不再丢掉越南；就要在语言上同化越南；于是，就有了被拉丁化的 Việt Văn——越文了。

于是中国人走在本应是故国的街道上就成了文盲了，就有了出国的感觉；

于是中越两国就真的将彼此当外国人了；

于是便有了老山，有了猫耳洞，有了"血染的风采"。

中越两国本不应"山连山，水连水"，因为越南本是中国的一部分，同一国家是无需"山连山，水连水"的。

只因有了拉丁字母，只因有了"Việt Văn"——越文。

使用不同文字在实质上分离了中越。使用不同字符的越南在实质上真正脱离了中国。使用 abcd 的越南人在实质上割断了与中国亿万国民曾是同朝子民的千年情谊。

脱离汉字的安南最终成了真正的"越南"。

成了中国的异邦。

越南真正的历史应从二十世纪初开始计算，从文字被拉丁化那时算起；而那以前上千年的历史，是“安南”的历史，是中国历史的边缘史。从“安南”到“越南”，再到老山“血染的风采”，是历史的悲剧，是被历史的血染红了的不该发生的“风采”。

是兄弟分家，是手足间的残杀，是对文化和文明的暴行，是法国人造的孽，是拉丁文化对汉字文化的侵略和置换，是拉丁文化对方块字文化的殖民，是欧洲人在亚洲拉的一泡百年来被风干、固化了的，再也铲不净抹不掉的稀屎！

就拉在了中国的家门口！不，应该说就拉在了中国人的鼻尖上，臭得使中国人不得不割去了那个鼻子。

那个鼻子便是——越南！

七

我没事去追究那段臭事做什么？

我没事替越南鸣什么不平？

不是他们自己也心甘情愿独立成“越南”的吗？

因为我喜欢越南。恐怕但凡一个中国人走在西贡的街头，都会产生与本人同样的情感。

尤其是从欧美回到亚洲，回到亚洲的第一站就是越南的时候。

一个中国人在这种情形下会误将越南当成中国，当成故乡。

西贡除了 abcd 外，与中国的任何一个南方城市有什么区别吗？

一模一样的习俗，一模一样的文化，吃着几乎同样的食物，过着同样的年，姓着几乎同样的姓氏，看着同样的电视剧（越南人看的 90% 的电视剧都是中国大陆和港台的），唱着同样的歌（港台流行的歌在越南几乎都家喻户晓），军人穿着几乎同样的军装……

在那样的城市中，一个从欧美回来的中国人能不产生一种回家的情感吗？

但，那不是家，那里有拉丁文，有 abcd。这能不使人痛心疾首，能不使人回首去逼问历史吗？

是谁 abcd 了这个本应是故乡的国度？是谁离间了本应是同胞的兄弟姐妹？

在海外，西方人最难于分辨的亚洲人是华人和越南人，在海外亚洲人之间，通婚最普遍的也是华人和越南人。

难道这不是由于他们曾是同胞吗？

abcd 是否真的干净彻底地割断了越南与中国、越南人与中国人，越南文化与汉字文化的千年情结了呢？

如果是那样，又如何解释农历春节的鞭炮声？又如何解释 90% 的中国电视剧？如何解释越南跟着中国共产又跟着中国搞改革开放？又如何解释海外的唐人街上中国和越南人开的餐馆平分秋色？又如何解释华人把越南人错认为中国人，越南人将华人错认为越南人……

越南与中国汉字文化的剪不断理还乱的情结，是对他们故国历史的跨越百年的依恋，是对汉字国度“安南”的本能的怀旧，是亚洲人在 abcd 中找不到本来应有的自然感觉的证明。

因为 abcd 本来不是他们本体的符号；

因为他们体内的文字基因是象形的，是直观的，是基于想像力的，是“恭喜发财”和“龙腾虎跃”的！他们本来拥有的是必须、只能、最适于用汉字表达和标记的文化。

然而，千年的文化古树被法国人的刺刀拦腰劈倒了。

只留下了深埋地下的千年的根。

那根就是安南。

悲哉，痛失安南！

越文：汉语拉丁化的皮试

一

无疑，单从语言学的角度来说，法国人在越南将汉语用拉丁字母改造的企图获得了巨大的成功。他们将方块字全部变成了 abcd，成功地将法文的语法部分地嫁接到了汉语的词汇上。他们创造了另一种拉丁文化圈外的“拉丁中文圈”——在距离他们本土数万里之遥的亚洲，在中国的眼皮底下。他们挖了中国的墙脚，他们挖了方块汉字的墙脚，他们在中国人用方块汉字砌成的万里长城的最南端打开了一个缺口。

不是有人企图取消汉字，替代以拉丁文字母拼音吗？那样做的结果将是什么样的呢？那就是将整个中国都变成西贡，都变成越南。

但是，将汉字全部拉丁化在越南行得通，在越南能够获得成功，在中国却不能。因为越南话在口语上基本上是全国统一的。在越南话中，除了有南方北方并不显著的语音和使用词汇的不同之外（因历史上南北越意识形态的差异），并不存在相差甚远的“方言”。

越南话从历史上说，可算为汉语中独树一帜的方言，一种具有中国南方方言发音（如潮州话）和使用多种与汉语不同的表现方法（即所谓真正的非中文的越语）双重特性的方言。由于它本身就是具有独立特征的方言，所以并不存在“方言”中的“方言”。这种统一性和独立性，使其在被字母化以后很容易被普及和应用。

越南人只要能读出二十六个拉丁字母，就能按口语的越南话理解越文的字义——在接受了一定的教育之后。

而这在中国则行不通，因为中国的方言实在太多了。如果在中国做这种实验，用拼音字母按各地的发音创造并普及拼音化的文字的话，那么中国就会出现无数种“越南话”及无数个“越南”，那就等同于分裂中国，就等同于肢解中国的整体文明。

同样的一个“国”字，按汉语拼音应被拼为“guó”，按越南话，则被拼为“Quốc”，不就是因为早先安南人讲汉语时的口音有别于普通话吗？如果将潮州人、广州人、闽南人、温州人等等所说的“国”，都用相应的拼音表述的话，那么中国不变成数十个“越南”、不分裂成许多欧洲式的小国才怪呢！需知西欧就是因口语不同才形成了拥有不同语言体系的许多国家，而它们（英、法、意、西、葡等）最早都是从拉丁文的母体中繁衍而成的。

就因它们是方言；

就因它们使用的是同样的拉丁拼音字母。

越文是欧洲人用十分野蛮的方式，对汉字进行拉丁殖民化的一次局部皮试。它之所以能够获得成功，是由于在越南的口语中并无方言中的方言。这是法国殖民者和帮助法国人殖民的越南人的幸运。因为一旦方言中又派生出了方言，也就无法用拉丁字母制作出一种同样的越语了。

法国人在制造了“越文”后善罢干休了吗？他们的野心只

是在越南吗？那位拍了许多《世纪回首》百年照片的法国驻云南总督方苏雅，不就是从越南带着一长队越南保镖来昆明上任的吗？

那时他的越南保镖们肯定已全被拉丁化了，他们的主人已经能从被“同化”了的仆人身上找到安全感了，否则他怎敢让那么多带枪的越南人担任保镖？

孤零零的法国人！

难道方苏雅等法国殖民者没企图在中国，在云南再进行将中文拉丁化、拼音化的扩大化的改造和实验吗？

我在没有史料的情形下无法回答这个问题，但我可以推测他们肯定曾有过那样的企图和预谋。他们何尝不想将整个中国都 abcd 化，以为他们提供那种宾至如归的文字上的便利呢？

虽然是抢劫！

虽然是强盗！

但他们最终却未能将云南、将中国 abcd 化，未能使整个中国全都从汉字的长城中“独立”出来。

那肯定是碍于方言。

肯定是因为云南诸多少数民族的语言、云南汉语中的众多方言以及云南之外的众多的方言，使将汉语拼音化的企图成了根本不可能的臆想。他们不得不因方言而放弃那种野心。

他们改为建立教堂；

他们派来了神父；

他们干脆让中国人直接学习法语。

总之，也许是方言使云南没变成第二个越南。方言能阻挡一个民族被异化的进程。因为方言是墙，是同一语言中的墙中墙。

二

站在西贡街头的我既为越南跳出汉字圈而感到惋惜，又为越南人感到几分幸运。

因为虽然越语被拉丁字母化了，但由于越语的母体是中文，法国人除了 abcd 外，其实无法轻易读懂那些貌似法文却是汉、越两种语言杂交出来的拼音文字。

根本不懂汉语，也不懂越南土语的法国人，又如何能读懂走了样的“汉语拼音”呢？

能看懂汉语拼音字义的前提是懂得汉语。

这一点法国人不行，而作为中国人的本人却行！

一个中国人可以凭借越文的拼写和前后逻辑关系猜出许多越南文的字义来——只要学过拼音。这是一个十分有趣的语言现象：

——法国人在越南只能读出他们带去的 abcd；

——越南人大多已经遗忘了中文。他们不知道他们每天运用的许多词汇是从中文那里来的，不知道他们天天在讲中文，却读不懂真正的汉字的中文。

——能念 abcd 的中国人，却能在没学过越南文的情形下猜出许多越南文的字义。

这难道不是语言学上的一道既可笑又可悲，又不可思议的“血染的风采”吗？

三

在告别西贡、告别越语之前，我又想到另一个法国人永远无法轻易学会越语的原因。

越语竟然有六声！越文字母上下点缀的那些小小的横竖撇捺和顿点就是用来表示那六种高低不同的声音的。也就是说，一组越文的拼音会因发音高低的不同产生出六种意思。

汉语才仅有四声！

西方人读汉语如蜀道之难就是因为他们永远掌握不好那四声！

何况越文的六声呢？

而越语的六声又是从何而来的呢？

不就是来自汉语的四声吗？

中国南方的方言比普通话更软，字与字之间的发音落差比普通话更小、更平、更难于区分，因此便多出了两声。

也许这是法国的方苏雅们在炮制越文时万万没想到的。

也许这就决定了越南永远是越南，越南在本质上永远无法被西化。

也许这就是法国殖民者最终被越南人赶出越南的原因。

法军是一九五四年奠边府之役惨败后被彻底赶出越南的，——被已被他们用字母“同化”了半个多世纪的越南人。

上海、巴黎——东西方两颗明珠

不知是何人将上海定义为“东方巴黎”？

是上苍？

还是试图按照上苍的旨意定位上海、成形上海、塑造上海后再向世界展示上海的一位先知？是先发现上海像东方巴黎的？还是先想将上海做成东方巴黎，然后再按那个思路去定位上海，成形上海，塑造上海，展示上海的呢？

天知道。

反正上海就是巴黎了。反正上海被赋予了巴黎的神韵了。反正上海犹如一个既美丽又典雅又高傲又拒人千里之外只能看不能摸只能观赏不能磕碰的只有在巴黎才能出产才能养活才能生存的少妇了。

上海是一个从阴阳的角度来看属于阴性的城市；

是一个女人化的城市。

而只有阴性的女人化的城市才是美的城市，才能达到绝美的境界。

今天的上海要用“绝美”二字来形容。

人不是孔雀，不是山鸡，在孔雀和山鸡的群体中，雄性的公孔雀、公鸡是美的代表者和体现者。

开屏的孔雀是公的，是阳性的。

而人却相反。人将美的载体定位到了阴性的女人那一边。男人的职责是去帮助女人达到人类所能达到的美的极限。

“帮助”，是指用一切精神、物质的手段去为女性创造成为美的条件。

再一同将美的杰作展示给上苍。

展示给非人类的一切与人类共存的生命。

再去与公孔雀、公山鸡媲美。

去同金鱼的美竞争。

去与公狮子的美决一雌雄。

不要小看孔雀、山鸡、金鱼和狮子。

人与它们在上苍面前本是身份平等的物种。

至今人类在数量上也不能算是物种中的第一号种子选手。

鱼的数量远比人多；

蚂蚁的总数也一定多于五十亿。

虽然人发明了武器，虽然人发明了能灭绝一切的核武器。

不，核武器只能消灭人类自身，只能让人自己断子绝孙，但消灭不净鱼，以及蚂蚁。

再回来谈美，谈巴黎谈上海。

人与其他生物最根本的区别，可能（注意，只是可能）在于前者的外观本身是不美的，而其他许多物种天然就是美的。

不穿衣服的男人女人有孔雀好看吗？有雄鸡有金鱼好看吗？

人体本身并不美，除了男人眼中的光屁股女人。

上苍在制作人时并没像制作斑马时那样精心，在人的裸露的表面上并没添加任何彩色的修饰。

人远比不上蝴蝶和天鹅。

人是“裸虫”——与蚯蚓一样光着身子的黑色、白色、黄色、红色、杂色的直到最后才能直立行走的虫子。

在尾巴脱落之后。

人的美不是天然的。

美要人自己去追加，去往身上“贴金”。上苍故意将使人类外表看上去好看的工作留给了人类自身去完成。

人在外表美上是先天不足的。

是上苍故意那样做的。

人是美的半成品，是有缺陷的，是需要“装修”的物种。

人被逼着自己去创造美。

人被引发着去用自身的思维去想象美，去开发美实现美，并最终到上苍及其他物种那里去展示美。

于是就有了千古以来的美的制造工程。

包括衣服——人必须先将光着的身子裹起来。

包括建筑——人必须让本是洞穴的地方好看起来。

包括城市——人必须将他们创造的一切好看的东西集中起来。

城市是人后天创造出来的美的东西的展示厅，是美的作品的橱窗。

人类并无能力将到处都做成美的场所。那是根本不可能的，因为人还需要不美的地方。

人类还需要核武器发射场。

人类还需要监狱。

人类还需要垃圾场。

人要想将美的杰作一览无余地展示出来，必须将它们集中。

于是便有了城市。

于是便有了城市中好看的建筑和好看的人。

在自然的乡村里，女人不需要用时装去装饰，因为那里没人看。村里的女人没有代表一省一族一方水土的人，表现他们的美感和美的境界的义务。

但城里人有。

城里的女人们有。

在自然的村落中也没必要修建高楼大厦去表现一省一族一方水土对建筑美的追求，因为大自然的景物本身就是美的。

但城里人却必须那样建设，城中没有自然的美，人要去制造能满足视觉美的追求的、每天都能抬眼看见的东西——那就是城中的高楼。

将被装饰了的人和按想象制造出来的建筑都集中到一起，便是都市了。

都市是按人的美的尺度和深度定做成的。

都市代表了部分人类群体对美的探求、感知水平。

都市是文化和文明的最高水准的代表。

按照以上逻辑推理，便可以得出这样的结论：

西方最美的城市——巴黎，是代表西方文化最高水准的美的杰作；

而代表东方文明最高水准的美的佳作，便是上海。

巴黎是西方的明珠，上海是东方的明珠；

巴黎明珠点缀在赛纳河上，上海明珠装点在黄浦江边。

都十分璀璨。

在夜空中。

上海话：东方的巴黎音

我一直认为上海话与巴黎音之间存在着某种前世的渊源。

这本应是不搭界的事：上海是中国的方言，巴黎音是法语中的极品；

但，上海话的确与巴黎音是相通的，上海话是东方的巴黎音。

法语是动听的语言，女性化的语言；上海话亦是。

法语是要靠嘴的前部的轻而高频的运动而表达的语言，上海话亦是。

巴黎音又是法语中最动听、最女性化、需要嘴唇的运作最快的方言。

上海话也是中国方言中最动听、最娘娘腔、最轻机枪化的方言。

至少本人窃以为是。

再有就是巴黎人和上海人有相同的气质。

在其他地区的法国人看来，巴黎人是傲气的、小气的、雅气的；是尽管傲气、小气、雅气，却能代表法国上品文化的一群人。

上海人在其他地区国人眼中的印象不也正是如此吗？上海人犹如高傲地徘徊于群牛中的梅花鹿，既骄傲又步履优雅，同时又有点小家子气。

然而，梅花鹿是用梅花点缀过了的，是带了匠气的。

巴黎女人也是匠气的，是美而细腻的。

巴黎的女人是世界的女人，是用人类集成了的美感雕刻成的美的尤物。

巴黎女人的美是模特式的，是用塞纳河的水沐浴出来的，是由巴黎的也被女性化了的男子陪衬出来的；

再用轻柔的如珠落玉盘般美妙动听的巴黎音去伴唱。

上苍将女人极品的美赐予了巴黎的女人们，再用音乐般的语言去歌唱她们，用法国男人们的肩膀去扛起她们。

于是就有了巴黎的天下绝伦的美，以及梅花鹿般踱步于绝美城池中的巴黎的妇人们了。

上海难道不也是一个阴性化、女性化、用男人们灵巧的肩膀扛起来的、与巴黎有着同样味道的中国城市吗?

上海的男人们整天与梅花鹿般漂亮的女人们为伍，也学会了梅花鹿蹒跚的步态，再配上最适合于女子的吴侬软语——也就谈不上什么大男人气质了。

是上海话耽误了上海的男人。

上海的男子们要想做得大气一些，需要到北大荒去学学东北话，学学骂大街，而不是整天在梅花鹿般的妇人堆里、在外滩的金色蛋糕般的美景下“捣糨糊”。

巴黎的男人也带着一身梅花鹿气。巴黎的男子整天操着世界最高频的、最适于妇人嚼舌的、最动听的巴黎音，在街头和电视上争论张家长李家短，整天喋喋不休却从不付诸行动，也是在“捣糨糊”。

巴黎包装在时装里的妇人们不能不配上巴黎音，否则不成其典雅和高贵。

上海的女人们也必须用轻音乐般动听的上海话相配，否则就称不上东方巴黎人了。

须知，被称为东方巴黎人是一桩值得荣幸的事。巴黎是全世界各民族都痴恋的贵妇般的都市。面对巴黎和巴黎妇人的美人们只有珍爱，只有感激，而不应有与之争奇斗艳、争风吃醋的杂念。

今日的上海不也是如此吗？

今日上海的美有被殖民过的成分。上海的外观也是西化的。但仅仅被“西化”过，就能完全解释今日上海如此气势雄浑、如此大气而又粗中有细、俗中有雅，处处能使人感到美的冲击，貌似巴黎又超过巴黎的人类建筑史上的瞬时（仅仅五年）杰作吗？

上海在气质上像巴黎，但却是东方的。

今日上海是奠基在中国文化、中国人智慧、中国千古文明上的、用现代化手段重新构筑起来的新的东方神话。

还有——巴黎女性般典雅高贵的城市气质。

以及巴黎音般动听的方言——上海话。

讲德文的巴黎女人就不再是女人，不再是梅花鹿，而是“四不像”；

讲广东话的上海女人就也不再是上海女人了，而是……

也许本文对上海男人过于损了一点，但由于撰文的人也是男人，姑且算是“批评和自我批评吧！”

围着汉字转的“韩轱辘”

一

“前轱辘不转后轱辘转，后轱辘不转前轱辘转”。

这是一句用来形容朝鲜话发音特征的玩笑话。以前我听过、学过这句话，听完学完说完笑完，就忘了。

有时一方水土上的一方人其实挺坏的，总是用一些自己炮制出来的语言，去嘲笑另一方水土上的另一方人，以达到其低级趣味的找乐子的目的。

如北京人说上海人说话像娘娘腔，说广东人说话像倒啤酒桶，还有就是——说朝文听起来像“轱辘转”。

都挺不善的。

二

我第一次去汉城的时候，一位韩国朋友指着街道上的那些令我眼花缭乱的韩文字母，说了一句使我听后感到十分好奇的话，他说：

“我们朝鲜人使用的文字是最科学的文字。朝文字母是世界上最能够准确表现发音的字母。”

听了这话我既信又不信，愣愣地望着那些像方块汉字又不是方块汉字，在方块字中套进了许多大大小小的圆圈的稀奇古怪的朝文字母，既不知所措，又十分好奇。

三

第二次去汉城的路上我听懂了几个韩文语词。

那天我坐的是大韩航空，飞的是从纽约到汉城的航线。此前两周，一架大韩航空的飞机在美国关岛坠毁，所以我坐飞机时也十分谨慎，希望最好一路平安。

也就在那个时刻，我似乎听懂了从温文尔雅的韩国空姐口中轻轻吐出的一句：**안녕하세요！**

我听出了头两个字与汉语的“安宁”发音相仿。

我猜出了它们大约是让人“安宁”“平安”的意思。虽然当时我并没想到它们就是来自汉字的“安宁”。

也许是因为说那句话时韩国空姐脸上的微笑是安宁的，听了那句话后的本人也随之安宁地睡过去了。

那天的飞机飞得也十分安稳，而且——并没坠毁。

一路上我听了几十个“安宁”，从邻座的韩国人口中。

后来我才知道，那句话相当于中文的“你好”。

安宁……

四

飞机着地后，在汉城，我又陆陆续续半懂不懂地听出了许多类似汉语的语词。

我按电梯按钮，想上三层。当电梯真的到了三层时，电梯内的录音说：“三层……”

我知道那一定是说：“三层到了，请下电梯。”

我的用户在看了我三千美金的报价后，用韩语向他的同事说……

我听出了其中有类似“两千、一千”的发音，便知道他们那是在商议着如何与我讨价还价。

当汽车开到一座新兴都市时，韩国朋友指着一片新建筑说……

我听出了“新都市”三个发音。

那一定是“新都市”了。

那时我对韩语没有任何了解，我只知道那是一种外国话，我只知道那一个个看上去小而灵巧的韩语字母是同任何一门外语一样的天书般的文字。

但凭感觉我多少意识到了那些带着圆圈的小小字母后面的某种玄机——那就是韩语与汉语之间隐约的连带关系。我觉得我绝不可能被空姐无缘无故地“安宁”了一阵，再被商人无缘无故地“两千、一千”地砍上几刀，然后再顺着直达“三层”的电梯被发落到“新都市”去。

那不可能只是巧合，绝不可能！

五

我来到了汉城的名胜古迹——景福宫，那里有一个国立中央博物馆。本是观光去的，却意外地找到了“安宁”“三层”“三千”“新都市”后面的玄机。

是与一队日本人混在一起，偷听解说员用日文解说韩国的历史时意外地找到的。

全馆只有我一个中国人，周围不是讲韩语就是讲日语的，而韩语除了“安宁”以外我只字不懂，就只好尾随“日军”了。

日文中好歹还有那么多汉字，何况那是一队活泼的日本中学生，都没参加过侵华。

本人在外国参观博物馆时经常跟踪“日军”，因为“日军”在海外太强大了，走到哪儿都有翻译带队。可能是因为日本人有钱雇翻译，也可能是由于日本人爱扎堆，出去时一走一大串，一个翻译就够了。

而中国人则不。中国人在国外也愿意独立，十个人参观最少需要带十个翻译，所以干脆没有翻译。

总之，本人因能听懂日文丰富了许多知识。

我们的队伍来到了十五世纪的朝鲜，我们看到了一张由当时的李氏国王世宗在公元一四四六年颁布的檄文，名曰:“训民正音”。

那张檄文非同小可，是韩文的奠基性的文书。它的发布正式宣告了韩文的诞生。

韩文是在一四一八年至一四五〇年间，由世宗组织一批学者进行创造，并由世宗亲自最终确定下来后，通过行政手段推广使用的。

在那以前朝鲜并无自己的文字，使用的都是汉字。

那时正是中国的明代；

那时的日本已创造了平、片假名；

那时的越南尚在使用汉字。

朝鲜成了第二个从汉字圈中跳出去的国家——从“训民正音”开始。

六

我和我跟随的日本学生接着看到的是一幅韩文字母的分解图。

韩文字母的名称用韩文书写是 **한글**，用拼音发音应为

"Hangul"。巧得很，"Hangul"用汉语发音正好就是"韩轱辘"。

我耳边顿时响起了"前轱辘……后轱辘"的歌谣。

一四四六年滚起的歌谣。

"韩轱辘"竟是一种如此简单的文字：总共才有十个基本元音（母音），十四个基本辅音（子音）。

元音如：ㅏ=a，　ㅓ=ə，　ㅗ=o；

辅音如：ㄱ=k，　ㄴ=n，　ㄷ=t。

将二者组合起来，便可制作文字了。

如"韩"字，便是由

ㅎ=H、ㅏ=a、ㄴ=n组合而成的，三者加起来就成了한（Han）。

韩文竟不是一种定型的文字，而是拼音文字，如同拉丁语系的各种语言一样；所不同的是，英、法、德语使用的是二十六个字母，而韩文使用的则是二十四个取材于汉字的偏旁部首，除了那些小小的圆圈。

汉字中本无圆圈，那是朝鲜人的独创。

而轱辘正是圆的。

七

韩文真是一种神奇的文字。

首先是它的形态。

日文也是取材于汉字偏旁的文字，但日文的五十种假名的形态是固定的。日文的平、片假名加在一起有一百种，虽然多而难记，但好歹它们是定型的；也就是说，只要将每个假名都记住了，就能准确地读出与它们相对应的发音。

而韩文则不。韩文的字形竟有千种、万种之多！你所看到的每一个独立的韩国文字，都是表示二十四种基本元音、辅音的“韩轱辘”字母的任意排列组合。它们的形态随着发音的不同而随意变化。它们千姿百态，可谓百花齐放，百家争鸣！

它们的组合是立体式、堆集式的，跟搭积木一般。二十四个偏旁就是用来搭积木的材料。组合韩文又如同在玩弄变形金刚，想怎么变就怎么变。

朝鲜不是正好有座金刚山吗？

其次是“韩轱辘”的元素。

十五世纪的朝鲜人竟然能将“元音”“辅音”分解，再以之组合成文字、表现意向。那是在拉丁文进入亚洲之前的一项令人不可思议的工程。

汉字本是表意的文字。在与拉丁的象声文字接触之前，使用汉字的中国人从不将汉字的发音用元音、辅音分解开进行表达。

使用拉丁语言的人则相反，因为他们的文字本来就是由标记元、辅音的字母组成的。

日本人虽然早在公元十世纪便发明了平、片假名，但日本人学会用罗马字（拉丁文字母）分解标记平、片假名的发音，却是近代的事。

中国使用汉语拼音也是现代的事。

越南语被拼音化始于二十世纪初。

但朝鲜文字的拼音化却始于一四四六年。世宗不仅将文字表音化了，而且还分开了母音（元音）和子音（辅音）。

他在原本方块的汉字下面安放了元音、辅音两个轱辘。从那年起，朝鲜便像安了轱辘的马车，开始脱离方块字，脱离汉字文化，向着民族独立的方向起步了。

一四四六年！

八

然而韩文毕竟是在汉字的基础上演变出来的文字，是注解汉字发音的文字。韩轱辘转得再快，也是在方块字的车体下旋转的。汉字是韩文的母体性文字，韩文是汉字中派生出来的文字。

韩文如同越文和日文的假名，如同中国一九四九年前使用而台湾目前仍在使用的汉字注音，如同中国现代的汉语拼音，它们都是标记汉字发音的象声化了的字符，它们所直接间接标记的，都是世界上仅存的一种表意文字——汉字。

汉字是韩文之本，是韩文的根。

韩文与越文的区别只在于它的形态，韩文与日文假名的区别也是如此。

越文是用拉丁文字母标记的——那是法国人干的事；

日文的假名来自汉字的草体——那是日本人从中国唐代书法家们的字体中借鉴的；

韩文与台湾仍然使用的汉字注音符号极为相近，都是用汉字的部首组合而成的，而且是纯粹的拼音字符；所不同的是，韩文字母起源于十五世纪，比汉字注音早了四百多年；而且韩文是立体式的拼音文字，将注记元音、辅音的字符上下左右立体地组成一体，外观看来颇像一个个独立不变的、完整的、有个性的文字。

这就是韩文的妙处。

韩文看起来一个个神采奕奕，精神抖擞，使不懂韩文结构的人完全想象不到它与汉字的千丝万缕、千秋百代的血肉亲情。

那是世宗的良苦用心。

那是世宗企图寻求朝鲜民族独立于大汉民族影响和控制，在文字上“脱汉”的成功尝试。

他用汉字的偏旁，外加一个个小小的圆圈，做成了二十四个基本的“韩轱辘”字母，再用它们潇洒、随机地组合成千千万万个韩文文字。

据说世宗在发明“韩轱辘”时，不仅组织起当时包括他本人在内的许多优秀的学者，还特意派遣了一位知名的学者，前后十几次到中国来学习、研究汉字的精髓，历时三十年之久，才最终发明了“韩轱辘”。

于是朝鲜在使用了近千年的汉字后，终于有了自己的文字。

从文字学的角度来说，这是一件值得纪念的大事。

存在了几千年的汉字，于一四四六年第一次被用拼音化了的字符标记了。

而且是被以元音、辅音分解后再重新组合成一体的方式标记的。

一四四六年！

九

一四四六年意味着韩文的诞生，却并不意味着韩文的真正使用。

“韩轱辘”的最终被广泛使用是从二十世纪初才开始的，比世宗颁布“训民正音”整整晚了四百五十年。

这既不符合世宗的本愿，也是一个对历史的疑问。

越文是二十世纪初发明的。越文被发明了几十年后，越南文字中就再也没有汉字的踪迹了。

韩文字符发明于十五世纪，却使用于二十世纪。

越文是法国人发明并强行推广的，却能在几十年中取代使用了上千年之久的汉字；韩文是由朝鲜最有成就的君主之一——世宗发明并以王令的形式强行推广的，竟然在四五百年后才被实质性地运用。

“韩轱辘”一直到十九世纪末都被视为“谚文”，与“谚语”一样是民间的文字，是由女人和没受过良好教育的人使用的。直到十九世纪末，韩文在朝鲜都被看成二流文字。

那么，是什么原因使朝鲜人在四百五十年后，突然将女人和小人使用的韩文的地位提高，在短短的几十年中将其地位扶正确立，作为官方语言使用，并最终将使用了千年之久的高雅的官方文字——汉语几乎干净彻底地清除出南北韩鲜，使汉字的地位从母体文字被贬为“谚文”的呢？

难道不是因为中国自十九世纪中期开始衰落了吗？

皮之不存，毛将焉附？

越文的出现和取代汉字的过程不也如此吗？

世宗十五世纪苦心创造的“韩轱辘”文字在使用汉字的母国——中国强大之时得不到实质性的应用，却在二十世纪中国被列强瓜分、朝鲜被日本人占领时得以通行，因为中华文明那时已自身难保，已自身难保的文明和国家自然不再是被尊崇的国家，那么该国的文化和文字呢？也就自然而然地走下神坛，被降格为“谚文”了。

文字的地位难道不是国家、民族地位的晴雨表吗？语言与人一样是极端功利性的，是极端嫌贫爱富的。

一四四六年！

十

我又第三次去了已没有多少汉字踪迹的汉城。

这次我去了书店。在书店中我意外地“发掘”出了许多汉字的字迹——从各类法律书籍上。

在韩国的宪法上汉字几乎占了四分之一，在其他与法律书具有同样严谨性的书籍上也是如此。

这又引起了我的好奇。

我又去向韩国朋友请教。他为我解开了疑团，并使我又一次反复、仔细地观看那些讨人喜欢的韩文字母——“韩轱辘”们。

它们毕竟是表音字母。它们所要标注的发音实在是太丰富、太复杂了。它们的负担太重，要用自己简单的形体标记成千上万的汉语的发音。

那几乎是不可能的事，但它们必须去做；因为它们象征着独立的朝鲜民族，它们是朝鲜有别于汉民族的符号。

但，它们却脱离不开汉字。

韩文归根到底是汉语的拼音性文字——除了语法结构之外。

无论韩文的词汇如何变形，它们的发音却接近它们的母体——汉语，于是就有了中国人听起来十分熟悉的“大宇”“现代”“三星”的发音，也就有了能使我听后心情平静的“安宁”，以及“二千”“三层”和“新都市”了。

对于中国人来说在掌握了韩文的发音规律后学习韩文词汇应不算一件难事，因为除了语法结构不同之外，韩文可以被理解为汉语的旁系，或者是一种遥远的被异化了的方言。

韩语的发音之所以听起来像轱辘转，韩文字母中之所以比汉字多出了那个小圆圈，根据我个人的蠡测，可能是由于朝鲜民族从血缘构成上是蒙古族和中国其他北方民族的结合，韩语的发音听起来颇似蒙语，平、混浊而快，就像战车下轰然滚动的轱辘。那个独特的小圈圈是否取材于也带着许多小圈圈的蒙文呢？

以上是本人带着好奇心的猜测，但愿有学者为本人的谬论指正。

因为韩语中没有四声，用韩文标注汉字的发音是一件十分费力的工作，而且很难做到准确。这就如同让你用汉语拼音书写既有四声变化又一音多义、一词多义的中文，却不给你表示四声的符号。

那几乎是不可能的事。但韩文却被要求去做那件事，于是就使韩文成了一种容易在字义的理解上发生误会的文字。

一个 **강**（发音 Kang），既表示“姜”字，又表示“康”字、“江”字，到底是“姜”，还是“康”“江”，要根据前后文的意思而定。

要望前后文才能生义。要先理解母体字——中文的语义才能猜出来。您说累人不累人。

“姜”“康”“江”好办，都是姓氏，宪法就不同了，总不能去猜同一个发音在宪法上是死刑或不是死刑吧！

于是就只有请母体文字——汉字出山了，于是就有了汉字占四分之一的韩国宪法；

由于汉字是韩语的本体，所以学习韩语必须先掌握汉语，必须知道所要标记的文字的原义，否则就要去按约定的意思去理解，去猜。

那绝不可能做到准确，也不可能成其高雅。

所以学习汉语应该是韩国人的必修课。

一直到二十世纪六十年代汉语都是韩国学校中的必修课，但后来韩国工业强大了，国力增强了，成了亚洲四小龙之一，那时的中国正闹“文革”，已自顾不暇，于是七八十年代汉语在韩国不再是必修的课程，再次成了只有少数优秀学生才能掌握的“谚文”中的“谚文”。

“韩轱辘”战车“脱汉”的速度更快了。

汉城已看不到什么汉字了——汉边边上的汉城！

于是便出现了中学生猜不出报纸上文字意思的现象。据说有许多韩国中学生眼巴巴地看着报刊上根据中文的字义编撰出来的“韩轱辘”，就是大眼瞪小眼，望文也生不出义来。

因为他们没掌握多少汉字。

“韩轱辘”又陷进坑里了。

“韩轱辘”快车今后将驶向何方？

世宗大王，请您回答。

一四四六年！

语法化了的中文文言文

一

我第三次去汉城“考察”韩文的时候，一位精通日文的韩国朋友无意中告诉我了一个有关韩文的“地雷的秘密”，令我小小地受了一番惊吓。他说韩语的语法结构与日文的几乎完全一样；不仅语法，就连日文中的“谦让语”“尊敬语”等我原以为只有日文中才有的所谓“语体”，在韩文中也应有尽有，而且在使用方法上与日文几乎完全等同。

那位朋友的话既让我吃惊，也引起了我极大的兴趣和警觉。

凡是学过日文的人都知道，日文是一种对讲话人和听话人的身份、地位以及相应的“语体”有着十分严格规范的语言。在讲日文时要十分小心，如对长辈和上司要用“敬语体”；对自己要用“谦逊体”；在与平辈说话时要用不卑不亢的“亲密、一般、熟悉”一类的语体；对老婆和孩子们一定要用能表现出大丈夫气概的“权威”语体，如此等等。

日文是一种“见什么人说什么话”的语言；

是一种十分讲“礼”的语言。

礼节是日文的中心。没有“礼”的意识是无法使用和用好日文的。

原来我以为日文中的所谓“语体”，是其他语言中没有的独特的语法现象。“语体”绝非主谓宾定状补一类的纯结构性、纯功能性的语言成分，而是一系列随着“尊敬”“谦逊”“亲密”“一般”“熟悉”“权威”等等讲话人与听话人的地位的转换而转换的名词、副词、动词、修饰词、词头、词尾等一揽子语法成分的集合。用形象的话来打比喻，讲话人的身份和态度好像火车头，火车行驶的方向随着听话人的地位随机而变；而那些名词、副词、动词以及一系列的前缀后缀就如同火车轮子，必须随时随地紧跟着车头所指的方向行走，而且还要跟着不断地调整方向，做到步步紧跟，一个都不能落下，也不能搞错了方向，否则就会车毁人亡，就要“失礼”！

“失礼”在日文中是一个十分可怕的词汇！日本人宁可失去老婆孩子也绝不能“失礼”！老婆孩子失去了可再娶再生，但礼丢了面子就没了，身份就没了；没了面子和身份的日本人可就连再找老婆再生孩子的资格都没了。

当然，以上只指日本的男人。

当代的日本是所谓“礼仪的国家”，是好面子的国度。日本人要是不好面子，能三番五次地拒绝向中国人道歉吗？有人说中国的圆明园中“该烧的都烧了，就剩下那些石头了”，我看日本人是该不要的都不要了，就要那块面子了。

日本人可以不要廉耻，可以不要德性，但要面子。

今日的扶桑是个“面子”国。

以上是一些气话，再回头说语言，说日文和韩文。

二

我万没想到“韩轱辘”也是一种“礼”的语言，而且与日文“礼”的结构严丝合缝。我的第一个问题便是：“究竟是日文影响了韩文，还是韩文影响了日文，从而使两种语言之间有着如此的默契和孪生般的相似性？”

当然，根据韩国朋友的说法，肯定是日文受了韩文的影响。因为韩国有一种日本人是韩国人的后代的说法，说日本人的祖先是韩国的三国时代（公元五六世纪）从百济漂洋过海而去的一部分韩国人。我说那肯定不对，因为日本人有可能是中国人的后裔，是秦始皇派去的五百名童男童女所生的后代。我们还为此进行了争论，不过到最后也没做出日本人究竟是谁的后代的结论。

但语言是有案可稽，不必争论的。那么日文、韩文到底为何有着如此相同的语法结构？

在此本人只能根据本人的所知去猜测，只能向语法学家、向历史提出问题。

日文的假名起用于平安年代，也就是公元十世纪左右；而韩语文字的形成是在公十五世纪。韩文的产生比日文晚了五百年左右。

“韩轱辘”的真正普及是二十世纪初，是在被日本占领期间。

从产生时间的角度看，可推论是日文影响了韩文，因为日文早于韩文。但日、韩两国又是如何在隔着海峡又隔着五百年时间的条件下，分别创造出有着同样语体模式和语法结构而外观却截然不同的语言的呢？

有一点是可以肯定的，那就是日文和韩文后来都发生了结构性的变化。今日的日文与日本战败前的日文相比，已有了本质性的变化。今日的日文文明多了、软化多了、礼貌多了；但韩文中的文明、软化、礼貌又是如何产生的呢？二者的相似是否来自半个世纪日本对朝鲜的占领和殖民？但台湾及中国东北都曾被日本殖民过，为什么那里的汉语未因之改变呢？

那么，是否是韩文在被殖民化的同时，在与日本文化融合的过程中影响、同化了日文？现代日文中的礼节和等级的成分是否取之于韩国？

我不得而知，但我十分好奇。

日本的演歌是日本代表性的歌谣，而演歌却是韩国人首创的。《北国之春》的调子是朝鲜人起的。

那么日文的调子呢？

三

姑且把假名和“韩轱辘”孰先孰后的问题放在一边，先“礼”论“礼”论日文、韩文以礼为基调的共有特征。

日文和韩文中的“礼”难道不是来自中文的文言文吗？

日本原先有崇尚礼仪的传统吗？

最早只有土产宗教——神道的日本！

神道的日本后来又变为武士道的日本！

以菊花和刺刀为国魂的日本！

朝鲜的礼仪又是从何处传过去的呢？一直到十九世纪末官员的穿戴还与唐代的朝服相仿的朝鲜！

朝文、日文中的“礼”语体是从中国传去的，是中国儒家文明中的重要组成要素——礼教的语言形式的延续。朝、日文中的礼是儒家的礼，是大汉、大唐、大宋、大清的礼，是东方文明的礼，是汉字方块字文明的礼，是筷子文明的礼！

abcd 中没有礼的文法结构，因为拉丁文明使用的是直来直去的刀叉！

四

中国的文言文，负载着中国传统儒家思想的文言文，在二十世纪初被受拉丁文明"唆使"的一群急于求变的民族精英废除了。

中国以礼教和仁义为宗旨的正统的儒家文化，也随着文言文的被废而脱离了汉字中国的疆土。

古文言文是儒家教义安身立命的筋骨。筋骨被拆散了，儒家的魂也就飞了。白话中文是无意，也无从承载传统教义的文体。白话文太轻浮，"之乎者也"的礼太庄重；白话文的结构太开放，"之乎者也"的礼太拘谨。所以没有了文言文的中国，即使想强行挽留"之乎者也"的礼教，也是水浅养不活大鱼，也是枉费心机。

于是中国便有了"文化大革命"的"砸烂"一切，和整个民族从语言到精神无所节制的胡思和胡言。

只因语言中已没有了规范性的结构。

然而我们的邻邦日、韩却有"礼"。我们的邻邦们不仅原封不动地将借去的礼教文化的精髓保存了下来，而且还将礼教文明的精华融进了他们使用的语言之中——以文体结构的固定的方式。日、韩文中的"尊敬""谦逊""权威"等等不是别的，正是礼教文化、等级文化在语法上分解后的展开，是"之乎者也"被分解了的"方程式"。日文、韩文语法是中国文言文在结构上的沿续和继承，是文言文的"借字还魂"，还的是儒教文明、礼教文明的魂！

好聪慧、好机灵、好有远见的日本人和韩国人！他们用语法结构——文体的方法，保存和传递了被他们借去并崇尚的儒教教义。那是最稳妥、最事半功倍、最长久的保存方法，因为文法是语言的主干和根基；文风可死，用语可死，说话的人可死，但语法却不会死。只要还有人张嘴说话，便要按照说话的规则——语法来说。语法礼教化、儒家化了，约定死了，那么只要日本、韩国尚有人在，尚能讲话，那么儒家的礼教便不会死，儒教的文明也不会失传。

这是否足以解释为何日本、韩国在现代化后仍不失为礼仪之邦？是否足以解释为何日本人要见面三鞠躬，韩国人见面要半鞠躬，中国只对死人鞠躬，这样三个国家三种不同的礼仪现象呢？

日本人的三鞠躬是给活人看的，是假的，是妨人的；

中国人对同胞唯一的一次三鞠躬是给死人的家属看的，因为死人已经看不见了；

韩国人的半鞠躬恰到好处，既对对方表示尊重，又不失分寸，那正是儒家的礼教所提倡的。

甭管怎么说，就中国人最惨：生前被人恶语中伤，死后还看不见别人的鞠躬。

只因“礼”已随文言文死了。

文言文死后，连中国人的三鞠躬都没消受。它白白为中国人当了几千年的奴，为中国人扛了几千年的沉重道义。

好在中国的文言文并没完全死去，中国的礼教文化也没完全死去。它们存在于邻国日本和韩国的文体中。

中国礼教文言文如同拉丁文明中的上帝。上帝将文明的种子传给了儿子耶稣基督，最后再通过耶稣的复活而起死回生。

母体、本体文明死了，却将形骸传给了子体的亚文明；子体的亚文明虽然与母体形似，却失去了母体的灵魂。

从这层意义上说，日文、韩文只是中国古汉语已风干了的没有灵魂的木乃伊。

韩国人不唱《北国之春》

一

有一次在汉城，韩国朋友带我一起去唱歌。唱到大家的兴致都达到高潮的时候，本人索性想来个大现眼，就让韩国朋友点一曲在中国几乎人人都会唱的日本歌曲《北国之春》。

“什么《北国之春》？”韩国朋友没听懂歌名。

“是一首日文歌曲。”我解释说。

“这里没有日本歌曲。按照韩国的法律，日本歌曲在韩国是禁止的。”韩国朋友表情十分严肃地说。

“……”。我哑口无言，我根本不知道韩国竟然有这么一条法律，只好竭力收回脸上的笑意。

那是我十分难忘的一刹那。谁都有过尴尬的时刻，但那一刻的尴尬并不只是我一个人的尴尬，而是作为一个中国人的尴尬。

更是历史的尴尬！

那是一九九八年八月。

二

韩国竟然在法律上禁止日本文化：禁止日本电影、杂志，禁止《北国之春》！

这使我初听起来万分地意外。因为我从来没听说过一个国家以法律的形式禁止另一个国家文化的事。虽然中国在“文革”期间曾经排斥一切非无产阶级的文化，但那是在政令和语录之下的排斥。韩国是法制国家，法律在韩国受到尊重；这就意味着韩国人在日本殖民统治时代结束之后的半个世纪中，始终禁止日本文化，始终将国门向日本文化封闭，始终不唱《北国之春》，始终不演《追捕》，始终不崇拜高仓健，始终不向日本低头……

我在尴尬的肃然中对不唱《北国之春》的韩国朋友和他的国家产生了一种由衷的敬意。

三

韩国与日本应该说是在语言和文化上最为相近的两个国家。韩语和日语在语法结构上是相同的。从人种学上来看，有的学者认为日本人就是韩国人的一部分，是部分韩国人渡海过去建立了日本。

日本人从不拒绝韩国文化。日本人爱唱韩国歌曲《釜山港》。日本的民谣就是从韩国的歌谣演变而成的。

然而，举国上下都爱唱《釜山港》的大和民族，却在历史上屡次侵犯和侵占朝鲜半岛。朝鲜人和“倭寇”——日本人之间的民族仇恨根深蒂固。在经历了上半个世纪日本对朝鲜半岛的殖民统治之后，朝鲜人对日本人的民族仇恨更是雪上加霜，又加深了一步。

朝鲜人不唱《北国之春》是有缘由的，因为朝鲜人没有忘记，那些来自“北国”的军人曾经逼着他们的妇女去充当“慰安妇”。

那是民族的耻辱！是人类的耻辱！

韩国人没忘那个奇耻大辱，没忘那段伤心的历史。所以他们拒绝唱《北国之春》，所以他们禁止日本文化。

韩国是被日本占领了五十年后，又禁止日本文化五十年的。

五十年加五十年，整整是一个世纪。

四

中国也曾被日本侵略、占领过；中国也曾被日本屠城；中国的良家妇女也曾被日军强迫充当军妓；然而中国人在二十多年前就唱起了《北国之春》。中国人早在二十世纪七十年代就与日本人重新友好了起来。

这是否表明中国人大度、仁慈和宽容？

相比之下，韩国人是否有点小肚鸡肠、心胸狭窄、爱记仇？

可能是，可能都不是。

五

有人管山东人叫“山东棒子”，更有人管韩国人叫“高丽棒子”。无论是“山东棒子”，还是“高丽棒子”，都是有骨气、有正气的人。山东是中国抗战期间自始至终未被日本人征服的省份；韩国是战后自始至终为向日本新老军国主义者讨回公道而不依不饶的国家。二战期间日本人惧怕躲在红高粱地里的山东人；战后日本人惧怕死活不放过他们的韩国人。日本人在韩国人的“棒子”气面前无计可施，而且一次次接受了韩国人的正义要求：

日本人向韩国“慰安妇”们赔了款；日本人向金大中以书面形式就战争的罪恶道了歉。不仅如此，日本人甚至在韩国人面前退让。韩国人将韩日之间有争议的岛屿“强占”了，日本人也没什么脾气，也不敢动用自卫队去强攻。在经济上韩国也不向日本示弱：

日本有三菱、三井集团；韩国人有现代、三星集团；日本人出口汽车，韩国人也出口汽车。日本和韩国汽车是打入国际市场的亚洲汽车的代表。韩国虽小，中国虽大，但似乎日本更惧怕韩国。可能是因为韩国人太烈性、太执着、太认死理；也可能是因为中国人过于仁慈、过于宽容、过于照顾大局。

反正日本人欺软怕硬，反正日本人死活不以书面方式向中国人赔罪。

在东亚，中国宛如一头又大又胖又和蔼可亲的大熊猫，韩国好像熊猫旁凛然站立的一条猎犬，不时发出阵阵为战争亡灵鸣不平的吼声，令日本军国主义的阴魂闻之震颤。

六

中国、日本、韩国三国原本都是儒教国家。几十年的震荡和破坏使中国失去了儒教文化核心——礼、义、仁中的“礼”。中国已不是个传统的礼教国家，但中国尚有“义”，尚有“仁”。

日本在形式上也是儒教国家，但日本只有“礼”。日本是个以礼教文化为核心的国度。

韩国有礼，韩国人见面也要相互鞠躬；但韩国更有“义”。韩国人为“义”可舍身，可拼命，韩国人为了向日本讨回公道动用了一发而不可收的义气。韩国人大义凛然。

日本从不是仁义之邦，更不是义气之国，但深受儒教文化影响的日本懂得大中华博大的仁义胸怀，懂得韩国人不可抗拒的大义。

这就是东亚同根于儒教文化的三个邻国之间当下的三角式互动关系——国力的互动，文化的互动，文化中各个核心成分的互动。

七

本人上次离开韩国后不久便从报上得知，韩国终于在一九九八年底解除了对进口日本漫画、杂志和电影长达半个世纪的禁令。在日本向韩国正式道歉之后，韩国人可以合法地唱《北国之春》了。

但法律是法律，情感是情感，韩国人可能永远没有唱《北国之春》的心情。日本军国主义在上半个世纪中留下的创伤，可能永远无法在这几代朝鲜人的心中愈合。

我们中国人用宽容的胸怀唱着《北国之春》，但我们不能忘记过去。

可敬的韩国人！正气的韩国人！

可敬的人间正气！

拉丁文：西方的“古汉语”

一

中国是在二十世纪初的“五四”运动后放弃文言文的。

提倡和推动那场运动的时代精英们所做的，是一场将文明脱胎换骨的前无古人、后无来者的工作。

因为直到那时为止的中国文明都是以文言文书写的。

因为自那以后的中国文化就再也无法用文言文书写了。

代替文言文的，是曾让二十世纪三十年代的读者要死要活的巴金的白话小说《家》；

是五十年代嘹亮的“雄赳赳、气昂昂”的口语化的歌；

是“深挖洞，广积粮”“不须放屁”的老人家的语录；

直到九十年代男人们唱的、听起来急需用“伟哥”拯救的卡拉 OK。

总之，自从“五四”《新青年》提倡白话文以后，《诗经》死了;《论语》死了;“先天下之忧而忧”死了；曾国藩的《挺经》死了，光绪的圣旨死了，……

以文言文书就的中国几千年的历史死了，终结了，升华、升天了。

仅用了一本杂志和一代精英。

使用白话文的八十年，相对使用文言文的几千年是短暂的，但前几千年和后八十年在文字范畴中，却是两段截然不同的故事。

一段是“之乎者也”，一段是语录和卡拉 OK。

二

古汉语的文言文是被“德先生”和“赛先生”——民主科学——强行送走的。

因为“之乎者也”与德赛二位先生不兼容。不兼容的语言使中国无法民主，无法科学，使中国被拉丁文明分割得四分五裂，使改变语言成为改变中国厄运的必不可少的步骤。不，毋宁说使“之乎者也”成了德、赛二先生在中国无法落户的可怜的替罪羊。

三

那场用白话文置换文言文的运动绝不只是一场单纯的文字运动。

那是政治的副产品：不是出于本然的，而是功利的，迫不得已的，无可奈何的。

它的代价是，二十世纪的中国人无法自如地阅读前几十个世纪中国人写就的文明；

它的代价是文化的风干。

它制造的是文明的木乃伊。

四

由对文言文的怀念想到了 Latin——拉丁文。

拉丁文也是一门死去的语言。

拉丁文是在公元前两百年诞生，公元五世纪前后死去的。

拉丁文最早是意大利半岛上许多方言中的一种，后来它被古罗马帝国定为了国语，又随着强大的古罗马帝国传到了整个西欧。

今天的法国、意大利、西班牙、葡萄牙等，都是当年古罗马帝国的组成部分；今日的法语、意大利语、西班牙语、葡萄牙语都是由古拉丁文衍变而成的；所以法、意、西、葡等民族又都被统称为 Latin——拉丁民族。

拉丁文的历史大致是这样的：

公元前七五年以前的拉丁文被称为“旧拉丁文”；

公元前七五年至公元一七五年的拉丁文被称为“古典拉丁文”；

公元一七五年至六〇〇年的拉丁文是“晚期拉丁文”；

公元六〇〇年至公元一五〇〇年的拉丁文为“中世纪拉丁文”（已不再口语化）；

再以后的就是“现代”的、纯书面的拉丁文了。

“旧拉丁文”是口语的语言；“古典拉丁文”是拉丁文的辉煌时期，随着公元五世纪西罗马帝国的衰亡，拉丁文也开始走向死亡。

这里的“死亡”是指非口语化，是没人再说那种语言的意思。

没人说、不再在市面上通用的语言，不就是“死了”的语言吗？

语言的口语化程度是语言活力的标志。这跟人一样。人死了不就再也不会说话了吗？

人死后只能留下著作；而书也是死的，是不会讲话的。

总之，随着西罗马帝国的四分五裂，拉丁文也跟着死了，在旧日罗马的街头风干了。

拉丁文成了古语，成了一种书面的语言，成了本人用来与中国古汉语进行比较的对象。

五

拉丁文是以支离破碎的方式死的。拉丁文破碎的肢体被分解成千万个碎片，残留在它的“儿辈语言”——意、法、西、葡等语言之中。

以词头词尾词缀词根的形式。

西罗马帝国也是以兄弟分家、支离破碎的方式被瓦解的。在它的废墟上形成了意、法、西、葡等小国，也形成了意文、法文、西文和葡文。

国家的解体带来了文字的解体。

帝国分裂了，帝国的标准话——Latin，也就不再代表国家意志了。方言取代了它。对于拉丁文而言，今日的意法西葡语就是当时的方言。

今天中国的普通话不也是由国家指定、由国家统一规范、由国家机器强行推广的吗？

语言的标准化象征着国力。罗马帝国国力衰亡了，拉丁文便也失去了活力。

拉丁文！在公元前七五年被指定为罗马官方语言的Latin！

六

English——英文使用拉丁文字母的历史也值得一提。

虽然英文在语系的划分上不属拉丁语系，或不是拉丁文的正出（与英文同语系的语言是德文，都属条顿语系），但英文是拉丁文孙子辈的语言。公元一〇六六年法国的诺曼底人入侵英吉利岛时，将拉丁文的儿辈语言——法语中的拉丁式词汇和词根强加到了当地的原始语言之中，从而使英文中处处可见拉丁文的隔代胎记。

没有拉丁文痕迹的 English 就不成其 English 了。英文的骨架子是拉丁文搭的，英文的前后缀是拉丁文的，英文是拉丁文的孙子！

美国人和美国英语（AE）是英国人和英国英语（BE）的三孙子，所以说今日的美国人和美国文化，应该算作古罗马人和拉丁文文化的玄孙了。

但美国人不孝！从未听说过美国人承认自己是意大利人的后代！

七

Latin——拉丁文的灵魂还活着。

在欧美的学校中拉丁文仍是必修课。英国的皇子皇孙在贵族学校中必须学好拉丁文；在罗马的天主教堂中，神父仍用拉丁文唱诗；在北美的大学中，仍用拉丁文书写毕业文凭；使用英文的人每天仍用拉丁文标记上午下午（a.m.、p.m.）；在中国的医院里，生命垂危的人也在按医生用拉丁文开的处方吃药。每天每时每刻，都有许多人用拉丁文的词根去创造组合新的英文词汇，用之标记地球上新的令人目不暇接的变化……

拉丁文好像还没最终死亡！拉丁文在罗马帝国消亡了千年之后仍焕发着生机，仍借着威力无比的英文势力显示其不灭的灵魂。

虽然只有极少数的人会说它。

虽然它已是文明的僵尸。

但无论如何，拉丁文在目前以英语为首的众多儿子辈孙子辈的欧美语言中仍处于祖先的地位，而且这种地位是永远无法被取代的。

祖宗永远是无法取而代之的。

只因祖宗已死。

拉丁文仍是西方语言的鼻祖，是与中国古汉语具备同等地位“根”性的语言。Latin 就是西方的古汉语。

八

中国的古汉语是在八十年前才作古的，比拉丁文整整晚了一千三百多年。

有人会说不应将拉丁文的死与中国文言文的死相提并论，因为后者本来就是书面的非口语化的语言。但本人还是将二者强拉到一起，因为拉丁文和中国文言文都是在文明衰落之后局部或全部丧失其语言功能的。罗马帝国的衰落使拉丁的声音消失，却保留了书面的残骸；中华文明在十九世纪末的衰落则使文言文被连窝端了。

在某种意义上，中国的文言文是被拉丁文逼死的！

试问，没有十九世纪末使用拉丁文字母的英、法、美、德、意诸列强对中国长达半个世纪的欺凌，会有中国“五四”运动对自身传统文化的激烈的、超出理智之外的痛心疾首和急于求变吗？会在短短的几年中，将中国传统的语言先无情鞭笞再一股脑地弃之尘埃吗？那不是走投无路后被逼出来的吗？

军队打了败仗，便用文化开刀，便动了文字的心思。

中国倘若不与西方接触，汉字的中国文明倘若不是被船坚炮利的拉丁文明打得惨败的话，中国的文字也会发生变化，但不会发生激变，不会发生二十世纪初那样一夜间对文言文的遗弃！

还是那句话，“皮之不存，毛将焉附”？

连国都没了，还要什么国学和国文？

那时鼓吹文字变革的《新青年》们如今也已作古。

他们大多是能从文字中认知拉丁文明的，胡适就是一个留美学者。

鲁迅也是一位。鲁迅虽然留学东洋，但却从东洋人那里了解到了拉丁文明的厉害。在与拉丁文明接触之前，东洋人只会用刀。

九

中国人在放弃了文言文之后，也随之放弃了传统。

“文以载道”。文都没了，用何载道？

自从中国的文化不再用文言文作为载体之后，现代中国人与前几个世纪的中国人之间的文化纽带也就松弛了，以致几乎断裂了。

以文言文记录的历史成了“外语”或“半外语”记录的历史。

《论语》成了“半外语”；

《老子》成了“半外语”。

于是便有了“将无产阶级文化大革命进行到底”。

便有了“不须放屁”！

便有了从政治到文化，从上到下的语言的空洞，人的空洞，体统的空洞和道义、教义的空洞……

以及道义、教义的异化——拉丁化、俄罗斯化、犹太化。

就是没有中国的传统化。

因为传统已经死了。

传统已随着记录传统的文字——文言文死了。今日的中国人夹在用文言文记录的几千年传统文明的碎片和不断从国外泊来的 abcd 文明的万花筒般的缤纷之间而不知所措，而感到没有着落，因为它们似乎都是遥远而陌生的。前边是“之乎者也”，后边是 abcd：真真切切的前无古人、后无来者的文化的空洞和空虚！

可悲的文言文！

可悲的中国人！

一九九八年

“刀叉文明”与“筷子文明”的跨世纪对撞

一

何谓“刀叉文明”？

电影《林则徐》中有这样一组镜头：林则徐禁烟失败被流放异地，临行前他深有感触地说：“他们（指英国人）在吃饭时使用的是金属的刀叉，这样的民族可不能小看啊！”

“刀叉文明”便是西式的文明，是由英、法、德、美等国所有使用刀叉吃饭的人造就的文化的集成。

是拉丁式的，是由使用拉丁文字母拼音文字的民族组成的文明。

是“八国联军”中的七国（日本除外），是abcd。

是abcd所代表的西方。

俄国人也算在内。俄国文化虽然不是abcd的，却是被法文化了的，是被用拉丁文的词根拉丁化了的。何况俄国人也使用刀叉——虽然他们吃的是黑面包。

总之，我们将所有使用刀叉的人类都暂定为“刀叉人类”，并象征性地用拉丁文字母abcd去象征他们。

他们最早都是白种人。

二

何谓“筷子文明”？

是中国式的，是以方块汉字为基础建立起来的整个东亚文明。

包括中国，包括日本、朝鲜和越南。

他们都是使用筷子的国度。

尽管朝鲜人喜用铁筷子，日本人喜用日式圆头筷子，越南人喜用竹筷子，但毕竟都是筷子。

使用筷子的文明是象形式的、汉字式的，是以汉字文化为母体的。

尽管日本人在汉字中掺入了假名，但假名毕竟是假的，相对汉字来说是派生的；

尽管韩国人用“韩轱辘”字母取代了汉字，但轱辘上面仍有隐形的方块车身；

尽管越南人已用abcd将汉字标得面目全非，但割不断越南文化和中国文化千丝万缕的联系。

汉字文化是母体、本体性文化，假名、韩文字母、越文字母文化是子体、附属性文化；汉字文明是本体性文明，东亚的其他文明是亚文明。

——如果科学地、严格地分类的话。

但是，无论是母体还是子体文明，无论是真名还是假名，都改变不了东亚人的一个共同特征，那就是大家都用筷子吃饭。

都是筷子民族。

都是黄种人。

东亚是筷子的世界。

三

abcd 的“刀叉文明”对方块字的“筷子文明’的冲撞，起始于十七十八世纪，惨烈于十九世纪，又延续至二十世纪。

abcd 的刀叉是乘船前来冲撞筷子的。筷子是在猝不及防、毫无戒备的状态下被冲撞的。

刀叉先冲开了日本的国门，然后将日本武装成了使用尖利筷子的“亚洲刀叉”，再去撞其他筷子。

日本不幸地第一个被刀叉文明同化、武装了起来，成了筷子文明中的第一个叛徒和刀叉文明的第一条走狗。

由于生于筷子、了解筷子，日式刀叉对母体性筷子文明的刺激，反而强过钢铁的舶来的刀叉。日本将筷子变成了刺刀。

日本是筷子文明的逆子。

使用的是假名的利器。

刀叉第二个指向的便是汉字文明的母体——中国。

那便是整整一个世纪——从十九世纪中叶到二十世纪中叶的对中华文明的用刀叉残酷的宰割和瓜分。

日本也反过来，从被宰割的中华文明的母体上，用从中国借去的筷子夹菜。

中国在唐代犯了一个巨大的无法弥补的错误，就是给日本送去了筷子。

abcd 在对方块字的冲撞中还掠去了越南，用 abcd 在文化上同化了越南。

abcd 还间接地使韩国脱离了汉字文化——通过对汉字中国势力的削弱。

abcd 对中国本体性文明冲击的结果，是中国为了追随并抵御 abcd 的文明，草率地放弃了使用了几千年的文体——文言文，由此中华文明被从结构上解体，脱离了传统文化的格式，取而代之的是口语文化的空洞和舶来的各种主义的泛滥。

二十世纪的筷子中国在锋利、无情的刀叉面前不知所措，苦于无力招架，苦于寻求其他能用来抵抗的比筷子更坚硬的利器。

于是中国便低着头到刀叉的西方去借利器。中国要“以夷制夷”。中国借来了各种药方——各种“主义”。

二十世纪的中国，是刀叉文明所派生的各种“主义”以亿万生灵为原料的活体实验基地。

每种实验的配方都是亿万生灵。

那旷世实验的方子本不是来自筷子文明的，是筷子文明被拉丁文明冲撞并冲垮了之后，为了维持生存向刀叉文明反借回来的。

绝大多数药方都不是出于《本草纲目》，只有“黑猫白猫”是。

“黑猫白猫”来自筷子文明本身的智慧，是道家的，顺其自然的。

二十世纪的中国用舶来的方子去抵御舶来的刀叉，在大部分时间里都没有获得成功，却在最后四分之一世纪中，从上苍那里取回了被遗忘的传统智慧，重新找回了筷子。

经由一个伟人之手。

在经历了整整一个世纪的刀叉下悲惨的悸动之后，中国人终于在世纪末抵达了筷子文明本来应有的境界。于是，便有了最后二十年筷子文明的复兴和现代化了的中国。

但是，就在东方的筷子文明终于看到了新世纪曙光的时刻，西方的刀叉却又一次被高高地举起，向东方野蛮地冲撞而来！

这次来的是索罗斯的对冲基金！

已经在现代化程度上与刀叉文明平起平坐了的筷子文明，还会像上一个半世纪那般，在不是被动挨打，就是跪下去当孙子，死活都不是人的状态下，与西方文明去冲撞吗？

天知道！

天可以随心所欲地安排东方人的命运，但天不可肆无忌惮地改变汉字。天更不可，也无法改变如长城基石般坚固的东亚人执着的“汉字情结”，以及那座由东亚人祖祖辈辈营造起来的东方文明的辉煌殿堂。

下一个世纪是否会是汉字的世纪，东方文明复兴的世纪？

被 abcd 冲撞了一个半世纪的中国

一

鸦片战争后，中国传统文化受到了 abcd 的实质性冲撞——随着舶来的黄毛大兵和刺刀。

被 abcd 文明冲撞后的中国历史大致可分为四个阶段。

第一个阶段是从鸦片战争到“五四”运动。

中国在那期间虽然丧权辱国，虽然割地赔款，但传统文明并未受到真正的动摇，因为文言文的传统文体结构并未受到冲击。一直到“五四”之前，中国仍是传统的、封建的、儒学的中国，尽管儒学已经形式化、八股化了。

abcd 的第二次冲撞是从“五四”到一九四九年。

这一次冲撞如同欧陆板块经过长时间的水平移动后对亚洲板块的猛然一击，其结果是是惊心动魄的。

这次冲撞又如同一颗巨大的彗星冲撞地球，掀起的巨大海浪足以将半个地球淹没。

中国的文言文体就是在这次撞击下被淹没的，文言文消失的过程从“五四”的一九一九年到一九四九年整整三十年的时间。在这三十年中白话文的地位被正式从“谚文”扶正，文言文随之作古。

那次冲撞的景象是光彩夺目的，因为它是两大文明板块跨洲际、跨历史、跨千古的直接碰撞。

那就像上古的造山运动。地球陆地板块移动中相撞的结果，是高山的隆起。喜玛拉雅山就是南亚次大陆与中国大陆相撞后隆起的。

拉丁文明与方块字文明相撞后，造就的是一座座文化的高峰。

是梁启超，是胡适，是鲁迅，是陈寅恪，是马寅初、徐悲鸿、林语堂、郭沫若等等学贯中西的文化高峰。

“五四”到一九四九年之间的三十年，是中国文化史上罕见的人才辈出的三十年。这不仅仅缘于“乱世出英雄”的社会性因素，更因为是中国历史上千载难逢的文明解体的年代。随着文言文的分解，中国的传统文明失去了最后一块能够用来防身、遮羞的盾牌。abcd 以及 abcd 携带的种种西方文明的元素包括其思维方式，可以轻而易举、堂而皇之地在中国传统文明的废墟上载歌载舞。

梁启超、胡适、鲁迅、林语堂等文化泰斗们都是在私塾中被打着板子学习“四书五经”的。早年的教育使他们脑子里被灌满了传统的、文言文式的“封建糟粕”。他们都是先被用封建的桑拿浴着着实实地洗了一回身子，然后再带着全身传统的、封建的、“四书五经”的、文言文的“臭汗”，光着身子一个猛子扎进西式文化的冷水池子里浸泡。那池子就是洋人的租界、洋人开的学校、由洋牧师唱诗的教堂，当然还有直接就学海外学府。

一九四九年以前的中国是半封建、半殖民的社会，不仅在形式上封建、殖民各半，而且在内涵上是纯封建文化与纯西式文化的奇妙混合。中国的传统文明之所以能在外国人的租界里得以保持她的节操，是因为那时文言文还未完全死亡，传统的东西还可以藏在“之乎者也”中苟且偷生。那时的中国人之所以能全盘接受到西式的文化，则是因为外国人将租界和教堂开到了中国人的眼皮底下。

因为中国人丧失了主权，abcd便得以在中国肆无忌惮。

那诚然是中国的不幸，但单从文化的角度看，却又为中国那一代的精英们创造了千载难逢的机遇，能同时摘取中、西两种文明的“正果”。

那时的文人哪位不是学贯中西？

哪位不会几种西洋文字？

那时学习外文有洋牧师灌输，还可以到用英文教学的圣约翰大学去听课；但是被灌了满脑子abcd后回到家里却要向祖宗的牌位跪安。

那是一个畸形的世道。畸形的世道造就出了畸形的人，于是便有了那许多学贯中西的文化泰斗。

泰斗们在学术的意义上是了不起的，令人仰止；但泰斗群体出现的代价，却是在国土被殖民，主权被出让。

中国今后再也不可能在短短的三十年内造就出那许多学贯中西的大师了，因为中西文化板块的大碰撞已经结束，因为殖民已成为历史，因为“四书五经”的文言文已死，因为那一代文人已死。那一代文人是半身不遂的国家特有的产物。他们的下半个身子成长于“四书五经”的私塾中，上半个身子被拉丁人强行拉到abcd的殿堂中去呼吸；他们都是用中、西药方合制而成的，是产生于传统文明被强奸时期的怪胎。那是民族的不幸，即便他们的学术成果是那样的灿烂辉煌，那样的令人叹为观止。

相反，西方并没有那么多学贯东西的学者，他们也并不为之感到遗憾，那是因为东方人从未到西方去殖过民。

前不久那场造山运动所造就的最后一位大师、“文化昆仑”钱钟书先生仙逝了。钱先生的离去标志着那场洲际文明碰撞的尾声。随着最后一位大师的去世，文言文的文明也就彻底地终结了。因为已不会再有被先生的板子逼着学“四书五经”的人了，况且再过一年，下个世纪就要到了。

二

如果说从“五四”到一九四九年前的三十年中，中西文明在碰撞中尚可以全方位地交锋、全方位地融合的话，那么在第三个碰撞期——一九四九至一九七八年之间的三十年中，则是两败俱伤，几近全军覆没了。

在这三十年中，不仅文言文的文明被视若粪土，前来冲撞它的一系列拉丁文明的尖兵们也纷纷落马，除了一种被保留下来，奉为国学、国教，以置换崇尚了几千年的祖传儒学外，其余统统像垃圾一样被清除出去了。

那三十年是一花独放的三十年。

开放的是一朵拉丁文明土壤中移植过来的花。

其他的树都被砍光了，其他的花都被掐死了。

这三十年中曾开展过一场又一场的文化运动，其目标是建立一种大一统的文化，令人不禁想到中国历史上的“罢黜百家、独尊儒术”。

只是此次“罢黜”的是自己的“百家”，连根拔掉的是自家的树。

如果说在 abcd 对方块字的第二次冲击中，中国的传统文明尚可自由地以板块的实力和冲动，与外来文明背水一撞，即便撞得山崩地裂也可造起一座座旷世的“文化昆仑”的话，那么在第三次冲撞下，中国的传统文明却落到了束手就擒、引颈就戮的悲惨境地了。

第三次冲撞中最惨烈的一幕就是“文化大革命”。

“文革”中使用的词语和概念几乎无一不是发明于欧洲，无一不是被在苏俄实践后又被套用于中国的。

“无产阶级”（Proletariat）是西方的词汇；

“革命”（Revolution）是西方的词汇；

“阶级斗争”是；“阶级敌人”是；“左派、右派”是，……还需要再接着往下列举吗？

中华文化曾多次被外族文化冲击，但没有哪一次不是中华文化最终同化对方而达成新的平衡。然而，在“文革”的十年间，中华文明的本体却被清洗到了令人发指的地步，连文化人的躯体都无容身之地。

那的确是一场“伟大”的前无古人的“创举”。

“文革”使中华文明的历史回到了“零状态”，“文革”使中国国土上所有的文明因素都出现了“死机”。“文革”使方块字文明的精华和 abcd 在中国都濒临灭绝。

在“文革”期间，连 English——英文也难逃厄运。人们不再学习 abcd 了。

在第三次冲撞期间，有人又试图枪毙已被简化了的方块字，用 abcd 的拉丁拼音符号代替。

如果真的那样做了，中华文明就会成为第二个古埃及！

古埃及的象形文字就是在公元元年前后先被简化，再被半拼音化，然后在被外来文明占据的过程中慢慢消失的。

越南的中文不就在几十年中消失了吗？

幸亏“文革”没被无限期地延长。如果一种文明的“死机”状态一直迟迟不结束的话，那就连“再启动”的机会都会丧失。

“文革”结束了。它没有留下任何东西，除了人们心上滴血的伤痕和一个巨大的文明空洞之外。

思想的空洞。

政治、生活用语的空洞。

那是思维和语言的零点。

三

二十世纪的最后四分之一时间里的中华文明是从“死机”的状态下重新开机，然后再硬挺着与新的一轮西方文明碰撞的。

“文革”后的头十年，可以说是种种被在第三轮撞击中捣毁了的拉丁文明的碎片们“复辟”的十年，是所谓“全盘西化”的十年。而那些“西化”的东西并不是来自西方的新的文化，而是世纪初到世纪中曾在中国登陆过的种种“主义”和理论，或者说是它们的残骸。

“德先生”和“赛先生”不是二十世纪初就来过中国吗？

实用主义和以穿喇叭裤为象征的所谓自由主义，不是早在二十世纪三四十年代就在中国被鼓吹过吗？

当然那时人们穿的不是喇叭裤，但那时人们有选择穿喇叭和不穿喇叭的权利。

改革开放的头十年是“文艺复兴”的十年，但所“复兴”的只是第二次冲撞中相互对垒的两军中的一支——西方的世纪文明；而它们的对手——中国原本的传统文化，却未能在“复兴”

中再现冤魂。因为已没有了文言文。“文革”后的中国人连白话文都要重新学习，谈何“复兴”文言文以及用文言文记录的半个世纪前失去的传统文化呢?

西方的传统在东方的中国经历浩劫后尚可重新“开机”，中国自己的那部分文明却在强行“死机”中彻底丢失了。只因没有“存盘”，只因已无法与新的机器兼容，只因没有人能读懂它们。

文言文成了一堆乱码。

传统文明成了一堆乱码。

二十世纪的最后的十年是中国文化实质性地从复兴到繁荣昌盛的时代。

这里所指的“复兴”并非是传统的复兴（传统已死），而是势头、气势的复兴。中国现代文化在二十世纪九十年代真正进入了一个百花齐放、百家争鸣的时代，进入了一个只有春秋战国时代才能与之相比的全方位丰富的时代。

这十年中，除了来自西方的最新文明全面开花之外，中国传统文化中除了正统儒家文化以外的一切“牛鬼蛇神”文化，也随着自由的到来摇起了头，摆起了尾。世纪末的中国文化又一次与西方文化在混乱中共存了，只是与世纪初的那次冲撞有了本质的区别。这次冲撞是中方已失去了根基的冲撞，是一代未曾受过正统中式教育的人的稀里糊涂的迎战。这次他们前去迎战时使用的“主义”，与他们要与之作战的主义们一样，都是来自西方的。

世纪末中国人再与西方接触时，身体中已没有了中华文明的基因。没有了基因抗体的人就容易被感染，就容易被轻而易举地西化、拉丁化、不伦不类化。

世纪末的复兴只是气势上的复兴，本质性的复兴已经成为不可能，因为用文言文思维的文化已死，已死了的东西是无法复兴的。

四

在结束这场有关两种文明跨世纪碰撞的简述之前，有必要提一下卡拉 OK。

卡拉 OK 可能也是这场碰撞的产物。经历了前三次碰撞后，中国人的头脑中形成了一个从思维到语言的硕大的洞；“文革”之后的中国人已经普遍不会说人话了，即使说出来也是空洞的话。被“文革”清洗过的中国人的脑子中，已经没有了说真话、说正常人应说的话的本能意识。传统已死，西方又很遥远，人们在语言上普遍有一种前不着村后下不着店的、舌头既发紧又空空荡荡的感觉。

是邓丽君的歌声唱出了第一句平常的带着爱心的话——虽然她的爱只限于男女。

卡拉 OK 是在二十世纪最后的十几年中被从日本引进到中国的。

带着人情味的、能说平常话的卡拉 OK。

中国人是跟着卡拉 OK 再一次校正口型、再一次学说心里想说的话的，而且学着肆无忌惮、随心所欲地说。

卡拉 OK 重新给了中国人讲话、大声讲话的自由。

那是一种意想不到的效果，是亚文明——日本对母体文明——汉字中国的一次意想不到的“反哺”。

卡拉 OK 清除了中国人口中的空荡荡的舌苔；卡们 OK 将那

封冻了近半个世纪之久的舌头们软化，教他们用诗意的语言去歌唱。歌词中唱出的是诗意的最接近文言诗的语言，在歌唱的时光中中国人又一次将心灵贴进了百年前被割断了的中华文明的血脉。

卡拉 OK 是使中国的语言、中国人的情怀又一次接近诗、接近诗情的媒介。

中国自古就是诗的国度。中国的古汉语从来就是带着韵律的能够吟唱的语言。

卡拉 OK 使人们在世纪的冲撞后再次触摸到了诗意，触摸到了语言的本来的真实。

尽管有人痛恨卡拉 OK 的噪音，尽管卡拉 OK 今天已经成灾，已经可以与随地吐痰和随地大小便相提并论，但它的确将生活的诗意和语言的真实还给了中国人。在经历了百年的痛苦、百年的孤独，几代人的悲壮与哭泣——其中包括《新青年》们，包括文艺泰斗、昆仑们，包括孙中山、毛泽东、邓小平等无数政治精英们——之后，在世纪末，中国人终于拭干了眼泪，唱出了普天下自由的歌声。

卡拉 OK 是中华民族世纪的挽歌！

失去了文言气质的中国

一

本文不是想复古，因为已经失去的东西是永远无法恢复的。人死不会再复生，文死不会再昌盛；如今用文言文写文章的人都已作古，文言文的再起死回生当然也就无从谈起了。

本文只是凭吊文言文，只是追悼文言文，只是对失去了文言文的中国表示一点遗憾，只是对不再使用文言文体的中国人做一些安慰罢了。

二

中国人失去文言文后首先少了一股人间正气。文言文是用于议论大是大非的由正人君子操用的文体。一旦文言文死了，正人君子就再也无法讲话，因为正人君子已找不到一种能议论大是大非的合适的文字手段了。

没有了文言文体之后，半个多世纪中中国人多是在用娘娘腔做无病呻吟的嘀嘀咕咕。

中国还有《正气歌》吗？

中国还有“难酬蹈海亦英雄”的勇气吗？

中国还有“秋风秋雨愁煞人”的悲哀吗？

失去了文言文的中国人不是没有阳刚之气，而是找不到挥发阳刚之气的手段。那股气淤在心口苦不能发，久而久之，也就气绝了。

因此中国人就再也不会用正音说话了，中国人的语言就变得空洞起来。

今日的中国已听不到真正的男子汉之声了。君不见“男子汉宣言”是日本歌手唱出来的吗？

文言文是阳性的，是抑扬顿挫的，是落地有声的。

白话文最早是用于言情的“谚文”，是用于记录张家长李家短，用于戏谈历史传奇的轻薄文体，是用来写《红楼梦》《西游记》一类小说传奇的通俗文体。后来白话文被“五四”新青年们扶正，以之代替了谈正经事的文言文体而用来谈政事、国事，中国的政治就被小说化，政纪就被花前月下化、张家长李家短化，“戏说”化了。

今日中国已经没有规范的政论文体。今日中国的政治论文已经失去了原有的磅礴气势。今日中国用于表述政事的文体是空洞、中性、无个性、无人格化的，像个空洞的口袋，里面是既没有古人传统又无现代意识的、没血没肉的“鸡肋”。

只因文言文体已死。

只因正气的文体及正气的中国传统政治理念已死；

只因历史曾被车裂过。

今日中国这种由言情的白话文演变过来的轻薄文体，似乎无法表述集权式政体用于施政、布道时所必要的庄重。因为白话本无概括性。白话文本是用于煽情的，用煽情的语言去表述政治本来就是一种游戏；而为了防止玩政治游戏所产生的不严肃，就必须做到言之无物，就必须做到空洞，就必须做到非人格化。

今日的汉字是世间仅存的表意文字；

今日之中国的文体，也是我所知道的世间仅存的空洞的文体。

中国政治家舌苔的空荡是举世瞩目的——倘若没有机器人作为参照的话。

都是被文体害的。

政治家每句话都要高瞻远瞩，都要危言耸听，都要期待“掌声响起来，我心潮澎湃”的轰动；谈情说爱、说《三国演义》的文体能达到那种效果吗？

于是只有人云亦云，只有将舌苔刮净，只有做到言之无物，只有用手臂一挥来代替。

中国政治家的舌苔之所以空荡，更是由于缺少可据为思想指南的经典，而无经可据、无典可考的语言必定是空洞的。

《论语》已死；

《大学》《小学》已死；

《圣经》是西人的；

只剩下“黑猫白猫”了。

“黑猫白猫”是一种政治智慧，但不是一种可用来做慷慨激昂、精彩动人演说的语言蓝本，不是一种原本的诗；而没有诗作为原本的演说，没有经典作为依据的政治，又能是什么呢？只能是空洞的、非人格化的“礼炮”（指虚弹）。

今日之中国已无政治演说家；

今日中国之政论已不再有语言学上的美感；

今日中国之政论已没有孙中山、鲁迅、毛泽东那几代人的文采飞扬和壮怀激烈。

因为那一代人尚是文言文的弟子。

因为传统被那一代人狠命吸吮后又随手阉割掉了。

没有传统精子的胎儿便只能是中性和无个性的了。

悲哉，文言文!

三

失去文言文之后，中国人已没有对于语言的味觉了。

文言文是如歌词般有韵律的文体。中国几千年历史如一首歌，那首歌的韵律就在抑扬顿挫的文言文中。

文言文是诗般的文体。

今日中国人行文已不懂得韵律，没有乐感了，中国人在言谈话语中已没有了匠意；而没有了韵律、乐感，没有了匠意的民族，必定是庸俗的、务实的，必然是唯物质利益是图的。

语言是生活的节拍。语言庸俗了人必然庸俗。人庸俗了国家必然庸俗。庸俗的国家成就的必然是庸俗的时代。

中国本是诗之国度，因为中国语言本是诗的语言；语言中没有了诗，人和社会也就没有诗意了。已无诗意保护的国度又恰逢物质文明极度发达的时代，就自然不能免俗。

与中文相比，今日的 English 竟然是一种诗意的语言。美国的物质文明虽然发达，却并未影响到 English 的诗意；美国总统克林顿虽然作风不好，但他每年发表的国情咨文（State of Union Speech），竟然都是一篇篇令人听后能够如痴如醉的、极富个性和诗意的政治论文。

美国的政客个个都是演说家。好演说家必须是诗人，不是诗人也必定是懂得利用诗的手段去感染和煽情的语言高手。

这里所指的诗是广义的诗，是浪漫的意思，是对乐感的体味，是站在超然境界驾驭生活的一种能力。

English 作为一种语言是有这种能力的。使用英文的英、美人是有这种对语言韵味的品味能力的。

可能是因为英美人有教堂，English 是教堂中唱出来的语言；是因为 English 的内涵被专职的不计功利的人每天丰富和玩味；是因为 English 有宗教作为母体，而宗教语言本身就是一种有关灵魂的语言。

所以有作风问题的克林顿能够那般没事人儿似的，依然踌躇满志地做诗意的讲演。

——戴着被希拉里一拳打青后又化了妆的面具。

这就更反衬出今日中国文体的空洞了。今日中文文体是化了妆也风流不起来的，是无血性的。

今日的中国文体在某种意义上还不如八股文。八股文尚属男人做的文章，而今日中国的文体更像出自股份公司，而且还是有限的。

四

十九世纪后半叶和二十世纪的中国曾饱受两重危机。

一是国土危机，二是文明危机。

国土危机差点亡掉中国，文明危机令中国差点自灭。

国土危机是外国侵略者引发的，文明危机是在外来压力下由中国人自身引发的。

文明危机的第一标志就是废除文言文。那场运动发端于二十世纪初，是由胡适等新青年们提倡并实施的。胡适最初想到要革中国文体的命，是在美国大学的学生宿舍里，而且他是拿着美国人发放的奖学金赴美留学的。

那笔奖学金名曰“庚子”奖学金，是中国人先因战败赔了美国人款，美国人又“慷慨”地将之反赠给中国人，为帮助中国人发展文化事业，特意将中国的新青年们选拔到美国去接受美式文化教育的。

于是便产生出了杰出的胡适先生，以及他搬回中国的美国人的“实用主义”。他进行“实用主义”实验的第一个对象，便是中国传统的文言文体。由于他是从美国回来的，又由于美国当初曾经通过参与八国军联军向国人显示过其不可一世的国力，因此国人便毫无有效抵抗地接受了这位美国留学生抓回来的救国良方，放弃传统的国文了。

从此中国的一切便均由小说体的白话文书写。从此中华文明便小说化了。

因此本文也小说化了。

从以上过程来看，能否得出是美国人逼着中国人放弃了文言文体结论呢？

不妨做一下反方向的因果推论，那就是：没有中国战败便没有庚子赔款，没有庚子赔款便没有胡适的留美，没有胡适的留美，便不会引发他和他的同学们在美国校园中做关于废除文言文的设想，文言文也就不会被废除。那样今日本人写这篇文章时所使用，便仍可能是文言文体。

以上的推论算不上牵强附会吧！

从中可以得出什么结论来呢？

五

文明危机的第二项是汉字存亡的危机。

百年来以拼音取代汉字的呼声此起彼伏，汉字几经被废的惊险。

汉字百年来的命运，如同被使用了千遍万遍已接近人老珠黄的妇人，每隔一段时间就要感受一次被人抛弃的威胁。

因为中国男人眼中已另有钟情的文字了。

那就是线条纤细的拉丁的abcd。

我惊讶于鲁迅竟是废除汉字的呐喊者。鲁迅有一句名言，叫作“汉字不灭，中国必亡”（林成滔:《字里乾坤》）。

今日汉字仍没灭，中国亡了吗?

殊不知没有汉字哪有鲁迅?鲁迅哪篇文章的文采不是借助汉字的神韵而传播的?鲁迅笔下的阿Q如果淹没在abcd的海洋之中，又怎可成为阿Q，唯一的阿Q？

得益于汉字又背弃汉字是不公道的。

受益于中华文明又动摇文明的根基是不理智的。

汉字最终能够逃脱被废的厄运要感激周恩来的大恩大德。

周恩来用儒家中庸的大智在“文革”中保护了许多蒙难之人，同时也保护了中国人的文字。

当毛泽东一九五一年指示“文字必须改革，要走世界文字共同的拼音方向”时，周恩来运用儒家的韬晦不对之做正面的否定，而是说:“这个问题我们现在还不忙做出结论。”（林成滔:《字里乾坤》）

从那以后，每逢有人提议废除汉字，他都用同样的话搪塞。

因此一轮轮废除汉字的运动就被搁浅了。

因此汉字躲过了一次次的劫难。

这就是周恩来的伟大。

这就是周恩来的智慧。

周恩来肯定是预见到了以拼音代替汉字对中华文明不可挽回的损伤，肯定是有意在阻止那种要将中国文化连根拔净的尝试。那绝不止是一场如“文革”般以亿万生灵为对象的文化实验；“文革”动摇的只是中华文化，而取消汉字根除的将是中华文明。

文化动摇了可修可补，但文明灭亡了却永不复生。

只需停用汉字几十年，以前所有以汉字记录的中华文明都将成为无人可解之谜。文字是一个民族整体的记忆，记忆丧失了将不可再恢复。

从这层意义上说，二十世纪五十年代取消文字的企图比“文革”还可怕；从这层意义上说，周恩来是中华文明的护佑者，是历史应永远记住的功臣。

他称臣于领袖，他更称臣于民族，称臣于历史。

他是历史和民族之功臣。

六

安子介先生以耄耋之年高声警世；

“撼山易，撼汉字难！”（林成滔《字里乾坤》）那是一位中华民族赤子的心声，是一位谙熟西方多种语言和文化的学者型实业家的急切的忠告，是一句揭示文化和文字改革底线的箴言。

——汉字永远不能废除！

谁再企图废除汉字，谁就是中华民族的千古罪人！

一个多世纪以来，凡鼓吹废除汉字的人，都是出于让中国早日追赶世界 abcd 强国的功利目的，但今日中国已不是过去之中国。中国已无需以改变文字结构的方式去追赶拉丁文明，中国人已可以停止这场误入歧途的百余年来接力式的追赶，安下心来思考和玩味祖先给自己留下的那样一大笔文化遗产了！

这才是百年后应有的境界。

这才不辜负百年来为中华再崛起而前仆后继的无数先烈和先贤们！

后世的中国人应永不再谈废除汉字之事，因为那本是一段不该发生的旧事，那是历史的伤口。今日中国人应做的是捡回上辈人在绝境中迫不得已忍痛割舍了的中华文明、文化和文字的残片，予以新的整合，还文明以全貌，还历史以全貌，给世纪以大团圆。

中国人应捡回文言文，应能读懂文言文，应能与自己的古老文明“接轨”；

中国人应能与孔子对话，与孟子对话，与五千年的过去对话；

中国人应用《诗经》的韵律润舒那僵直的、布满了谎言碎片的舌头，重新唱出中国式的优雅的歌；

中国人应重新学会说话，重新学会作诗，重新找回诗的心态，重新恢复诗的国度。

——在疲惫的旷世纪奔波之后。

东北“淫”的幽默

一

东北人管人不叫人，叫“淫”，发“yín”的音。

东北人共有上亿之众，都管“人”叫“淫”。本人也是半个东北人，也算是半个“淫”。

请各位看官注意，这个“淫”字共有三层意思，第一是“过多或过甚”的意思；第二是“放纵”的意思；第三才是你们最初想到的那个“不正当男女关系”的意思。

此文中所用的“淫”字，只限于第一、第二层意思，请千万不要往第三层意思上扯；如果扯上去了也是读者自己心术不正，而不是笔者的本意。

在澄清了“淫”字的字意之后，本人在下文中就可放心大胆地将东北人往“淫”上拉了，就可以以“淫”谈“淫”，就事论事了。

好，就从“淫”扯起，就从东北人的“淫”谈起。

二

东北“淫”与“东北方言”是同义语；“东北方言”与“幽默的语言”也是同义语。

东北方言在中国的各种方言中是最富于幽默色彩的方言之一。如果本人在这本书中多少也用了点幽默的“淫术”的话，那一定是禀承了东北人的基因。

东北人的幽默首先是由说歇后语体现的。东北人的歇后语是有名的，代表着中国人歇后语的最高水准；而只有中国人才说歇后语，所以东北人的歇后语又是世界最高水平的。

歇后语之所以能“歇后”，是因为汉语有同音不同字、同音不同义的特性，这就可以声东击西，就可以指桑骂槐，就可以将话倒着说，就可以幽默起来了。

东北人好像从不正着说话，好像说任何话都将“卖点”放在话尾巴上。我甚至怀疑东北的政府官员在做报告时也是采取歇后语的形式，头一天开会讲的都不是正题，正题要像歇后语一样第二天再宣布，然后再全场轰堂大笑一阵。

前一阵子电视报道，说东北的一座高速公路桥才修好几个月就塌陷了。当《焦点访谈》的记者采访那些应负责任的领导时，那些领导们说话的口气听起来也像是说歇后语似的——一点都不像是领导。

难怪那桥要塌陷呢，因为搭桥的人一点都不严肃。

三

赵本山可以算作中国众多笑星中最富于幽默感、最会讲歇后语的一个了，他也是东北人。好像在中国的“笑坛”中能用幽默的标签张贴的演员都出在东北。

与东北人相比，北京人的气质中太多了一点市井和胡同气，太少了一点胸怀和原始的大气，所以北京人虽会说笑，但不甚幽默。北京人即便幽默也是城市的幽默，而城市的狭窄酿不出自然的、大气的幽默的陈酒。北京人会耍贫嘴，但北京人的那点幽默的苗头都让那张嘴给“侃”光了。

上海人就更不大懂幽默了。上海人太务实、太细致，而务实和细致的人是永远幽默不起来的。幽默需要有胆量，需要为幽默而幽默，需要语不惊人死不休。幽默最怕的就是前怕狼后怕虎，最怕的就是小家子气的细致。上海是一座严谨的、谨慎的城市，那个城市里生活的是凡事都讲求精确的市民和小市民。

幽默最怕小市民。

幽默最爱拿小市民开心。

广东人也不幽默。广东人吃蛇和猴子，太残忍。幽默需要宽容，幽默需要博爱，连蛇和猴子都吃的人是说不上宽容和博爱的。

浙江人懂得小幽小默。写《围城》的钱钟书先生就是浙江人。《围城》是我所知道的中国唯一的一部又幽又默的小说。《围城》的幽默是细腻的，是字里行间的，是有节制的。尽管《围城》不是大气的幽默，却是用宽广的、博爱的、宽容的、高傲的心写成的。

浙江人的大气来自江浙的山水，浙江人的胸怀从山水的间隙中延伸出去，开拓出去，便成了大气，便成了博爱。博爱必须有博大的空间，而没有博爱的嬉笑只能是嘲讽。嘲讽并不完全等同于幽默，或者说嘲讽根本不同于幽默。真正的幽默必须要有“打一巴掌再送上一颗甜枣”的“太软”的心。

严格地说，浙江人鲁迅并不幽默。鲁迅太深沉。鲁迅的心事太重。鲁迅用笔竭力去创造幽默的人物，但总是力求微言中的大意，总是将太重的心事压到他笔下的那些被他幽了默的小人物身上。读鲁迅作品的人不会发出会意的蔫笑，有的更多是同情和怜悯，或是病态的嘲讽。

鲁迅嘲讽的是一个病态的国度，用的是病态的语气；而幽默需要的是轻松，是无忧无虑，所以鲁迅做不到彻底的幽默。

幽默是贵族气的，是以超功利的静观为前提的，是“毫不利已专门利人”的，是以包括自己在内的全人类和全体生命为幽默对象的，是非憎恨、非功利的。

幽默是超民族、超阶级、超国界的，甚至是超人类的。

鲁迅做不成真正的幽默家，因为他心太重，因为中国的苦难太重，鲁迅无法从那苦难中“超脱”出来。鲁迅不幽默怪不得鲁迅，应该怪那个无法令人超脱的苦难的时代。

转了一圈后再回到东北。东北是富足的。东北有大豆高粱，有铁有煤。东北自古以来就有躺在自然资源上做梦的本钱，所以东北人懒。东北人懒得去与大自然拼博，因为大自然慷慨得近乎白给。东北人只要躺在火炕上，抽着大烟袋，就可在烟熏火燎中说歇后语，在高粱秆燃烧的噼啪声中聊大天了。

东北人的幽默是大自然的幽默。东北人幽默的材料取自自然又还给自然。东北地域的辽阔，山水的悠长，使东北人有别样的胸襟。东北人不吃蛇、不吃猴子，没体验过非要吃老鼠的穷凶极“饿”。东北人大度，东北人宽容，东北人在大度和宽容中“锻炼”出了懒怠的气质，而懒怠的气质又成全了幽默。东北人再反借着幽默嘲解了自己的懒惰……

四

东北“淫”说话除了过度地、放纵地幽默之外，还有“荤”的一面。

东北人的歇后语中不乏色情的成分。东北人变着法地、全方位地谈论男女关系。东北的男女老少均有“谈色不变色”的本事，而且歇后语编得巧，编得绝，编得不成体统而又恰到好处，编得不露声色而又令人听后哭笑不得。

东北人的在编排那些歇后语时表现的想像力和语言的驾驭能力令人叹为观止。

东北人有一种追求穷极语言境界的喜好，有一种想将中文的潜力发挥到尽头的欲望。东北人人人想做到“语不惊人死不休”——哪怕是说下流话、说荤话、说昏话。东北人追求语言境界的前提条件是能在炕头上靠着侃大山，是能在大闺女的大辫子上拴红头绳，是一大家子同吃同住同睡一个大炕……

赵本山就是这么睡过来的。吃了高粱楂子的赵本山自然会有自然的幽默，自然会令全国人笑掉大牙。但超级幽默家赵本山在他东北老乡的眼中还算不上一流的幽默家，用东北人的话说：“赵本山可烦人了！”

可见东北尚有未露真面目的大幽默家。可见东北是一个多么深的藏龙卧虎之地。

五

由东北人的幽默想到了东北方言，又想到了北美英语和北美人的幽默。

北美人是可以在幽默上与东北人相互比肩的。北美的English也是我所知道的最富于幽默感的语言。

英语来自英国，但英国人并不幽默。在英国人寄居的那个小小的岛上，并没有发挥幽默的空间。但英国人竭力试图模仿、制作幽默。英国人模仿、制作幽默如同试图从泰晤士河中提取酸奶，是一桩十分费力的尝试。

没有空间的幽默是机械的、做作的，是皮笑肉不笑的。北美人有自然的空间，有想象的空间，有幽默的空间。

北美人、东北人都在北方，都是大自然的孝顺儿子。

而且都懒，而且都“淫”，都在嘴头子上“淫”。

且都脸皮厚。

赵本山不是说自己的脸“是标准的猪腰子脸”吗？

克林顿的脸皮之厚也是举世瞩目的。

他们二人分别代表了中西两种幽默：一个觍着猪腰子脸，一个觍着被第一夫人打青了的满是陷坑的脸，都给世人带来了无限的乐趣。

人们喜欢看他们，因为他们能放下脸，因为他们代替别人丢面子。

人总是爱从别人身上寻乐子，所以谁先不要脸，谁就成了幽默家，谁就出名。

再幽一默

一

本人在日本住了三年，因为日本人没有幽默感，便逃离了日本。

本人在加拿大居住了九年，又离开了加国，却是因为加拿大人太幽默。加拿大人只顾幽默，不干正事，便回归祖国了。

迎接本人的是祖国舞台上喧闹的小品相声，以及业内权威人士的大声疾呼："中国相声这是怎么啦？"

我回答说："我刚回来，你问我干吗？这太不公平了！"

于是人们便不再追究我的责任了。

其实根本没人问我，这都是在跟读者幽默。

二

我看了一九九九年春节联欢晚会的彩排后，为那些相声、小品演员着实紧张了一阵。中国的小品未免太严肃了。演员们忙了一整晚上，除了个别的外，一般都要在舞台监督的指挥下，才能博得观众的掌声。

如果有人问我"幽默"二字何意、如何才能表现幽默的话，我便会劝他（她）去现场看彩排，并告诉他（她）：喜剧小品要由台下指挥着笑，那便是幽默的最高境界。

也许那正是那些小品演员们所期望的幽默效果。如果真是那样的话，本人倒是被他（她）们反幽了一默。

嘿嘿！

三

“Humor”一词也是拉丁文，原意是“液体”的意思。是林语堂先生将这个词直译成了“幽默”。汉语中本无“幽默”一词，只有“笑话”的说法。

说中国在语堂先生将幽默幽进中国之前没有幽默，那是不公平的。几千年来在中华大地上已陆续生存并死亡了数以百亿计的生灵，怎能说那么多故去的人中就没有人懂得幽默呢？

那本身就是一种幽默的说法。

有人幽默，但并不愿明说。有人小幽小默，有人大幽大默，幽人生的默，幽历史的默。

邓公小平便是一个大幽默家。

邓公的名字极为平凡，中国的“小平”何止千万？如果不是因为他本人的分量，仅就从命名的概率而言中国将至少会有数以千计叫“邓小平”的人。这名字的平凡更反衬出他所成就的事业的伟大。

邓公三起三落的经历本身就是大幽大默。

邓公在第三次被打倒前曾明言“永不翻案”，之后又重操旧业并成其大业，那便是幽了历史和领袖一默，而且玩的是大手笔。

历史被他幽默地推进了一大步。

幽默既等同于玩笑又不仅是玩笑，幽默是一种状态和气质，是一种境界。

中国表演小品、相声的艺术家中，大多数恰恰没有或者甚少这种状态、气质和境界，或者说没有那种天分。这就难怪他们在台上手舞足蹈，台下听众也跟着心急，想早点回家睡觉了！

观众在梦中可能会找到幽默的意境，可能会从梦中笑醒，但从小品的舞台上却找不到。

这又是一层幽默。

四

幽默的本义是“液体”。液体本无具体的形态，可见极难给幽默定义，也很难找出一个等同的尺度。

流动中的液体如何度量?

幽默的语言一定是液态的，一定是平和自然的、流动的、活的。

幽默的语言与一般语言不同，非要特别地平实和简练，非要自然，非要顺畅。因为表达幽默的语言不能喧宾夺主。人们从幽默的语言中想要得到的不是语言本身，而是语言背后的意味，是 Sense of Humour——幽默感，是那种幽默的余音。如果语言本身过于做作、过于繁杂，听众便会费力去琢磨语言，结果反而耽误和削弱了回味 Sence of Humour。

幽默的意境并不是十分容易就能营造出来的。幽默的效果是合成的，是由提供幽默和接受幽默的人共同营造出来的。

说幽默段子的人必须用最佳的表现手法，将隐藏着幽默玄机的话顺畅地表达出来；听幽默段子的人也一定要具有能体会出那段幽默的文化素养和幽默感，二者相互呼应，缺一不可。漂亮的幽默语言与闻者强烈的幽默感上下串通一气，方能“撞击”出幽默的喜剧效应来，人才会笑。

缺少表现幽默的艺术手段或缺少幽默感的观众都产生不了幽默。

五

幽默作为艺术，发话者只是完成了一半，另一半是由观众或读者完成的。

幽默的作品总是半成品，总是留有余地，总是能将回味的空间留给观众。

幽默作品的一半在话内，一半在话外。作者千万不要希求包揽观众的另一半工作，不要希求把话说尽。创作者给接受者留出的想象和回应空间越大，越是幽默的高手。

幽默是补白的艺术，空白要让带幽默感的观众去完成。

邓公便是玩政治幽默的高手，他只画了一个小圆圈，他只圈出了一个深圳，他将另一半空间留给了深圳的建设者们。邓公的圈子加上建设者们的笔墨，便绘出了一幅完整的现代化图画。

六

幽默的感觉和效果出于逻辑结构上的差异和不协调。当正常的逻辑结构和概念被人为地打乱或重新安排之后，便会产生幽默的效果。

幽默产生于正常逻辑关系的错位。

制造幽默的人先要懂得什么是正规的生活和生命的逻辑法则，再在稔熟那些逻辑板块的前提下有意识地按照不正常、相反或不协调的方式去移动、重新组合那些逻辑板块。

接受幽默的人要能与创造者在同样的层次上理解那些块状

的逻辑，才能对同样的逻辑错位产生理解和意会，才能产生共鸣，才能发笑。

当人认为一切都处于正常状态的时候，他不会发笑；人发笑是因为人发现了不正常之处，是因为人体会到了发现差错时自己的优越感。

自卑者是笑不起来的。

表现幽默的人在某种意义上是在有意暴露或故意制造自己可笑的、错误的、矮小的形象，将自己的位置故意压低，将优越感送给听众，用以成就听众的那份优越，从而让听众发笑。

但这种自我贬低式的幽默制造法一定要运用得当，否则便会落入庸俗，就会有自虐和哗众取宠之嫌，就不是幽默了。

中国的相声演员们最惯用的看家本事就是自我糟蹋，想以之达到哗众取宠的目的；但那已不是幽默，或者已经成了被幽默的对象。

那叫自我作贱，叫不要脸。

不要脸与幽默有天壤之别。

幽默与庸俗只有一步之差。

幽默者也嘲弄自己，但那是高傲的嘲弄，是把观众一同捎进去的嘲弄，是有品位的、带贵族气的自嘲。

这就是幽默的分寸。

不懂得分寸的人是不具有幽默感的。

幽默就这么幽默，就这么难幽默。

七

北美人的确懂得幽默。

美国黑人喜剧演员 Bill Cosby 主演的 Cosby Show 就是本人最

喜爱看的幽默连续剧。Cosby Show 在美国经久不衰，演了整整两代人，一直高居美国幽默剧之榜首。Bill Cosby 先生是本人最崇拜的喜剧家，是极富幽默感的艺术家。Cosby 之所以有超极的幽默感是因为他很博爱。

本人也自认为略懂一点幽默。有一次本人无意中说了一句幽默的话，让一位同事听去了；当时她没有任何反应。第二天她告诉我她是在回家的班车上才领悟出了那句话中的幽默之处，并当着全车人的面失禁地放声大笑不止。

这叫幽默的余音。

山东腔，棒子话

一

男人的一半是女人，本人的一半是山东人。

本人是大半个山东人。

所以在写完半个东北“淫”之后，再写写后半个山东腔，以免自己的一半对自己的另一半不满。

如果山东人对什么事不满了，那可不是闹着玩的。山东人会跟你玩命。

所以为了保持内部稳定，还是说说山东话为好。

二

小时老家总托人捎来一种山东特产，叫做“杠头”，是一种雪白的炝面制成的饼子。那“杠头”可不得了，硬得出奇，跟砖头一般。吃的时候需用利齿去啃，经常会把牙齿咬劈。

这就是山东话的特征，就是山东话的硬度。

人皆管山东人叫“山东棒子”，用以形容山东人的倔强；山东人也以自己是“山东棒子”而自豪。我以为山东人除了应该被叫作“棒子”之外，还应被叫作“杠头”。

三

本人虽受了山东话几十年的耳提面命，但第一次亲临山东话的境地，则是在十几年前的那次回老家。

胶东话的确是杠头杠气的。老家的亲戚们用那种腔调讲话时，都有一种别处听不到的大丈夫气——连女人也不例外。

胶东人讲话的直率令本人如遭当头棒喝。胶东人好像从不讲幽默。胶东人没那份闲心幽默。胶东人的直肠子容不下幽默和耍贫嘴，更没心思讲歇后语。

胶东人的直来直去令本人引以为荣，因为本人的“杠气”就是从那些死啃“杠头”的祖先们那里继承下来的。

部分胶东人的胶东话是打着鱼讲的，因为胶东有海。胶东人的话虽硬，虽“杠气”，但不土。胶东人一边啃硬面饼子一边看海，所以胶东人不土。胶东人即便土，也是被海水中和了的掺水的土。

四

鲁西的方言又是另一套，鲁西比鲁东土。

第一次听鲁西人讲鲁西方言时我立即要扑上去关收音机。我以为匣子里又在重播那套山东快书《武松打虎》。

鲁西人的口音中已没棒子气和杠头气了，有的是少许柔和的土腥味；因为鲁西已见不到海，眼光已不能像胶东人那样直来直去了。鲁西人的言语中已多少有了内地人的无可奈何，有了幽默和妥协。鲁西话已可用来耍贫嘴，已可用来说快书了。

鲁西是孔子的老家。鲁西方言不仅是山东的方言，也应是全体中国人的方言。一部《论语》制造出了许多儒教的国家，而《论语》就是用山东快书般的鲁西方言首传的。

鲁西方言不得了。

五

第二次领教胶东话的“棒气”，是在青岛啤酒节上看老百姓和警察打架。

那次打架本是一场误会：警察误抓了一个被人打了的小伙子，认定他是打人的人。这种事在北京或其他地方可能也就将错就错了，那小伙子抓也就抓了。警察叔叔的话还会不对吗？还有讨价还价的余地吗？

山东百姓却不信这套。山东百姓仗义。山东百姓好打抱不平。山东百姓敢同警察讲理。

在一个女旁观者的带领下，数十个旁观者为被抓的青年与警察讲起了理。

警察用哨声叫来了更多的警察。

于是又有更多的人冲上来为一桩冤案打抱不平。

——都用胶东的“杠头”口音。

那场面使本人想起了《水浒传》，想起了揭竿而起的义军，以及——《义勇军进行曲》。

后来警察队长弄清了实情，马上遣散了警察部队。

那个被抓的青年在人群散后一个鲤鱼打挺从地上跳起，大喊着：“休走！”向打他的那个人遁逃的方向大步追去。他后面还跟着几个为他打抱不平的人。

本人一见这情景，也拎着包跟着冲了上去，心说这时不出手何时出手！

这就是山东人的禀性！

这就是棒子腔的山东话！

这就是山东人的大义凛然和见义勇为，和山东人的耿耿直率！

山东乃孔孟之邦，山东乃君子之国。

本人也应算是大半个君子，本人的另一半才是小人。

东方：围在汉字长城中的迷宫

一

筷子文明的东方在abcd刀叉文明的西方眼中始终是个谜，是个找不到，找到了也打不开的神秘兮兮的“黑匣子”，是个千变万化的魔方，是个能走进去却找不着出口的洞，是个时软时硬时而露出钉子的席梦思床垫，是微笑着拔刀的刺客，是个美梦，也是个恶梦，是中性的，是说不清道不明却令人永难忘却的故事，是一道时隐时现的风景，是麻将桌子，而那桌子上规规矩矩码着的一个个小而方的麻将，又是那个黑匣子的钥匙……

那麻将就是方块的汉字；

那用麻将围起来的充满了变数的圈子中围着的，就是筷子的东亚文明。

就是中华文明；

就是日本、朝鲜、越南，以及一切能用筷子夹起来的由黄皮肤创造的文明。

那麻将就是汉字，那汉字就是砌墙的砖。由汉字筑成的是巍峨的长城——一道蜿蜒壮观的墙。那墙从日本的北海道砌起，砌到台湾，砌到越南的西贡，砌到中国西藏的拉萨，再沿着中国的北疆砌下去，与北海道接头。

墙中便是汉字圈文明的版图，便是整个东方筷子文明的疆域。

二

东方对西方之所以形同魔方，是因为对于西方人来说，汉字的东方太无法认知，是因为汉字太复杂。

汉字本身就是一个千变万化的魔方。

汉字可变为繁体字、简体字；可变为平假名、片假名；可变为“韩轱辘”，可变为 abcd 藏身于越文；可变为中国大陆的汉语拼音；可变为台湾使用的汉字注音；可变为用来标记日文发音的罗马字……

还有发音。汉字可发北京话的音，发天津、上海、广东话的音，可发日文的、韩文的、越文的音……

汉字文明有文言文体，有白话体，有日文、韩文的尊敬、谦逊体……

总之，汉字圈中的汉字是个千变万化的魔块，是个瞬息万变的精灵，是看上去稳重却从不安分的存在，是个永久的疑团，是个从远古走来又向未来走去的悬念。

对于拉丁文圈内的民族来说，真正精通汉字圈内的所有文字是绝不可能的事；就连汉字圈内的东方人；也不可能在短暂的一生中自由地驾驭那许多本是同根生，却在字形、发音两方面变换多端的文字。

在亚洲，有多少人能同时自如地运用中文、日文、朝鲜文和越南文？

只因汉字源于象形文字，是一种虽注重文字的原始理念和原始字义，却可放纵其字形、随意变化其发音的文字。

西方人怎能掌握这种精灵的文字呢？

从东方文明到西方文明的路很短，只要二十六个拉丁文字母就够了。东方人只要认识那二十六个简单的字符，便找到了通往拉丁文字圈和拉丁文明的钥匙，便可前去摘取拉丁文明的果子，放心大胆地去剽窃、去抄袭了。整个二十世纪的东方文明，不就是这样一点点地踩着二十六个字母从西方抄袭过来的吗？

是摸着二十六块石头过的河。过的是一条通向现代文明的河。

那彼岸便是由 abcd 做好了模式的拉丁文明。

但是拉丁圈文明可以从对岸回窥东方人的文明吗？

那根本就是天方夜谭的臆想。

因为那是一条绝路，是如同翻过珠峰天险的不归途。

那座珠峰就是汉字！

还有一座座由假名、“韩轱辘”、越文等一系列汉字变形文字组成的高山险阻。西方人永远无法全方位地窥视东方文明的全貌，只因他们任何人都无法在有生之年熟练地运用那么多汉字圈中的字符，

——只会使用二十六个字母的拉丁圈内的西方人！

三

拉丁圈由于无法从文字上认知汉字圈，而又必须与汉字圈同居一个地球，无法回避汉字圈文明存在的事实，便在无知的状态下前来与汉字文明圈接触了。

拉丁使用了两种武器，一是暴力，二是猜测。

拉丁先用暴力撞开了汉字的门，又用猜测去解读汉字文明的含义。

这便是从十九世纪中叶到二十世纪中叶，西方对东方的野蛮侵略，以及二十世纪后半个世纪西方对东方忽冷忽热的外交。

西方对东方的外交始终是建立在无知的基础上的。他们伸来的是对东方文化一知半解的手。汉字的高难度使任何拉丁人都望而却步，都想避免学习语言之苦，都想偷懒，想迂回过汉字的长城，以期找到另一条与东方人接触的小路。

这种路只有一条，就是让对方学习自己的语言，就是只与会自己语言的人沟通。

于是西方人便只与能掌握英文、法文、德文以及其他拉丁圈语言的人接触，想从那些人的口中“套”出一个东方的文明。

西方人对东方的所有知识，几乎都是从那些会讲西方话的东方人口中得到的。

这便是他们永远对东方无知或一知半解的原因。

因为那些人中的一部分会顺着听者的意图胡说八道，另一部分压根就已经不是纯粹意义上的东方人了。

因为他们已会讲拉丁语言；

因为他们已被拉丁文明“洗脑”了；

因为他们思维的一部分已是拉丁式的了。

语言会作用于人的思维，会对人的意识进行潜移默化的渗透。

从这层意义上说，包括本人在内的许多人都已不是正宗的东方人，而是拉丁文化的半条“狗腿子”，已失去东方文化的资格。

而西方人对东方的了解，却多半是由这些“狗腿子”们提供的，其结果就是西方人对东方正宗文化，对汉字圈文化精髓的无知，和建立在无知基础上的胡乱猜测。至今为止，西方人心目中的东方都是一个由道听途说和胡乱猜测构成的谜，是一个由曲解和成见构成的误区，是一个永远解不开绳子的铃铛。

诚然，西方并不是没有精通东方语言的东方学者，但他们的总数并不比大熊猫更多。

四

二十世纪的一百年是东方全面西化的一百年。

如果说直到十九世纪末，东方文化还在与西方文明做最后一口气的抵抗的话，那么进入二十世纪后，东方文明便彻底缴械投降，彻底放弃捍卫东方文明千年传统的最终努力，开始做如何向西方学习，如何抄袭西方文明的打算了。

二十世纪东方文明的标准是西方人帮着定的，二十世纪东方人的价值取向也是西方人帮着定的。

二十世纪是东方全盘西化的世纪。

从世纪初中国人的剪辫子、蓄分头，到日本人裁出第一套西装，到中国语言被白话化，再到从砍头到枪毙的革新，到自由主义、资本主义、共产主义的流行，还有汽车、火车、电灯、电报、电脑、因特网的普遍应用，更有日本人开始盖高楼、韩国人开始造船以及亚洲男人的全部西装化，包括东方人按照西洋历法过年、跟着西方人一同跨入耶稣基督的世纪，以及中国人近二十年利用黑、白猫抓老鼠所引发的全国大开发、大装修，还有中国人如婚外恋般可梦而不可得或不可多得、得了又失之交臂的民主、自由……

请问以上种种，哪一项不是自拉丁文明引发，不是中国人、东方人一路跟着追求过来的呢?

几乎所有二十世纪东方文明的基调都是拉丁刀叉文明帮着定的。

二十世纪中叶以后，刀叉文明并未硬逼着筷子文明全盘西化，是筷子文明自觉自愿按拉丁尺度标准化的。

直至十九世纪中叶，筷子与刀叉文明都是在互不了解的状态下平等存在的；直至十九世纪中叶，东方汉字圈文明的价值都是在独立于西方、平等于西方的状况下，与西方文明共存的。

直到康熙、乾隆时代，中华文明还是完整、纯正的文明，是有底气，有独立意识和体统的文明。

打破其完整性的引子是英国的工业革命，是由之引发的坚船利炮和由之裂变产生的原子弹和电脑，是人类的机械化和人与人类原始本性的脱离。

是人脑变成电脑。

以上种种，上一个世纪的汉字文明均无法预知，无法解释，无法驾驭。

于是东方人便发愤学习 abcd，发愤西化了。

abcd 是使汉字圈雄风再起的“伟哥”。

可叹“伟哥”也是 abcd 发明的。

五

那么，在东方人向西方学习的一个多世纪中，西方人又反过来向东方人学习到了什么呢？

在这一百年中，东方人从西方搬来了电灯，搬来了铺着柏油的公路，搬来了大炮，搬来了一座座现代化的城市，搬来了从小学、中学就开始死记硬背的 English……而西方从东方呢？

是筷子吗？是柔道吗？是太极拳吗？是日产汽车吗？是唐人

街吗?

那些都不属于文明的范畴，那只是某种文化。

东方在一百年中从西方搬来了一整套的文明，而西方却只从东方汲取了一点表层的文化。

还都被放进了唐人街中。

是因为东方没有文明吗?

没有文明的基石，中国如何能在短短的二十年中建成了现代化的国度?

没有文明的基础，日本何以在战争的废墟上建成了世界第二大工业基地?

整个东亚在二十世纪最后四分之一的时间里奇迹般的工业化，难道单单用抄袭就可解释得了吗?

这难道不是东方汉字文明借 abcd 文明的还魂?

为何经济奇迹未发生于中东或非洲?

东方可以通过易学的 abcd 的媒介，从西方文明中随心所欲地汲取养分，可以模仿可以拷贝，可以超越；但西方却无法轻易地从东方文明中获取任何对其有利的养分，甚至不能对东方文明及其变化做出合理的解释!

只因汉字那座文字的山太高!

日本从美国抄袭了整个现代化，美国人却根本无法打开日本市场，更不要提从日本引进日本人发明的技术了。

美国人说日本人只会抄袭，难道美国人不想抄袭日本的技术吗? 日本人可以从他们能够熟读的英文资料中随心所欲地获取美国人的技术，但美国人中又有多少人能够从那一堆堆由中文汉字和日文平、片假名组成的日文“天书”中获取日本技术呢?

整个二十世纪东西方交往的历史就是这样一部东方单方面从西方任意汲取文明的精华并不断用之丰富自身，西方却无法从东方借鉴任何文明养分的历史。

西方文明如位居上游的水库。

东方如地处下游的田野。

东方从西方的水库中引水灌溉并由此培育出了茂盛的令上游垂涎欲滴的硕果，但上游却无法分享那些比上游的果子更甜、更新的果实。

只因水永远无法从下游倒流。

只因汉字太难学。

下一世纪应该是汉字的世纪，应该是东方文明复兴的世纪。

因为水还会一如既往地从西方单方面地流向东方；

因为西方的肥水总有流干的那一天；

因为即使上游abcd的水流干了，方块字的下游也爱莫能助；

何况下游还通向海洋，通向广阔的未来。

世界语还有希望吗

一

多年前，一个学过五门外文的日本小伙子告诉我他正在参加第六门语言的学习班，但我听了半天，却没听懂他正在学的是什么样的一种语言，因为他用日文拼出的那门语言的名称与世界上任何一个国家的名字都没关系，令人无法推断出那是哪一个国家的语言。

难道是宇宙话?

不大可能，日本人十分务实，不可能那样胡言乱语。

后来我恍然大悟——原来他学的就是那门传说中的“人造”国际语言——世界语。

从那以后，我就没再听说过有关世界语的事了，但十几年后我仍能回忆起那位日本语言爱好者在谈到世界语时脸上流露出的难以抑制的兴奋。他是在苦苦自学了多年俄语、法语、中文等多国文字后才接触到世界语的。他说世界语是他所学过的最简单易学、最准确实用的语言，是语言之上的语言，是语言的集大成和升华。总之，是真正堪称“世界语”的最富于代表性的语言。

听了他那番话的我只是一个劲地点头，既无法肯定也无法否定他有关世界语的感叹；因为当时的我没学过他那么多的语言，无法像他那样全方位地评判一种语言，何况是一种人工的语言呢？

那是一九八五年。

二

十几年过去了。十几年中我也像他那样，对多种语言做了一轮苦苦的“观礼”和学习；但是轮来轮去，却忘了还有一门世界语，不，确切地说是世界语忘了我，它未能与在语言学的苦海中上下求索的我相遇。更确切地说，是世界语没用，是它在地球上已近乎销声匿迹。世界语再也不“世界”了。这种尝试普及一种中立的国际通用语言的努力已归于失败，世界语言大同的梦想最终破产了。

世界语不来找我，我却要去找它。于是我翻了几本辞典，寻找世界语的档案。世界语原名为 Esperanto，是一门由波兰人吉门霍夫（Zamenhof）在一八八七年用拉丁文字母创造的“人工合成”语言。Esperanto 的原义为“希望者”。

以上就是我所能查找到的有关世界语定义的全部文字介绍。至于世界语本身到底是一种什么样的语言，我很难找到有关资料，在北美的书店里既找不到一本世界语的教科书，也没听说过什么人像日本人当年那样有组织地学习和推动世界语的普及。

总之，世界语仍很不“世界”，仍很难查寻，尽管辞典上也说世界语的语法极为科学和简单，极易学习。

以上是到一九九九年为止我所知道的世界语。

三

一八八七年吉门霍夫创造“希望之语”的时候，难道只是想合成出一种简单易学的语言吗？

当二十世纪八十年代学习世界语的热潮方兴未艾的时候，那些致力于世界语普及的人们所期望的，仅仅是推行一种易学的语言吗？

还有那位日本青年，那位已经学了五门外语的语言学的痴迷者，难道他只是想再多学习一种文字吗？如果是，为何在学习的同时又极力鼓吹世界语，而且还要将本人也拉入他的那个世界语俱乐部呢？

那时学世界语的方式如同今日已被强行取缔了的传销集团，如同“老鼠会”，如同搞革命宣传，如同传道。

他们难道不是在追求世界大同吗？

他们难道不是在推行一种能够使全人类都可用于交流，但毫无种族和文化偏见的“大同语言”吗？

那的确是一种宗教式的布道活动，一种传销活动；但他们散布和传销的是一种超出世间一切曾有过的宗教的宗教，用的是一种不同于世间一切曾有过的语言的语言，他们是在超越国度和种族！他们是在造反，造自己的国家和民族的反！是追求一种超世和超时空的境界——那就是全球世界语的普及；

那就是世界各民族都放弃自己原有的语言；

那就是人类再无语言交流的障碍。而当人类之间再也没有语言的屏障之后——世界不就大同了吗？

以上的推论虽然听起来显得幼稚，但却是世界语的倡导者们所期望，是那个时代所追求的。

二十世纪八十年代！

四

八十年代中期的 English 还没像今天这般牛气。八十年代的世界还是两极的世界。

那时苏维埃帝国还在。那时世界近乎一半的地图还是红色的。那时的世界语言体系也如同江山的颜色一样，一半是红色的。那时整个东欧都还被囊括在俄语圈中。那时的中国也刚刚被 English 和 English 思维同化了少许，即使“少许”也还在消毒，还在搞着“反精神污染”。

于是人们便将结束那场意识形态和语言对峙的希望寄托在 Esperanto，寄托在“希望之语”身上了。那时苏维埃帝国及俄语圈尚无一夜间倒闭的迹象；人们追求 Esperanto 是想搞折中，是想探出一条白色和红色之间的、两边都不沾的小路，并顺着那条小路走向天下一家的大同世界。

好一番苦心。

好一种探索。

好一场梦。

五

除了 Esperanto 之外，人类使用过的任何一种语言都不是中立的，都是发明和使用那种语言的第一民族的驯良工具，都携带着一个特定民族的文化、文明和历史的基因，都是在某种程度上具有功利性、排他性的。

尽管如此，人类各个族群之间的交流必须通过一种双方都能搞懂的语言。问题就出在这里！因为使用任何一方的语言交流，对于另一方来说都是某种程度的不自由，都是被排斥，甚至是歧视。

中国政治家与美国政治家交谈时一旦使用了英语，就会马上暴露中国政治家语言的劣势，就成了美国政治家的学生，那样还能平起平坐，还能体现平等的大国地位吗？

反过来，如果美国政治家一定要用中文与中国政治家谈论美国的利益，后者准能挑出他满嘴的语病。

据说连倪萍的《日子》里还有好几百处过不去的语病呢！

人类需要一种中立的、独立于任何一个民族文化体系之外的、不受任何单一民族操纵的语言，一种能让任何一方都过好“日子”的语言。

波兰人吉门霍夫就是抱着这种崇高的心愿，创制了Esperanto——“希望的语言”。

他希望的应是中立和众生平等，

他希望的是一个有希望的世界。

六

严格地说，Esperanto也不是中立的。Esperanto毕竟使用的是拉丁的abcd。Esperanto对于拉丁民族是非排他性的，但对于“筷子民族”、阿语民族和其他一切使用非拉丁字母拼音文字的民族来说，却是非中立的，具有排斥性。

吉门霍夫作为一个波兰人，在创造Esperanto的时候是无私的，因为他并没使用母语的斯拉夫字母；但他没意识到，他所创造的旨在谋求世界大同的语言，根本就无法代表使用表意文字的占世界人口四分之一的中国人。中国人在一八八七年时正在挨打，挨打的民族总是被“希望”拒之门外的。在他合成Esperanto的十九世纪末，使用English的大英帝国虽然正处在巅峰时期，但English尚未被当作一种通用的语言在全球流行，并没有今日English的风光。

English是在苏维埃帝国土崩瓦解和东欧的社会主义国家解

体后的二十世纪九十年代才“抖”起来，才被无条件地认可为全球通用的普通话，才最终篡夺了世界语的地位的。

苏俄垮了，美国人成了世界唯一的强权，English 成了没有抗衡和挑战者的唯一依附于强权的语言。语言一有了势力，便可仗势欺人，便可大行其道，便可所向披靡地以唯一普通话的身份在世界上纵横驰骋了。

进入九十年代后，俄文已由两霸之一的语言退居为由俄罗斯单一民族使用的语言，俄文甚至已自身难保。九十年代的人们再也没有推广 Esperanto 的激情了，因为 English 成了独一无二的通用语言，具备了世界语的功能。人们已无需再在两极之间去找平衡，那种努力已是多余的了。

何况 English 是一门如人妖般中性的、易学的语言，何况 English 本不用费力去推广和促销自己，它早已是由多国政府钦定的第一外语呢！

是俄文的衰败成就了 English 当今世界语的地位，是 English 地位的稳固使 Esperanto 的推广计划胎死腹中，成了流产的希望。

English 篡居世界语的位置之后，语言世界化、无国籍化、中立化的希望最终破灭了。

七

世纪末又出现了一个帮助 English 成为名副其实的世界语的因素——Internet——因特网。因特网使世界被网状地连接了起来，并使全球达成同步。由于因特网需要一种简易而通用的语言作为媒介，English 不用毛遂自荐便被选中了。

于是全球人人用英语，随时用英语。英语成了一条将各个种族拴在一起的绳子，使人类无法摆脱其束缚。

Internet 成全了 English，使之最终成了世界语，而 Internet 原本就是以 English 为母语的人发明的。

Internet 最终扼杀了 Esperanto 的希望之梦，门吉霍夫所创意的语言世界大同，在计算机键盘的唏里哗啦声中最终成了历史的余绪。

八

据说西班牙诺贝尔桂冠获得者、诗人塞拉曾做过预测，说两千年后，世界上将只使用四种语言：阿拉伯文、西班牙文、英文及中文。

塞拉说西班牙文具有“最坚强的语文状况”，说法文和德文将“没入空门”。

塞拉的预言听起来十分滑稽好笑。在他的预测中只字未提俄语，似乎两千年后俄国人都将死绝，而且法国人和德国人都将“没入空门”。

中文他不敢不提，因为中国人无论如何死亡、如何搞内战搞“文革”，十几亿人在两千年中全部灭绝也是不可能的，除非地球再升温五十度，除非人类还接着无节制地排放二氧化碳，使地球每年升温一度。

那时的人类便会全体升华了。

讲西语的斗牛诗人塞拉仍然保持着拉丁人的浪漫和乐观，而且还十分爱国，说两千年后西语尚存；但他却只字未提 Esperanto 的事。那是因为 English 将世界语的地位给强占了——在美军和 Internet 的扶持下。

两千年后还会有美军吗，还会有美国吗？还会有 Internet 吗？

两千年后的事情本人不敢贸然预测——本人又没得过诺贝尔奖，但两千年前的事本人却也知道一些，那时既没有英国也没有美国，更不要提因特网了。

但两千年前有中国人在，两千年前有汉字在。

无忌的童言

一

童言无忌，无忌的童言。

写语言的书写到最后，就该接近它的起始点了。地球是圆的，人脑是圆的，人脑中分泌出来的语言也该是圆的，无论是中文，是英文，是法文是梵文，是希伯来文，是拉丁文，是古埃及文……是象形的还是拼音的……都起始于童言，也终止于童言。

童言是孩子的话，是人之初的声音，童言也是人死时发出的声音。人老了会变成孩子，会向最初的本性回归。人是哭着来到世界上的，也是呻吟着离去的；无论来到还是离去，有一点是共同的：都不知身在何处，都害怕，都会哭……

地球是圆的，生命是圆的，语言是圆的。人降生的时候脑中像豆腐一样雪白，可以被输入任何种类的语言。俄罗斯人的脑中可以被灌入中文，中国人的脑中也可以被录制进英文。人脑原本是空白的，原本是无任何记忆的，如一张空白的唱盘；是岁月在那上面灌制了语言，灌制了文化和文明，灌制了仇与爱，灌制了历史，灌制了罪恶……

人走时脑中的记忆虽然还存在，但已是模糊的、褪色的，已经向原本的空白状态还原了……

赤子的记忆为零，临终之人的记忆也为零，或趋于零。赤子只会哭，因为他（她）只会一种哭的语言，临终的老人也只会哭，因为他（她）已经忘记了除哭之外的语言。

所以赤子的语言与临终之人的语言是相似的——都是哭的语言，都是值得被哭的语言。看到这里，大家就可以哭了。

二

童言不仅无忌，童言也无需翻译。

童言与童言之间是相通的，儿童之间永无语言的隔阂。

童子学习任何一种语言都是神速的，都是在玩耍中无意学成的。

童子无需去学习语言，只需去触摸语言。在童子那里语言如同病菌，只要摸着了就会感染上；也如同衣裳，只要披上了，就再也脱不下来。

这本关于学习语言的书根本不是给儿童写的，因为儿童根本不需要用书去学习语言。儿童是玩弄语言的好手。语言一到儿童那里便会被降服，便成了他们手中众多玩具中的一种。

儿童的语言能力是能惊吓大人的。一个被放在几种语言环境中的儿童可以在不觉中同时串用多种语言，而且毫不费力，听起来毫无第二语言之嫌。儿童接触八种语言便能将八门语言转化成母语。儿童学习语言神速，但忘却起来也神速。语言如同儿童腹中的流食，可以随吃随拉，完全顺其自然；语言于儿童亦如同蛔虫，可以在肚子中存活许久，也可跟着一丸虫药顺流而下。

大人学习语言后会留在脑子里，儿童学习语言后部分进入头脑，部分放在腹中。留在脑中的那部分会与生俱长，放在肚子中的那部分会被很快忘却。

脑中的那部分最终会固化成母语，腹中的又归还自然，归还语言。

儿童可同时接触数种语言，但最终只能记住一至两种；也许可以记住更多，但千万不要搬家，千万不要离开语言环境。

人是环境的产物，儿童更是；大人创造环境，小孩被放到环境之中。

环境没了，语言也就飞了。

三

只有孩子才讲真话，因为孩子还没学过假话，还没有讲假话的需要。

世界上讲任何语言的孩子都可以沟通，因为他们的语言简单，因为他们讲的都是简单的真话。讲真话的人不用翻译就能彼此听懂，因为真话之间本无需翻译。

大人之间需要翻译，因为他们除了要知道对方说话的意思，还要破译对方假话中的真意。有些假话可以翻译出来，有些假话即使翻译出来了对方也听不懂，因为那实在是太假了。

讲假话是成人的专利，没有不讲假话的成人。本人这本书中的话也有一部分都是假的——只是相对地真一些。

讲假话是大人的不幸。人世无法尽善尽美。由于世界资源有限，又由于人人都想应有尽有，更由于假如不造成尽善尽美、应有尽有的假象，人类就不会安心地、太平地、和平地活着，就会争斗，就会杀人。因此假话便被派上用场，便“大慈大悲”地在人世间大行其道了。

过了童年期的人都会开始讲“相对的”假话。因为学校会教假话，考试要考假话，大学会凭假话录取，开会会用假话来开。

就连宗教也是假的，就连我佛也是泥巴打制而成的，何况身为凡人的本人，何况本人以外的其他成人呢?

人越成熟就越会说假话。说假话是成人的标志。人越到成年责任越多，越不敢发出怨言，越要硬挺着唱高调子；而责任越多、调子越高就越假，越不发自肺腑，越是自欺欺人。人大多是退休之后才开始终止讲假话的，没有了责任的人也无需再讲假话。

有人年愈七十还不退休，那么假话就可能在八十才会终止。

请不要误解，假话不等于坏话。所谓“假话”只是“不真”，只是在不便真说和不便直说。

讲假话的人大都很累，大都是迫不得已的。

人以童年和少年的真话进入人生，以青年和中年的假话走上巅峰，又以老年的真话终止人生。人从真话中来，又回真话中去。这就是轮回。这就是命。这就是语言的圆，也是生命的圆。

四

人类煞费苦心寻找的世界语可能既不是Esperanto，也不是English，而是童言。

无忌的童言，无交流障碍的童言，能够直接沟通的童言，没有种族分歧和歧视的、发自内心的、讲真话的——童言。

童言无国界。无忌的童言出自真实，真实无所讳忌。

人讲童言、讲真话了就不会有战争，就不会有奴役，就不会有暴力。儿童从不用战争、用残酷去解决纷争；儿童只会打架，但不会打仗，会打仗的儿童已不是儿童了。

儿童只懂爱，只懂得初级的恨；但儿童不记仇，会记仇的儿童也已不是儿童了。

无论世界在下一个千年中会淘汰、会增加多少种语言，无论各种语言的最终地位将如何安排，只要千年后世界还在，地球还在，人世间存活的唯一的一种世界通用的语言，都将只会是童言。

童言随人类而来，随人生而来，人类和人生也将最终用童言宣布退场。

在童言的哭声中。

五

人类的语言应是儿童们在黄河、尼罗河、底格里斯和幼发拉底河边创造的，是在哭闹声中画开的头一笔。那一笔最终也会在河床边终止。即使千年后那几条河都会干涸，但那几笔最终会被保留在干涸的河床上。

人类光着屁股来到人世，又会光着身子离开人世，在童言中降临，又在童言中仙逝。

童言，无忌的童言，人类的真言，人类的真正母语。

动物语言的意境

一

语言的最高意境应该不是中文，不是英法德文，不是广东话、杭州话，不是普通话和世界语，甚至不是童言，而是动物的语言，是语言中的动物，是一切物种，是物种的一切，是超人、超国界、超意识形态、超人类种族、超出一切与人类语言有关的意境。

是动物语言的意境。

是将人作为万物中的一种而直观的意境。

是将人看作不是人，或者不只是人，而是物种之一、动物之一的意境。

人应回归动物。人本是动物，人的本性中的绝大部分是动物性的，或者说，是与其他动物没什么本质区别的。

猴子会叫，人会说话；

马会奔跑，人会走路；

猫会交配，人会生孩子。

人与猫的区别可能只在于限制自己的交配，在于只生一个孩子——在中国。

上苍看人如看驴，看马，看蛇；在上苍的眼中，人、驴、马、蛇都是他（她）创造的。

在上苍眼中没有法语，没有英语，没有斯瓦西里语；只有人语，只有猴鸣，只有马嘶，只有树叶的婆娑，只有鲸鱼的如猫的叫声。

上苍如果存在的话，他（她）的耳中没有人话，或不只是人话，不只是人心目中的人话，而是无法计数的万物中的一类所发出的声音。

人的语言原本就居于这样的地位。

鱼有鱼的语言。人不仅永远无法真正听懂鱼的语言，绝大多数人甚至从未听到过鱼的语言，因为鱼生活在水的世界之中，人永远无法真正了解水的世界，因为人无法在水中生存。

谁说这个地球是人的世界？

人的总数有鱼多吗？恐怕没有。

在某种意义上，这个地球的真正主人是鱼，因为地球的绝大部分是由水构成的。人可以无休止地破坏环境，可以继续使地球加温，使南北极冰层融化，使大陆消失。那样做的结果就会更加证明这个世界是水的世界。鱼不怕整个地球成为水的地球，但人怕。

人在破坏地球的同时又去开发新的星球，使之成为代用星球，这难道不是在舍近求远吗？

地球本够人类居住，只要不再破坏的话。人也许是在试图通过开发新的星球向造物主显示自己超过其他物种的技术能力，但那本是一桩不自量力的事。不，可能那正是造物主设下的圈套。他（她）将一种特异功能——科技赐给了人类，却有意让人类无节制地运用那种功能，让人类毁灭自身，使地球的物种再次达到平衡和平等。

人是万物之中“无恶不作”的“坏孩子”。造物主有意纵容那些坏孩子——通过给与他们聪明的头脑，再用那头脑去“耽误”他们，让他们自我毁灭。

因为造物主是公平的，因为他（她）既是人类的主宰和庇护者，也是鱼、虾、草木、山脉的主宰和庇护者。

人类从数万年前的物种之一发展到今日的数十亿之众，将一个物种均衡的地球变成了原子弹阴影覆盖下的地球。人类的所作所为是极端自私的，是无道德的，是会自食其果的。

人类若不猛醒，必定会受到惩罚，会受到万物的共同讨伐：鱼用海水，树用台风，山脉用泥石流，大气层用身上的漏洞。

如果人类的语言真如西班牙人塞拉所说的，两千年后只有阿拉伯语、西班牙语、英语和中文的话，那一定不会是人为的结果。

两千年后法国、德国、俄罗斯绝不可能毁灭于人类之间的战争。人类之间的战争——即使是核战——也不可能把一个民族消灭殆尽；如果国家灭绝的话，则必定是出自大自然之手，必定是在自然的报复中灭亡。

人类还会有两千年寿数吗？

目前地球的平均气温以大约每年一度的高速上升，如此类推，五十年后是否该上升五十度呢？

谁可在如此的气温中生活？

鱼可以，因为海水是凉的。

人却不能，除非人全变成鱼，变成将要被人吃光的鱼。

可怜的鱼，更可怜的人！

二

这本书本是为人类的语言而写的，却在无法自制中写到了动物，写到了动物的的语言。

这本书既是写人类语言的，也是写动物语言的，因为人也是动物。

人只有真正认识到自己归根到底也是动物的事实，才成了名副其实的人，才会放弃狂妄自大，才会顺乎天意，学会明哲保身。

除了人之外的动物界的语言应该是丰富的，应该是值得大书特书的，但本人却无力、无能去写那样一部书。

本人既不是飞鸟，也不是走兽，更不会潜入海底去采访无以计数的鱼类。

鱼并不知水上有人，鱼认为自己是地球的主宰。海里有山，有树，有海马，有海怪，海底本是一个完完全全的世界，一个如陆地上一样完整的世界。

但鱼不会破坏那个世界，鱼比人聪明。

当鱼知道海面上还有另一个世界的时候，除了两栖的鱼以外，绝大部分的鱼已经死了，所以它们永远不会知道有人类这一物种的存在。

人何尝不是另一种鱼呢？

人会知道有另一个世界的存在吗？在知道有那个世界后人不会立即死亡吗？

可能死亡对于人来说，就如同鱼被钓出了水面。

在树的眼里这个世界上只有树；

在山的眼里这个世界上只有山；

因为山根本看不到渺小如蚂蚁的人。

造物主却能看到这一切的一切。

造物主能看懂人，看穿人。

而人不能。

人连自己的语言都懂得不多。

三

在本人的幼年时期，满眼是“大人”。

在本人的青年时期，满眼都是与自己一般高的人，当然也有高出一般人的巨人和伟人。

年近不惑，人类在本人眼中竟突然间全变成动物了。

连本人也是数十亿“只”人中的一“只”。

可能原本如此，理应如此。

在释迦牟尼的眼中人应是动物，否则他不会教育人“众生平等”；

在耶稣基督的眼中人也只是万物之中的一种，否则他不会让信徒博爱他人。

在造物主的眼中更是，因为所有万物都是他（她）辛苦创造出来的。

语言难道不也是如此吗?

人与众生平等，人便要平等地对待一切生命的语言；

人要博爱众生，便应以博爱之心倾听一切生命的声音。

那其中有呼唤，有爱，也有祈求；有中、英、法、德、俄文，也有千万种其他类别的语言。这些都需要整理成册，都应用诗的语言去讴歌！

但这些还是请别人去做吧。

本人实在是太累了；人类也实在活得太辛苦了；那件工作还是让鱼儿或鸟儿去完成吧！

锣鼓听音

一

一门语言就如同一台大戏，每个字符便是戏台上演员所咬的字眼，每种语言的音调就如同戏曲中的唱腔。

听语言如同听戏。听戏并不要求每个唱词都能完全听懂，听戏就是听个大概的意思，但要能通过听出的字眼和唱词，推演出整部戏的魂魄和戏中之戏，听出戏的底韵。没有多少人能听懂一台传统京戏中的每一句唱词，但每个人都能听出其中的高亢情调和浩然正气。

没有多少中国人能听懂意大利歌剧的语意，但只要能欣赏其清亮的音色，便能理解那奔溢的歌魂。

人们大可不必因为要听懂意大利歌剧中的唱词，而花数年的时间苦修意大利文；但为了能更贴切地理解意大利歌声的美妙，有必要具备最基本的意大利语知识，有必要先去了解那种语言的基本结构和语言特色，然后再进行下一步，竖起“驴耳朵”去行使猜想和联想的功能。

我学习任何一种语言都是学一半猜一半。不学是猜不出来的，但不猜却也是永远学不会。我学中文的方言也靠猜，靠推理。先凭掌握的几个单词、词组和熟悉的发音，从一点“切入”

一门方言；再像解析一个植物标本那样顺藤摸瓜，顺着说话者的逻辑“悄悄地”摸下去，摸一次不行再摸第二次，久而久之，就能摸出一种语言和方言的全貌了。

听懂一门方言后的感觉是良好的，最起码能达到自卫的目的，最起码不会被人指着鼻子骂还跟着傻乐。

看戏并不要求全懂，但要能听懂最基本的戏路子；学语言也不必求全，全会的语言是没有的，因为语言是活的，是发展变化着的，没有谁能全部掌握一种不断变化中的语言。有志者不妨先学习和掌握某种语言的基本要素，然后再顺着语言内在逻辑的“藤”摸出一种语言，摸出语言表层下的风俗文化和风土人情，摸出人性。

我认为，学习语言最关键的是要有一只顺风耳，外加一个能通过风声推断出风速和风向的勤奋的大脑。有此二者，就能从嘈杂的锣鼓声和唱词中分析、清理出一条清晰的戏路子，那就意味着你听懂那种语言了。

我个人认为，学习任何一门语言的最佳方法就在于听，在于主动地听，分析地听，在于能够完整地听进一段话和一堆语言符号，然后再按照该种语言的语法规则和自己所掌握的小部分词汇，推断出讲话人的意图。这个过程是一个主动的、机动的过程，需要动用脑力去积极地分析。

我在收听一段完全陌生的方言时，并不强求从头一字一句地听懂它，而是尽量先将半分钟、一分钟，甚至是几分种的话全部听下来，存入脑中，再找一个自己听懂了的词汇作为切入点，并据此一点一点地“切”下去，一边切一边注视说话者的表情，猜想他所要表达的意思；然后将之与已存入脑海中的那段话去“接轨”。一般说来八九不离十，几十分钟后就能基本猜出那门方言的路数，并倒推出他最初讲的那段话的意思了。

这需要思维的勤奋和主动，需要一遍遍的尝试，需要一种恒心。

我这招满灵的。

广东话、上海话、杭州话、广西话。以上几种方言，我在第一次听到的几十分钟后，便能揣摩其大意。

注意，以上所说的只是大致上的猜，请千万不要用那些方言来考我。

但在几种外文的学习上，本人的听力是足以用来吹吹牛的。以下是本人学习几种外文的全部时间和能听懂用该国语言播放的新闻的百分率（英文、日文除外，按整天时间计算）：

①法文：　　　　　四个月，百分之八九十；

②西班牙文：　　　一个月，百分之七十；

③意大利文：　　　一个月，百分之五十；

④德文：　　　　　两个月，百分之二十；

⑤俄文：　　　　　两个月，百分之五。（最可怜）

虽然所列的百分比并不完全精确，但误差不会很大。我之所以将之一一罗列出来，是想说明主动、追踪式的听力培养方法，对于学习任何语言都是十分有效的。

人会说话的前提是会听话。聋子之所以不会讲话，是因为听不到、听不懂外界的声音。

学习语言的道理也是如此。不会听话的人、耳朵不准确的人，是说不好一种语言的。

人们会唱卡拉 OK，是因为人们事先已将那些词曲听熟了，没听熟或没听过的歌是唱不出来的。

哑巴不会唱歌，不会说话，是因为哑巴不会听话。

所以如果有人问我有何学习语言的窍门，我会大声说：

“听！听！听！你听见我说什么了吗？！”

如果他大声回答“听见了”，他也就会学语言了，他就上路了。

二

学语言如听戏一样，要稀里糊涂地听，稀里糊涂地学；但人要坐在戏院里，要能感受到大戏的气氛，要入戏，要身临其境，身入其境，然后再跟着哼唱，跟着回味，跟着手舞足蹈。

学习一种语言时，要会自己主动地营造出一种语言环境，要自己搭起那个戏台，然后再自己坐下来听自己导演的戏。

并不是每个人都可以到国外去学外语，那样想是不切实际的；但学习语言需要语言环境，没有怎么办？自己来营造，自己来搭台。

我管这种方法叫做“人造语言环境”。

我只学了四个月的法文，但由于我在驱车上班的几年中天天收听法文的新闻，两年后便都能听懂了。

我在没正规学习德文之前已经定时收视了两年的“Deutsch Welle”——德国拍摄的介绍德国的电视节目，我是被那节目中精美的德式画面深深地吸引而看下去、听下去的。当时我虽对德文只字不懂，但电视片的配音和画面为我营造了一种学习德文的语言环境，使我对德文的语音有了最初的感性认识，就是说，两年中我的耳朵已被部分地“德意志”化了，已经熟悉那种语言的发音和语调了。有了这种感性的语音内存后，再去学习书本上的德文，便如同事先放进了酵母的面粉—— 一下就发了。

学习语言如同学唱卡拉OK，需要先营造某种气氛，并在这种气氛中“烘”一“烘”耳朵，以便灌入语言的因子。存入了因子的大脑如同记录了语言要素的光盘，只要一驱动，只要一播放，只要一送上话筒，人就会将脑子中存贮的语言记忆吐露出来，人就能唱歌！

学习语言与学唱卡拉OK的原理是完全一样的，都要先反复地听。

如何营造学习English的人工语言环境？

要在卧室里高音播放克林顿坦白交代的对证磁带；

要在办公室里小声播放Easy FM——“轻松调频”的英语广播；

要在老婆耳边每晚高唱“Only for you……”！

总之，要入境，要往头脑中强行输入语音的所有元素。

先不要着急翻书！

先不要着急上课！

当然，English课还是要上的，但中国人学习English所花的时间，往往长达五年、十年之久，实在是太长了。凭本人的经验，只要适当运用“人工语言环境制造法”（当然，最好不是人工的），只要学会利用语言磁场的功能，学习任何一种语言，都要不了那么长的时间。

当然，以上所说的仅限于外文口语，并不涉及外文的书写，学习书写中文还需要上大学中文系哩。

学习语言的最后一个要点就是要使用，不使用一种语言是根本没必要去学习它的。

只有使用才是学习语言的终极目的。

语言不是装饰品。

语言不是贵族的专用品。

没有必要因会一门外语就招摇过市，没有必要因为会English就将鼻子挑得比美国人还高。

没有使用的需要是根本就不用学习外文的。

本人学习第一门外语——日文，耗时十年之久，第二门English用了两年，第三门法文用了四个月，其他依次递减。学完后便觉得第一个十年学亏了，是上了旧教学方法的当，白白浪费了许多时光。本人仅用两年时间便学了英文，又用两年时间拿了英文的管理学硕士学位，这足以证明以前的教学方法是有欠缺的，是不科学的。

中国人将外语的学习过于沉重化、神秘化了。沉重化和神秘化造就了在English的重压下终日苦度却有口不能言的莘莘学子。本人之所以花费如此多的笔墨谈论学习语言的经历，绝非意在自吹自擂，而是抱了菩萨之心，想用自己的苦行所得出的果实，挽救那些仍在旧方法下苦学English的难兄难弟们，让他们从学习语言的苦海中探出头来，将语言的学习从苦难转成享乐，从考验变为玩味，让他们学习外国语言却不失中国人之身。

正所谓：学海无涯，

语意无边。

人生如戏，

语言如曲。

愿所有学习语言的人都哼着歌去学，愿所有人类语言和文明都在歌中永存。

Macau 不是她的真姓——澳门日记

一九九九年三月二十六日，小雨

今天去了澳门。

以前数次来过香港，却一次也未曾想去澳门。因为传说澳门只有赌场和妓女。

而且十分小。

今天无论如何想去澳门，因为澳门马上就要回归，就要中国了。回归中国之后的澳门就不再是 Macau 了。

就将是澳门。

Macau 本不是她的真姓——闻一多写道，而且“我离开你太久了——母亲”。

其实许多中国人的名字不都是假的吗？上午在香港见到的那位 Peter 先生本来姓吕；下午见到的那位 Mary 小姐本来姓马。

外国人总爱给中国人加上 Peter 和 Mary，中国人也总爱在自己头上顶起 Peter 和 Mary。

因此澳门就成了 Macau。

我终于看见了预想中的葡萄牙文和葡萄牙人。

它（他）们满街都是。

Português——葡文我以前在电视中听到过，而且能听懂大意，因为它与西班牙文是同宗；但今天从行走的葡萄牙人的嘴中一句也没听出个大意来。或许是葡文变味了？怎么像俄文？

真没想到澳门的街头有这许多棕色的葡人！这许多随意的葡人！葡人也是拉丁气质的民族，没规矩的民族，放纵的、大大咧咧的、不成体统的民族。

看，他们长得参差不齐，既不高大也没风度，但他们竟是这里二十世纪最后二百多天的主人！真没想到澳门的街头这么欧化，这么生活化、民族化。这条街简直就像是人种博物馆。除了葡萄牙人以外，还有菲律宾人、印尼人、英国人，更有中国人！

这里是 Leal Senado（市政厅），怎么一面葡萄牙旗都找不到？是天黑早落了还是从未升起过？似乎半天一面葡萄牙旗也没看到过，那旗长得什么样来着？这点不像回归前的香港，那时米字旗到处都是，连擦屁股的手纸上都有“米”字。葡人没有英人那样有统治欲，那样有系统和章法；葡人太懒，连旗都懒得升。

太懒的葡人竟统治了太勤快的中国人；太没章法的葡人竟奴役了有着几千年章法的中国人；

——达几百年之久。

我不懂。

这里真像古巴的哈瓦那。

这里是中国人的地盘吗？

这里是拉丁文化的街。

Macau 从情调上说就是 Macau，而不是澳门，是异国的、南欧式的，是荡漾着拉丁文明野味气息的，是全盘西化了的。

是欧洲文明殖民了东方文明？还是中国人在南欧建起了唐人街？

上海曾是多国式的，但我那时还没出生；香港曾是英式的，但香港的英式表现在满目的英国人和英文上。English 的普及已使中国人错误地将它看成了本有的文字，以致触动不了那根被殖民的、容易过敏的神经了。亚洲人对 English 的同化已经木然。

但对 Português——葡文则不。

葡文使人猛地感到了异种文化的迎头冲撞；

葡文使人猛尝了一口芥末；

葡文使人倒吸了一口凉气。

满街都是葡文的 de、de、de、de、de，而不是英文的 of、of、of、of、of。

一队穿着绿色短裤背心的孩子举着旗风风火火地从市政厅广场上穿过。他们的头发是棕色的。他们是小小的葡人。他们竟是这里世纪末的小主人！

我不懂。

去了一家赌场。

赌场不大但叫“大赌场”。

可能因赌徒较大。

满厅的中外妓女。这里的妓女也是中西汇流，肯定是艾滋病的发源地。

因世界人口太多，上苍便发明了艾滋病的新招，予以节制平衡，并选择在最销魂的那一瞬间将死亡的种子注入人类体内。

上苍太伟大了，也十分公平。

澳门回归后，这里的赌场也该是保留的吧？那么社会主义的中国不也有了自己的拉斯维加斯和蒙特卡罗，有了合法的赌场和合法的妓院？

这将是葡人留给中国的文化副遗产。

葡人不简单。

赌场外面为什么有用中葡两种文字写的“澳门市民向葡国总统致意”的巨幅标牌？

原来这里仍是葡国的殖民地，怎么忘了？！怎么只想到赌场和妓院了？赌场妓院外加光临的葡国总统，才是正宗的澳门文化。

葡萄牙人我接触过许多。他们以短粗为体型特色，以不甚聪慧和不甚机敏见长；葡萄牙文也因与西班牙文相近而被西文占了风采。世人宁可学习西文，宁可与西班牙人和阿根廷人用西文斗嘴皮子，也不愿学习葡文，不愿与葡萄牙人和巴西人一争高低。

虽然巴西人会踢球。

葡文是拉丁语系中的二流语言，却在遥远的东方的 Macau 立住了脚。

葡文文化还将被保留在澳门。

我，仍不太懂。

走进了一座教堂和一家书店。

教堂的辉煌和书店的冷清形成了强烈的反差。

教堂里全是葡人；

书店里只有两个中国人。

教堂很美，天主教的美；

书店很雅，没人的清雅。

葡人们用异样的眼光看着我，如同看复活了的耶和华。

原来马上就要到复活节了。

原来耶和华也是黑头发的。

我在葡人信徒们散去后又在教堂中静留了片刻，便去了书店。

我是书店中唯一的不速客。

书店边上就是闹市，就是赌场。

她们肯定是以为我发了财后前来买书的。

但买书的人能发财吗？

我买了一本微型葡语字典和一本葡文介绍 Macau 的书，外加一张葡文的当地报纸。

澳门竟有这么多种葡文报纸！

这令我惊讶。澳门也有文化，也有对语言的尊敬，否则就不会出报了。

光办赌场和妓院是不用办报的，更不用办葡文的报了。

不出我之所料：不借用字典我也能读懂报上的大意。

虽然我听不懂那几位年轻的葡人所说的如同俄文的葡文。

他们说的是正宗的葡文吗？不会是 Macau 的地方话吧？

总之，我不太懂。

它就是大三巴牌坊，就是“你可知 Macau 不是我真姓”那首回归歌的背景，就是澳门的象征。

闻一多是否来过此地？要不他怎能写出那首泣血的歌谣？

那首歌的主旋律一直跟着我，从看到澳门半岛的那一瞬间起，一直唱到这里。

大三巴牌坊在灰色的雨雾中伫立，在晚风的缭绕下肃然。

孙文也一定到过这里，他是在澳门开始行医的。后来他从政了，为了救更多的人杀了一些人，为了止血放了一些血。他从政的念头可能起始于这座牌坊。

这处被焚的教堂的残迹竟然是十七世纪留下的！那时的西洋人如何能在中国建造教堂？澳门到底是在何时落入葡人手中的？是根据的哪一条不平等条约？

怎么一下说不出来了？罪过！

一定要再回那家书店，买一本中文的关于澳门的史书。

当时签的不平等条约实在太多，无法仅凭记忆一下子想起来。

罪过，都要回归了，还不知如何丢的呢！

总会有人记得。

但我知道，Macau 并不是她的真姓。

怎么大三巴下还有美国人照相？美国人不都去轰炸南联盟去了吗？

他们会不会再来轰炸大三巴？欧洲的南联盟在忙着分，东方的中国马上就要合。分久必合，合久必分。中国已分了几百年了，该到合的时候了。

但美国人会高兴吗？

让美国人去忙着炸欧洲去吧，给亚洲一个平静的世纪末。

登上了大三巴后面的炮台。

这是座高高的炮台，在高高的山顶上。

这个炮台是何年兴建的？为什么有这多尊黑色的巨炮？站

在炮台上可俯瞰整个细雨和夜幕下的澳门。

澳门如此之大，澳门如此之美，澳门的美景中夹着如此多现代的楼宇，真是始料不及。澳门并不是个渔村，澳门不只有赌场和娼妓，澳门有澳门应有的一切。澳门能展现出一切都市应有的风采。

澳门就是澳门，澳门不是 Macau！

Macau 毕竟不是她的真姓。

不是。

在炮台上转了三圈。

炮台的一个角落有口报警的古钟，是十七世纪造的。钟的旁边用中、葡两种文字记录了它的由来。

那时可能先鸣钟再开炮。炮台是四方形的，几十尊炮口对着四个方向。

它们是用来打谁的？向东边打的应该是英国人，因为香港在澳门的东面，因为香港那时属于英人；向北面打应该打的是珠海，打的是中国人，因为珠海还是中国的。

葡人四面开炮，既打殖民的，又打被殖民的。

我仍站在炮台上。

今夜在炮台上值班的是两位菲律宾人，他们在用 Tagalog 相互交谈。

怎么炮台让菲律宾人给占了？

他们知道再过二百多天 Macau 就要回归中国、这座炮台就该归中国人所管了吗？

我用唯一知道的一个 Tagalog 单词向他们打了一个招呼，吓了他们一跳。

于是他们就再也不敢用 Tagalog 交谈了。

因怕我听懂。

其实，我，真不懂。

我仍舍不得离开这座细雨中的高高的炮台。

这座炮台似乎一直在用那黝黑的炮管、沉默的炮口，向香港和珠海唱着“我离开你太久了——母亲”那首歌。

年底回归的时候它们会发炮吗？

它们会用炮声抽泣吗？

南联盟的炮声正紧，亚洲的炮声却停息了。

亚洲几个世纪的炮总是朝四面打的，既打自己，也打来敌。

一个多世纪 abcd 的西欧文明对东方方块字文明的冲撞是从这座炮台上的炮声中起始的，又将在世界末的礼炮声中结束。

俄罗斯为什么站在南联盟一边？是因为共信东正教，还是共属斯拉夫语系？希腊为何帮助南联盟？是因为东正教？还是因为斯拉夫语言中有希腊字母？

北约与南联盟的冲突仅仅是政治对抗吗？抑或也是拉丁文明与斯拉夫文明的冲撞？

东西摇摆的俄罗斯终于将自己锁定于斯拉夫文明一边了。

让欧洲去为语言和文明圈去冲撞吧，给亚洲一个 break！（歇息的片刻）

abcd 文明在三百多年前就冲撞了这个山头，就在这里冲开了东方文明的口子。英国人占了香港，使香港成了 English 语区；葡萄牙人占了澳门，使澳门成了 Português 的语区；而在二十世纪末最后的三年中，中国既收回了这两块领土，也将同时认可英语和葡语分别作为中国地区官方语言的地位。

一个国家竟然有三种官方使用的语言——中文、英文和葡文！

一个国家之内竟然要设四处海关——中国大陆、台湾、香港和澳门！

这就是这一千年结束时的中国；

这就是abcd拉丁文化在上几个世纪给中国留下的下几个世纪的“作业”。

我不懂，但我必须懂，因为历史是无所谓懂或不懂的。历史是过去的事，过去已经过去，只有接受历史。

历史就是历史。

是炮台上冰冷的巨炮。

昨夜在香港的一家不便透露名称的酒店里偷了床边的一部佛经。

与西方的酒店一样，香港酒店里的佛经是供旅客在夜深时阅读的，原则上不能拿走，拿走了就叫偷。

但我还是将它偷了出来。

阿弥陀佛！

那是一部中、英文对照的佛经，上面的中、英文实在太美！我无法克制自己不偷！

那本书肯定没人读过，因为它是全新的；那本书肯定在书店里买不到，因为它是佛教协会以非营利的方式赠送的；所以如果需要它，就只有偷了。

本人此生总共偷过为数不多的几样东西，其中绝大部分是经典。记得以前在德国的旅店里偷了一本稀有的英、德、法三种文字对照的《圣经》。

再有就是上小学时偷过一本《毛主席语录》。

却一直没机会偷《古兰经》。

鲁迅曾说“偷书不算偷”，名人的话总是要听的；何况这年月只偷书的人已剩不多了，何况我佛大慈大悲，我主心地善良。如果宗教连犯这么轻错误的人都不原谅，还怎么让人心悦诚服地去信仰？亚当夏娃当年不也偷吃过禁果吗？要不哪能有你我他！

我，真的不懂。

邓公小平也“偷”书，他早年从法国“偷”回了《资本论》。那以后的中国历史就是从这本“偷”回的书中演义出来的。

澳门也是那么演义回中国的。

我佛慈悲，苍天有眼，终于在世纪末——以西历记载的两千年末——将 Macau 还给了中国，终于圆了中国人几个世纪的团圆梦，终于收回了中国人对所有疆土的治权，终于将方块的汉字在曾被强行割据殖民的中国土地上，以第一官方语言的身份“扶正”了！

这是Macau之大幸，是国人之大幸，也是方块字文明之大幸。

告慰孙文，告慰闻一多，告慰邓公，告慰 Macau 的真姓——澳门。

在此，用蘸着雨花的泪。

我终于在两个菲律宾人的催促下走下了大三巴牌坊边的炮台。

他们要关门了。

在“你可知 Macau 不是我真姓”那首歌旋律的伴唱下，我又回到了山下的闹市。我想再找到那家书店，去买一本中文介绍 Macau 的史书；我想从书中查出到底 Macau 是根据哪条不平等条约丢的。

在我终于回到那家书店时它却关门了。它关得这么早，关得这么紧。也许它在闹市中实在是太冷清了。

算了，不知也罢。今夜就让那段历史静静地躺在书架上沉睡吧，反正我知道 Macau 原本不叫 Macau，

——叫澳门。

我平静地连夜离开了澳门。

明天一早在香港还要再次会晤改称 Peter 的吕先生和改称 Mary 的马女士。

图书在版编目（CIP）数据

妈妈的舌头:我学习语言的心得 / 齐一民著 .—北京:作家出版社,2019.12

ISBN 978-7-5212-0592-3

Ⅰ. ①妈… Ⅱ. ①齐… Ⅲ. ①汉语—语言学习—文集 Ⅳ. ① H19-53

中国版本图书馆 CIP 数据核字（2019）第 104254 号

妈妈的舌头:我学习语言的心得

作　　者: 齐一民
责任编辑: 徐　乐
封面 logo: 李颖明
装帧设计: 丁奔亮
出版发行: 作家出版社有限公司
社　　址: 北京农展馆南里 10 号　　　**邮　　编:** 100125
电话传真: 86-10-65067186（发行中心及邮购部）
86-10-65004079（总编室）
E-mail:zuojia @ zuojia.net.cn
http://www.zuojiachubanshe.com
印　　刷: 三河市北燕印装有限公司
成品尺寸: 145 × 210
字　　数: 705 千
印　　张: 16.125
版　　次: 2019 年 12 月第 1 版
印　　次: 2019 年 12 月第 1 次印刷
ISBN 978-7-5212-0592-3
定　　价: 55.00 元
